厦门大学百年校庆系列出版物 · 编委会

主　任：张　彦　张　荣
副主任：邓朝晖　李建发　叶世满　邱伟杰
委　员：（按姓氏笔画排序）

王瑞芳　邓朝晖　石慧霞　叶世满　白锡能　朱水涌
江云宝　孙　理　李建发　李智勇　杨　斌　吴立武
邱伟杰　张　荣　张　彦　张建霖　陈　光　陈支平
林　辉　郑文礼　钞晓鸿　洪峻峰　徐进功　蒋东明
韩家淮　赖虹凯　谭绍滨　黎永强　戴　岩

学术总协调人：陈支平

百年校史编纂组　组长：陈支平

百年院系史编纂组　组长：朱水涌

百年组织机构史编纂组　组长：白锡能

百年精神文化系列丛书编纂组　组长：蒋东明

百年学术论著选刊编纂组　组长：洪峻峰

校史资料汇编（第十辑）与学生名录编纂组　组长：石慧霞

厦门大学百年校庆系列出版物

百年精神文化系列

我的祖父高捷成

高庆麟　著

厦门大学出版社　国家一级出版社
XIAMEN UNIVERSITY PRESS　全国百佳图书出版单位

图书在版编目(CIP)数据

我的祖父高捷成/高庆麟著.—厦门:厦门大学出版社,2021.2
ISBN 978-7-5615-7876-6

Ⅰ.①我… Ⅱ.①高… Ⅲ.①高捷成(1909—1943)—传记 Ⅳ.①K825.34

中国版本图书馆 CIP 数据核字(2020)第 158948 号

出 版 人	郑文礼
责任编辑	陈丽贞
封面设计	李嘉彬
技术编辑	许克华

出版发行	厦门大学出版社
社　　址	厦门市软件园二期望海路 39 号
邮政编码	361008
总　　机	0592-2181111　0592-2181406(传真)
营销中心	0592-2184458　0592-2181365
网　　址	http://www.xmupress.com
邮　　箱	xmup@xmupress.com
印　　刷	厦门集大印刷厂

开本　720 mm×1 000 mm　1/16
印张　19.25
插页　4
字数　336 千字
版次　2021 年 2 月第 1 版
印次　2021 年 2 月第 1 次印刷
定价　68.00 元

本书如有印装质量问题请直接寄承印厂调换

厦门大学出版社
微信二维码

厦门大学出版社
微博二维码

民国廿一年三月间离漳,倏忽于今已有六年了。在这六年中东西奔波,南北追逐,历尽一切千辛万苦,雪山草地,万里长征,在所不辞!无非为的是挽救国家的危亡!志向所趋,海浪风波在所难阻!

……救国才能顾家,国亡家安在!

——高捷成

田斗卿可做的初步皆殷的结束，但是主要的抗战救国正在开始呢，所以才抽出一天工夫写信来拜候你大人。

我现在陕西省□延安庙旧商会驻，在外并未建置家庭，但人独身精神上尚可安乐的！至于详细情形，你们未信味，我下次再谈。

我极在迫切须要知道的：我的父亲诸来和母亲是否仍在健康？几位兄弟捷元捷开捷绍捷通笔走是否安居乐业，家庭变幻情形怎样？

百川银庄发展扩大否，有华国经营兴旺否？高广发高合泡之宝号怎样？建东建池建华四爱弟近来变大成人，怨纸进来！我母大人健康否？有石虎荣师竟之世叔大人近来安康否？我的内室之庭路嫁否？我的小兜活泼否？

我所久挂百川银庄三万多元的信，时刻记念在心，本利弘今当在三万人矣，国家得救，民族得存，债还利当不延欠分文，请勿挂念怨恨、谨此恭承达、敬请

商安！

附素像片两张，请转一张给我家，给一张敬献你大人存念。

不肖後汤宗姪 高捷成 敬上

民国廿六年四月十日

开国宗叔大人台鉴：

谨自你接信后，我有鉴於"九一八"东北事变，"一二八"上海抗战之後，悲愤交集，誓言不灭中华，决不为中华之男子。决心从戎，救亡图华。

民国念解放，当国不堪中华民族前途亲子弟五人，终使光远徐仅教言。

离家，一切骨肉亲戚朋友无暇颜及辞别，至今思维无为报效！

民国廿年三月间离漳，倏忽于今已有六年了，在这六年中东西奔波南北追逐，历尽一切千辛万苦、雪山草地，万里长征，在所不辞，无非为的是挽救国家的危亡，志向所趋，海浪风波在所不辞！不过从未没有怜惜奉候，音讯毫无，自然未免见怪於诸大人亲戚朋友，或以发我这但不有高家浪荡子弟，弃家离伦，不孝不义了！我还记起将临走的时辰曾留一信於给耕涛木我的父亲之："我要和你们离别了，或者是永远离别了！"这是从我的决心，这是救我不挂念家庭，希望家庭也无须挂念于我，救国才能顾家，国亡家毁在……而不是断绝人伦的无条件的弃家而不顾！想或可有以原谅于我吧！！至今我的艰苦救国抗战救国牺牲坚决的立志，

高捷成1937年4月写于延安的红色家书

总　序

厦门大学

党委书记　张　彦
校　　长　张　荣

2021年4月6日，厦门大学百年华诞。百载风雨，十秩辉煌，这是厦门大学发展的里程碑，继往开来的新起点。全校师生员工和海内外校友满怀深情地期盼这一荣耀时刻的到来。

为迎接百年校庆，学校在三年前就启动了"百年校庆系列出版工程"的筹备工作，专门成立"厦门大学百年校庆系列出版物编委会"，加强领导，统一部署。各院系、部门通力合作，众多专家学者和相关单位的工作人员全身心地参与到这项工作之中。同志们满怀高度的责任感和紧迫感，以"提升质量，确保进度，打造精品"为目标，争分夺秒，全力以赴，使这项出版工程得以快速顺利地进行。在这个重要的历史时刻，总结厦大百年奋斗历史，阐扬百年厦大"四种精神"，抒写厦大为伟大祖国所做出的突出贡献，激发厦大人的自豪感和使命感，无疑是献给百岁厦大最好的生日礼物。

"百年校庆系列出版工程"包括组织编撰百年校史、百年组织机构史、百年院系史、百年精神文化、百年学术论著选刊、校史资料与学生名录……有多个系列近150种图书将与广大读者见面。从图书规模、涉及领域、参编人员等角度看，此项出版工程极为浩大。这些出版物的问世，将为学校留下大量珍贵的历史资料，为学校深入开展校史教育提供丰富生动的素材，也将为弘扬厦门大学"自强不息，止于至善"校训精神注入时代的新鲜血液，帮助人们透过"中国最美大学校园"

的山海空间和历史回响，更加清晰地理解厦门大学在中国发展进程中发挥的独特作用、扮演的重要角色，领略"南方之强"的文化与精神魅力。

百年校庆系列出版物将多方呈现百年厦大的精彩历史画卷。这些凝聚全校师生员工心血的出版物，让我们感受到厦大人弦歌不辍的精神风貌。图文并茂的《厦门大学百年校史》，穿越历史长廊，带领我们聆听厦大不平凡百年岁月的历史足音。《为吾国放一异彩——厦门大学与伟大祖国》浓墨重彩地记述厦门大学与全国34个省级行政区以及福建省九市一区一县血浓于水的校地情缘，从中可以读出厦门大学在中华民族伟大复兴征程中留下的深深烙印。参与面最广的"厦门大学百年院系史系列"、《厦门大学百年组织机构史》，共有30多个学院和直属单位参与编写，通过对厦门大学各学院和组织机构发展脉络、演变轨迹的细致梳理，深入介绍厦门大学的党建工作、学科建设、人才培养、组织管理、社会服务等方面的发展历程，展示办学成就，彰显办学特色。《厦门大学校史资料（1992—2017年）》和《厦门大学学生名录（2010—2019年）》，连同已经出版的同类史料，将较完整、翔实地展现学校发展轨迹，记录下每位厦大学子的荣耀。"厦门大学百年精神文化系列"涵盖人物传记和校园风采两大主题，其中《陈嘉庚传》在搜集大量史料的基础上，以时代精神和崭新视角，生动展现了校主陈嘉庚先生的丰功伟绩。此次推出《林文庆传》《萨本栋传》《汪德耀传》《王亚南传》四部厦门大学老校长传记，是对他们为厦大发展所做出的突出贡献的深切缅怀。厦大校友、红军会计制度创始人、中国共产党金融事业奠基人之一高捷成的传记《我的祖父高捷成》，则是首次全面地介绍这位为中国人民解放事业做出杰出贡献的烈士的事迹。新版《陈景润传》，把这位"最美奋斗者"、"感动中国人物"、令厦大人骄傲的杰出校友、世界著名数学家不平凡的人生再次展现在我们眼前。抒写校园风采的《厦门大学百年建筑》、《厦门大学餐饮百年》、《建南大舞台》、《芙蓉园里尽芳菲》、《我的厦大老师》（百年华诞纪念专辑）、《创新创业厦大人2》、《志愿之光》、《让建南钟声传响大山深处》、《我的厦大范儿》以及潘维廉的《我在厦大三十年》等，都从不同的角度，引领我们去品读厦门大学的真正内涵，感受厦门大学浓郁的人文精神和科学精神。

此次出版的"厦门大学百年学术论著选刊"，由专家学者精选，重刊一批厦大已故著名学者在校工作期间完成的、具有重要价值的学术论著（包括讲义、未刊印的论著稿本等），目的在于反映和宣传厦门大学百年来的学术成就和贡献，挖掘百年来厦门大学丰厚的历史积淀和传统资源，展示厦门大学的学术底蕴，重建"厦大学派"，为学校"双一流"建设提供学术传统的支撑。学校将把这项工作列入长期规划，在百年校庆时出版第一辑共40种，今后还将陆续出版。

"自强！自强！学海何洋洋！"100年前，陈嘉庚先生于民族危难之际，抱着"教育为立国之本，兴学乃国民天职"的信念，创办了厦门大学这所中国历史上第一所由华侨独资建设的大学。100年来，厦大人秉承"研究高深学术，养成专门人才，阐扬世界文化"的办学宗旨，在实现中华民族伟大复兴的征程上书写自己的精彩篇章。我们相信，当百年校庆的欢庆浪潮归于平静时，这些出版物将会是一串串熠熠生辉的耀眼珍珠，成为记录厦门大学百年奋斗之旅的永恒坐标，成为流淌在人们心中的美好记忆，并将不断激励我们不忘初心继承传统，牢记使命乘风破浪，向着中国特色世界一流大学目标奋勇前行！

张彦　张荣

2020年12月

写在前面

我的祖父高捷成早年就离开家乡，参加红军去了江西瑞金。从我记事的时候起，留在我脑海中的是那悬挂在我们家墙上祖父一身戎装的相片，虽然我始终没有见过他，但祖父的形象一直深深地刻在我的心中。

我的祖母高蔡宝是位很慈祥的老人，平时常戴着一副度数很高的眼镜。她老人家很疼爱我。20世纪60年代还是物质比较匮乏的年代，她平时有什么好吃的都留给我们小孩吃。我们家中不时有人来看望我的祖母，逢年过节的时候，我们的家中尤其热闹。我渐渐长大，上了小学，每逢清明的时候，学校都要组织全校的师生去漳州烈士陵园祭扫，缅怀革命先烈。记得在我刚上小学一年级时，参加烈士陵园祭扫活动，第一次听到校长在发言中念到了高捷成的名字，心想：这不是我的祖父吗？从烈士陵园扫墓回家之后，我就向祖母问起了我的祖父。她告诉我："你的爷爷很早很早以前就跟着红军走了，先是去了瑞金，之后去了太行山，那是一个很远很远的地方，就没再回来了。"

小时候我喜欢画画，常常用铅笔画些军舰、坦克之类的，也画些连环画《三国演义》中那些身着盔甲、骑着马的人物。我特别喜欢祖父那身着军装的样子，就将他的相片找出来画，虽然画得不太像，但我还是挺喜欢画他。每年清明，学校都组织小学生去烈士陵园扫墓，每次听到一些烈士的名字，也都会听到祖父的名字。从祖母的口中，渐渐地我也知道了，祖父很早以前跟随红军北上抗日，已经牺牲在太行山，再也不能回到故土了。

逢年过节总是有不少人来看望我的祖母，其中有一些是我祖父的战友。从祖母那儿，我也知道了祖父好些战友的名字，其中，有跟随解放大军南下福建的王学敏①，他于厦门解放之后于1950年到了漳州，留在漳州人民银行工作；还有1949年去了北京，在人民银行总行工作的陈希愈②。从他们与祖母的交谈当中，我也知道了祖父有一个很奇特的代号——"7号"，而他的战友陈希愈的代号是"9号"。1950年在人民银行漳州中心支行当副行长、1953年调到人民银行福建省分行工作的王学敏来看望我祖母时，问过祖母的一些近况后，不经意间会说起"7号"首长如何关心他。他和我祖母说："我是红四方面军，'7号'首长是红一方面军。1937年我到第129师司令部当司号员的时候才17岁，1940年3月调入冀南银行印刷一所。印刷所的工作特别辛苦，冬天因为怕煤烟影响票子的印刷质量，就不生炉子，而太行山到了冬天特别冷，有时气温会降到零下十几度。'7号'首长总是将我当'小鬼'看，特别关心我的起居。"

20世纪70年代，远在北京中国人民银行总行工作的陈希愈，只要得知总行有同事来福建出差，就会托同事到我家中看望我的祖母。

1985年5月，我刚参加工作不久，一次出差去了北京。在北京西交民巷

---

① 王学敏：冀南银行印刷一所封包股股长。1933年3月在四川巴中参加红军，隶属红四方面军，他先在红四军第12师，之后到红九军第27师。1937年11月，他到八路军第129师司令部，先后为司号连战士、青年队参谋连排长，直到1940年3月调入冀南银行。1949年10月他南下到福建厦门，1950年6月任人民银行漳州中心支行副行长，1953年调到人民银行福建省分行，1955年10月担任人民银行福建省分行副行长。

② 陈希愈：八路军第129师教育科长，1939年10月任冀南银行政治处主任，1943年8月任冀南银行副行长，1953年6月任中国人民银行副行长，1973年5月任财政部副部长兼中国人民银行行长。

1998年王学敏到漳州看望蔡宝。左二为高捷成妻子蔡宝,右二为王学敏,右一为本书作者

27号旁门的一座四合院里,我见到了祖母时常提起的陈希愈。第一次见到陈希愈的时候发现,他没有我想象中的那么威严,而是一位和蔼可亲的老人。他和我聊了好些我祖父当年和他一起在太行山战斗的事情。听说我要去一趟邯郸,他就特地叮嘱我,让我顺道去一下石家庄,找一下河北省民政厅要一本资料。他说两年前河北来人,就高捷成参加革命的情况,采访了他和几位原来在冀南银行工作的老同志,让我去问问,看看书是否已经写好。

1985年5月14日,我从北京来到邯郸,先去晋冀鲁豫烈士陵园祭拜了我的祖父,之后到石家庄河北省民政厅。河北省民政厅编的这本书,书名叫《浩气长存——河北革命烈士史料(四)》,我拿到了25本,顺利完成了任务。我自己留下1本,其余的回京悉数交到陈希愈手中。这次到北京,我呆了差不多有一个月的时间,也见到好几位祖父的战友,他们是袁留忠、武博山、齐登五、李玉峰等。在他们的家中，我听他们说起我祖父的许多事情。他们也收到了我从石家庄带回来的书。那本书里面有一篇《高捷成传略》，是依据他们的回忆写成的。我因此知道不少我祖父高捷成当年在太行山创建八路军银行的经历。

我祖父的这些战友，多数和我祖父一样，是经过长征的红军干部。他们和我祖父所在的部队于1937年8月25日改编为八路军，1937年9月，他们随八路军第129师开赴华北抗日前线。这次北京之行，让我对祖父投身革命的经历有了一些粗浅的认识和了解，那年我21岁。

我开始探寻祖父的历史足迹，则是始于一次带着我儿子高恒到晋冀鲁豫烈士陵园祭拜祖父。那年是2011年，距离我1985年第一次去邯郸，时光一晃过去了26年。那一年我儿子高恒正好也是21岁，这或许是一种巧合吧。那次到邯郸，我遇到人民银行邯郸市中心支行科技科的张璇，她送了我一本1993年纪念高捷成行长牺牲50周年的专刊《金融与经济》，次年又送了我几张冀南银行总行旧址相片。这些相片是人民银行邯郸市中心支行组织人员到山西黎城小寨村瞻仰冀南银行总行旧址时拍的。这是我第一次知道冀南银行总行成立于山西黎城小寨村，因此产生了一个很强烈的想法，我要去祖父当年战斗生活过的地方看看。

2012年之后，我又两次带着儿子高恒到晋冀鲁豫烈士陵园祭拜我的祖父。2014年，人民银行邯郸市中心支行开始筹划冀南银行纪念馆的建设，我也就有更多的机会了解冀南银行那段不平凡的历程。2016年我和人民银行邯郸市中心支行的同志先后去过冀南银行在河北涉县索堡、邢台英谈的旧址，以及祖父牺牲地内丘县白鹿角村；同年我和人民银行黎城县支行的同志来到位于山西黎城小寨村的冀南银行总行旧址。几年来，我先后去过几处当年祖父和他的战友们生活战斗过的地方。

抗战时期的冀南银行印钞厂，多数设置在非常险峻、人迹罕至的深山峡谷之中。当我穿过那幽深的峡谷，爬过那一道道山岭，找到了当年用于印制冀南钞的石头房子时，我心中很是震撼！眼前的景象，和我们现在充满现代气息的银行办公大楼相比，形成了极其强烈的反差！

这些年来，我还查阅了许多资料，包括当年祖父和他的战友们所创立的红军会计工作制度，以及他领导冀南银行开展反假钞、肃清土杂钞、抵制伪钞、保护法币所发出的各种指示。那一页页已经泛黄的纸张，所透出的正是以我祖父为代表的金融先辈的智慧。

一直以来，我就有一个愿望，希冀能有那么一天，将我所知道、所了解的祖父的一生，用我的笔记录下来。

终于有一天，这个多年的愿望变成了现实。

2017年7月，刚从山东大学来到厦门大学担任校长的张荣教授，一到厦门大学，就要求厦门大学经济学院做好高捷成革命史料的挖掘工作，并以高捷成革命事迹引领开展学生思想教育活动。在2019年1月23日召开的厦门大学百年校庆系列出版物编委会第一次会议上，面对史料有限的情况，张荣校长要求进一步做好史料的挖掘工作，努力将高捷成一生的经历和历史贡献写出来，并列入厦门大学百年校庆出版物工作计划当中。

2019年春节刚过，我家中来了厦门大学出版社社长郑文礼、经管编辑室主任陈丽贞两位客人。那天他们冒着大雨，专程从厦门来到漳州。他们告诉我，厦门大学张荣校长很重视红色文化与革命精神在厦门大学校园的传承，高捷成作为厦门大学校友，红军时期创立全军会计工作制度，在晋冀鲁豫边区创建冀南银行，与日寇展开金融战，为晋冀鲁豫边区金融事业做出卓越贡献，是厦门大学学子的优秀代表。这次到漳州的目的，就是希望我能将多年来寻访祖父战斗足迹的经历写出来，作为献给厦门大学百年校庆的一份礼物，以激励后来者。

在即将迎来厦门大学建校百年的时刻，人们并没有忘记这位当年为了国家民族解放而舍生取义的厦门大学学子。这份来自厦门大学出版社的约稿，使我在感到一份责任的同时，更感到无比的欣慰。

我的祖父高捷成，17岁就投身大革命洪流，23岁加入红军，在瑞金协助中华苏维埃共和国国家银行行长毛泽民草拟经济计划，建立中华苏维埃共和国国家银行组织机构，创立红军会计工作制度。在红军时期，他曾担任教育科长、组织科长、总务处长、瑞金红军大学宣传队队长、中华苏维埃共和国国家银行会计科长。在华北抗日前线，他担任八路军第129师新385旅组织科长、冀南税务总局局长、冀南行政主任公署财政经济处处长、冀南敌伪工作委员会委员，30岁出任冀南银行首任行长、晋冀豫边区财政经济处处长，担任中共中央北方局华北财政经济委员会委员和晋冀鲁豫边区财政经济委员会委员。他主持晋冀鲁豫边区财政与金融工作，与日寇展开没有硝烟的金融战，保障了抗日部队的军需供给，支持了持久抗战。我祖父在国家危亡之际，放弃优越的生活，抛妻别子，义无反顾奔赴抗日救亡的最前线，最后牺牲在抗日战场。他的身后只留下1937年4月在陕北延安写的一封家书，其在信中所言"救国才能顾家，国亡家安在！"今天还是那么强烈地震撼着我的心灵。

在这本书中，我尽量将所看到的、听到的有关祖父高捷成的点点滴滴用笔写出来，期望能多维度还原这位曾经在我党我军历史上开创会计、财政、金融、税务工作先河的厦门大学校友的传奇一生。

高庆麟

2020年12月12日于漳州

目录

第一章 **青年时代**（1909—1932）⋯⋯⋯⋯⋯⋯⋯⋯ 1
  第一节 青年时代 接受新文化新思想 ⋯⋯⋯⋯ 3
  第二节 参加北伐 投身国民革命洪流 ⋯⋯⋯⋯ 8
  第三节 血雨腥风 大革命失败寻出路 ⋯⋯⋯⋯ 13
  第四节 厦大求学 寻找科学救国之路 ⋯⋯⋯⋯ 15
  第五节 远赴上海 初识近代银行运作 ⋯⋯⋯⋯ 21
  第六节 供职银庄 倾力资助红军发展 ⋯⋯⋯⋯ 23
  第七节 协助筹款 追随红军踏上征程 ⋯⋯⋯⋯ 25

第二章 **红都瑞金**（1932—1934）⋯⋯⋯⋯⋯⋯⋯⋯ 33
  第一节 发挥专长 推行新式记账方法 ⋯⋯⋯⋯ 35
  第二节 精打细算 制定标准保障供给 ⋯⋯⋯⋯ 40
  第三节 统一财政 创立红军会计制度 ⋯⋯⋯⋯ 44
  第四节 红军大学 担负政治宣传工作 ⋯⋯⋯⋯ 47

第三章 **长征途中**（1934—1935）⋯⋯⋯⋯⋯⋯⋯⋯ 51
  第一节 想方设法 漫漫征途保障供给 ⋯⋯⋯⋯ 53
  第二节 遵义城里 组织发行苏区货币 ⋯⋯⋯⋯ 55
  第三节 雪山草地 历尽艰辛到达陕北 ⋯⋯⋯⋯ 57

第四章 **延安窑洞**（1935—1937）⋯⋯⋯⋯⋯⋯⋯⋯ 61
  第一节 陕北延安 完善红军会计制度 ⋯⋯⋯⋯ 63
  第二节 随军东征 筹款筹物保障军需 ⋯⋯⋯⋯ 67

第三节　保安窑洞　红大提高军政素质 ·················· 69
　　第四节　家国情怀　烽火家书诉说衷情 ·················· 75

第五章　**冀南烽烟**（1937—1939）························ 79
　　第一节　挺进太行　奔赴华北抗日前线 ·················· 81
　　第二节　开赴冀南　参与建立抗日政权 ·················· 85
　　第三节　改造地形　坚持平原游击战争 ·················· 88
　　第四节　游击敌后　敌伪工作屡建奇功 ·················· 90
　　第五节　建立税局　保障抗日军政用费 ·················· 92

第六章　**执掌冀行**（1939—1943）························ 97
　　第一节　冀南银行　诞生在抗日烽火中 ·················· 99
　　第二节　临危受命　筹划冀行组织架构 ················· 105
　　第三节　太行深处　建立冀钞印制基地 ················· 108
　　第四节　加强统调　稳妥做好冀钞发行 ················· 113
　　第五节　巩固冀钞　烽火中展示准备金 ················· 114
　　第六节　太行山上　响起冀南银行之歌 ················· 117
　　第七节　烽火诞生　银行战时管理制度 ················· 123
　　第八节　代号伦敦　建立安全保密机制 ················· 125
　　第九节　太行群峰　拱卫冀行印钞重地 ················· 129
　　第十节　"铁滚扫荡"一九四二麻田突围 ················· 135
　　第十一节　发展壮大　冀行管理日趋正规 ··············· 137

第七章 **货币斗争**（1940—1943）……………… 141
- 第一节 整顿金融 肃清杂钞统一币制 ……… 143
- 第二节 保护法币 巩固冀南钞本位币 ……… 145
- 第三节 打击伪钞 多措禁止伪钞流通 ……… 148
- 第四节 堵截假票 维护冀钞流通秩序 ……… 150
- 第五节 掌握物资 保持冀钞币值稳定 ……… 153

第八章 **保障供给**（1940—1943）……………… 157
- 第一节 黎城会议 财政金融走向统一 ……… 159
- 第二节 合理负担 全力保障军政开支 ……… 163
- 第三节 代理金库 建立仓库粮票制度 ……… 165
- 第四节 制定标准 完善军政供给制度 ……… 168
- 第五节 严格理财 完善会计工作制度 ……… 171
- 第六节 精简机构 节约开支坚持抗战 ……… 173
- 第七节 发展经济 促进根据地的稳固 ……… 175

第九章 **太行丰碑**（1939—1943）……………… 177
- 第一节 勤俭建行 艰苦奋斗身体力行 ……… 179
- 第二节 体恤下属 爱兵如子深受爱戴 ……… 182
- 第三节 杰出才干 来自不倦学习磨炼 ……… 184
- 第四节 掩护战友 血洒太行英名永存 ……… 188
- 第五节 涉县索堡 漳河哭泣太行哽咽 ……… 195
- 第六节 冀行冀钞 为新中国金融奠基 ……… 199

第十章 **薪火相传**（1950—2019）·················· 203
　第一节　古城邯郸　秋风拂墓敬奠英灵 ············ 205
　第二节　建立展馆　冀行精神后世景仰 ············ 216
　第三节　厦忆冀情　追寻先辈革命足迹 ············ 220
　第四节　跨越时空　回信告慰英雄之魂 ············ 227

附　录
　附录一　高捷成生平大事记 ····················· 233
　附录二　高捷成在太行区分行主任联席
　　　　　会议上所做的《经济环境之估
　　　　　计与银行业务工作方针》报告 ············ 239
　附录三　相关文献资料 ························· 243
　附录四　冀南银行总行会计制度 ················· 255
　附录五　冀南钞部分票样 ······················· 279

参考文献 ··· 286
后　记 ··· 289

第一章 青年时代（1909—1932）

我的祖父高捷成

高捷成青年时代就接受新文化新思想,投身国民革命洪流,大革命失败后,求学厦门大学,学习钻研经济和会计理论。1932年4月20日,毛泽东率领中央红军东路军攻克漳州,他协助红军记账、筹款。红军撤离漳州时,他跟随红一军团踏上革命征程。

第一节　青年时代　接受新文化新思想

我的祖父高捷成，1909年9月17日生于福建省龙溪县（今漳州市）。民国时期，漳州是龙溪县的别称。漳州位于闽南三角地带，它因漳江而得名。这里一年四季常青，花常开，水常绿，气候得天独厚。九龙江畔、圆山脚下盛产名扬四海的水仙花。这儿土地肥沃，一年四季出产几十种水果，郊外有成片的香蕉园、荔枝园、甘蔗园。九龙江畔的漳州城共有东西南北四乡，石码附近的角美、郭坑、步文等地方称"漳州东乡"，漳州城以西的天宝称为"漳州西乡"，漳州城九龙江以南的九湖、程溪、颜厝等地方称为"漳州南乡"，漳州城以北的石亭、浦南等地方称为"漳州北乡"。

高捷成的父亲高添木，是个制作爆竹的小手工业者。高捷成有一个小他两岁的弟弟，名叫高捷生。高家祖辈居住在漳州西街。高添木在漳州西街有自己的一片宅院、田园，后迁到漳州城内的大岸顶居住。高添木举家搬到漳州城内后，开始从事爆竹制作。其爆竹制作是小作坊模式，房子有三进，前面的房子作为制作爆竹的工场，请了几个伙计制作爆竹。经过几年的发展，生意日渐红火。在有了一些积累之后，高添木在漳州城内也置办了一些房产。

高捷成4岁的时候，高添木又生了个女儿，女儿出生后不久就送人抚养，而另外从别人家中抱了个女孩来抚养，这女孩就是我的祖母蔡宝。蔡宝1913年1月17日出生在福建省龙溪县下洲村（今漳州市龙文区步文镇下洲村）一个农民家中，出生后不久被抱养到高家当童养媳，由高家养大，她比高捷成小4岁。

高捷成7岁被送到闽南华侨小学上学。他上学时读书十分用功，进步很快，深受老师、同学喜爱。高捷成与弟弟高捷生同在一个小学读书，上学、放学两个兄弟经常结伴一起走。每天兄弟俩放学回来，先做完作业，接着就帮大人卷爆竹。

我的祖母蔡宝没有去学堂上学，她6岁时就开始做工。刚开始是在家中帮忙卷爆竹，长大点就到离家不远的作坊当童工学着穿珠子。穿珠子，就是用丝线把小得不及半粒米大的五颜六色的玻璃珠子穿成一串一串。做这种活儿，赚不了几个钱，穿完满满一盘珠子，才得几个铜板。我的祖母长大后，就开始做针线活，替人家缝衣做衫。她勤快而又灵巧，会缝制漂亮的珠拖鞋、珠钱包和各种款式的衣衫，深得公公、婆婆的喜爱。高捷成和蔡宝从小一起长大，两小无猜，亲如兄妹。在家中，上上下下都叫祖母蔡宝为"阿宝"，祖父高捷成在家中被称为"阔嘴"（闽南语：即嘴巴大的意思）。

20世纪初的中国，政治运动风起云涌，漳州也深深卷入其中。护法运动、五四运动接踵而至，给高捷成幼小的心灵烙上了深刻的革命印记，种下了革命的火种。

1918年6月，陈炯明带领援闽粤军进入闽南，击败福建督军李厚基的军队，占领了汀州、漳州、龙岩等25个县，建立了闽南护法区，以漳州为首府。孙中山对闽南护法区寄予厚望，从各方面支持陈炯明进行政治改革，按照三民主义理想开展"整军经武，刷新政治"的社会建设。

漳州城边的九龙江、旧桥，远处为圆山

1919年，北京爆发了五四爱国学生运动，其所掀起的革命风暴迅速席卷全国各地。当"巴黎和会"上青岛问题失利及北京学生被捕的消息传到漳州后，漳州学生群情激愤。1919年5月17日下午1时许，福建省立第八中学的学生首先上街游行，紧接着福建省立第二师范学校（简称省立二师）、私立寻源中学、龙溪县立中学的学生也一起走上街头，参加示威游行。学生们每人手持小旗，沿途齐唱《国耻歌》，高呼"誓死力争""争回青岛方罢休""勿作五分钟爱国"等口号，同时向商号、行人散发传单。5月22日，漳州各界一万余人聚集漳州第一公园，会上一致通过致各界电，声援北京学生反帝斗争，要求"争回青岛，废除"二十一条"及各种密约，惩办卖国贼，抵制日货"。电文如下：

>青岛问题，关系吾国存亡，吾人能否争回青岛，即为能否保全领土之预征。宁愿生前拼死如比国，勿死后徒苦如韩民。乞联电专使切勿签字。生机不绝，国命可苏。御外侮必锄内奸，曹、章诸贼，与国为仇，请一致主张严办，如有庇恶，与众弃之。闽南国民大会叩。

五四运动以后，作为"闽南护法区"的核心城市，漳州成了新文化运动最活跃的地区以及早期马克思主义的传播地之一。当时陈炯明的思想比较进步，从广东聘请陈秋霖到漳州，先后在1919年12月1日创办了《闽星》半周刊，1920年元月创办了《闽星》日报，它们成为我国早期公开介绍苏俄革命和传播马克思学说的重要刊物。《闽星》半周刊的宗旨是"想在福建为圆心的起点，做新文化运动"。漳州还开设了新闽学书局。该书局除贩书、售报外，还以启发文明为己任，派人到上海采办最新图书、杂志回漳州发售，其中有北京的《新青年》，湖南的《湘江评论》，上海的《向导》，李大钊、陈独秀、鲁迅等人的政论及小说等多种书刊。这些进步书刊的发行，极大地推动了国内新文化运动在漳州的传播与发展。

省立二师自治会创办了《自治》半月刊，该刊以极大的热情讴歌俄国十月革命，提倡自由平等，对官僚、军阀、土豪劣绅进行强烈谴责，揭露阶级对立、贫富差别的原因。该刊传播革命思想，以其积极向上的言论，引导广大青年寻求革命之路。

1920年5月1日，漳州和上海、北京、广州等城市举行盛大的群众性集会。这一天，漳州的工人及各学校、各机关均放假一天，进行纪念五一国际劳动节大游行。

漳州的这次革命活动在国外产生了很大的影响。1920年12月，共产国际机关刊物《共产国际》中《中国共产党成立前夜》一文，记述了漳州首次纪念五一国际劳动节的情况，称赞"漳州是中国南部革命的中心，漳州学校的教学大纲内有教授社会主义课程，漳州成了中国革命青年和中国社会主义者的朝圣地"。[①]

还在小学读书的高捷成，目睹了从五四运动发生以来这段时间在漳州城内发生的一切。

1923年，高捷成小学毕业，被保送到省立二师预科班学习，一年后转入四年

---

① 陈方主编：《中共闽南地方史：新民主主义革命时期》，中央文献出版社，1995年版，第31页。

制本科学习。省立二师坐落在漳州城南的城角下,有着悠久历史,相传是宋代朱熹任漳州府尹时为讲学而修建的,取名"丹霞书院"。校园内建筑错落有序,东南角城上有一座八卦楼,下面是一个小操场,中间有个养鱼池,池边筑有楼台亭榭,沿池畔一溜杨柳随风飘曳,是个读书的好地方。

省立二师是一所富有革命传统的学府,聚集着一批进步青年学生。他们经常召开各种讨论会,对所阅读的进步书刊的内容进行探讨和研究。

高捷成在省立二师勤奋好学、成绩优秀,各门课程均名列前茅。在省立二师读书这段时间,除了学好学校里面的每一门功课,他也接触了诸多宣扬科学社会主义和其他各种社会思潮的书籍,他如饥似渴地阅读了许多进步刊物。他接触了不少追求进步的同学,经常和王德、李兆炳等几位志同道合的同学去书店里面看书。他们经常聚在一起讨论读书的心得体会,讨论教育、时事,相互交流看法,探讨人生。他们阅读的范围很广,诸如《新青年》《湘江评论》《向导》等杂志,经常在高捷成及省立二师同学手中传阅。1925年春,一份早在1919年由毛泽东主编的《湘江评论》被高捷成及省立二师同学纷纷传阅。这是《湘江评论》的创刊号,里面写道:

"本报以宣传新思潮为主旨""时机到了!世界的大潮卷得更急了!洞庭湖的闸门动了,且开了浩浩荡荡的新思潮业已奔腾澎湃于湘江两岸了!顺它的生,逆它的死。如何承受它?如何传播它?如何研究它?如何施行它?是我们全体湘人最切要的大问题。即是《评论》出世最切要的大任务。"

《湘江评论》创刊号文中这一豪迈的政治宣扬,深深地吸引了年轻的高捷成和省立二师的学生。接着他们又看了《湘江评论》第2期到第4期连载的毛泽东写的《民众的大联合》,文中写道:

"天下者我们的天下,国家者我们的国家。社会者我们的社会。我们不说,谁说?我们不干,谁干?刻不容缓的民众大联合,我们应该积极进行!"

文章的结尾写道:

"中华民族大联合将较任何地域任何民族而先告成功。诸君!诸君!我们总要努力!我们必须拼命向前!我们黄金的世界,光辉灿烂的世界,就在前面!"

这一句句掷地有声的话语,也让高捷成和省立二师几位同学明白这么一个深刻道理——"天下兴亡，匹夫有责。"

1925年2月，省立二师来了一位刚从国立武昌大学①历史社会学系毕业的老师，名叫季永绥②。他以文史地教员的身份，秘密开展革命活动。他教学认真，讲课生动，富有时代气息，深受同学的好评。季永绥在省立二师校刊《漳州日报》（漳潮）副刊上发表《苦学生升学的我见》《收回关税主权的我见》等文章，宣传反对帝国主义、反对国内封建军阀黑暗统治的新思想、新理念。他经常和高捷成、王占春、王德、李兆炳、邱启明等进步同学交谈，鼓励他们阅读那些宣传科学社会主义、共产主义学说的刊物以及李大钊、鲁迅的作品，组织青年学生学习与研究社会、政治、经济等问题，同时也提出学校应改革教育，实行民主办学等主张。高捷成和省立二师的同学深受其影响。

1925年5月30日，上海租界的英国巡捕，开枪屠杀为抗议日本资本家残害中国工人而进行游行示威的民众，制造了上海五卅惨案。上海发生惨案的消息，很快传到了厦门、漳州等地。同年6月3日，漳州的青年学生、工人和店员开始了声援上海五卅反帝的爱国活动，组织成立了"漳州学生抗敌后援会"。《漳州日报》刊登了《为帝国主义者在上海惨杀同胞敬告父老》，高捷成与省立二师的学生，参加了游行示威活动，声讨暴行。当时漳州的工、学、商各界，举行罢工、罢课、罢市，抵制日货的活动。

在全国持续了三个多月的声援五卅反帝爱国活动，使反帝与爱国思想更进一步在省立二师学生当中深入人心。经过这次声援五卅反帝爱国活动的教育和锻炼，高捷成得以迅速成长。

漳州与厦门毗邻，两地水陆交通甚为便捷，信息往来快速，两地之间的革命联系较为紧密。1925年初夏，季永绥以中共漳厦通讯员身份与中共闽南特委罗扬才会面。1925年6月中旬，集美学校成立了共青团厦门支部，有一批进步青年加入，他们是罗扬才、刘瑞生、邱泮林、罗良厚、罗贤开、罗调金等人，李觉民担任支部书记。共青团厦门支部建立之后，归共青团广东区委领导。

1925年11月，罗扬才作为厦门大学进步学生的代表，前往广州参加两广地区大学生代表大会。大会期间，他加入了中国共产党。1926年2月，由罗扬才、林

---

① 国立武昌大学：1923年国立武昌高等师范学校改名为国立武昌师范大学，1924年又改为国立武昌大学。

② 季永绥，福建浦城县人，1923年由国立武昌师范大学的同学任开国、赵子健介绍加入中国社会主义青年团；1924年12月，由陈潭秋介绍转为中国共产党党员。

党民、罗秋天三人组成的中共厦门大学支部，在厦门大学的囊萤楼正式成立，罗扬才担任支部书记。

罗明、罗扬才在往返广东、集美时，常在途经漳州时与季永绥一起酝酿在漳州建立团组织工作。在他们的共同努力下，1926年底，省立二师建立了共青团漳州支部，王德、王占春、陈进德、邱启明、黄炽光和林义民、郑静安等成为第一批共青团团员，季永绥担任支部书记。

第二节　参加北伐　投身国民革命洪流

1924年，国共合作正式形成。经过国共两党的共同努力，国民革命的影响很快扩展开来。以广州为中心，革命力量从全国四面八方汇集起来，形成反对帝国主义和封建军阀的革命新局面。

1926年初，高捷成从漳州来到广州，参加了国民革命军。那时候的广州，政治气氛热烈，满街都是红色标语牌，五卅运动以来的省港大罢工也还在进行，广州成了当时大革命活动的中心。

1926年2月，中国国民党党部在广州开办了训练班，用于培训国民革命急需的政工干部，训练班里有不少从全国各地招收的青年学生。作为来自福建省的青年学生，高捷成在训练班上刻苦学习，钻研革命理论，他比较系统地学习了20多门课程，包括"国民党政纲""国民党党史""三民主义""社会主义""国际主义与民族问题""帝国主义由来及其性质""帝国主义侵略史""世界政治经济状况""中国政治经济状况""俄国新经济政策""农民运动""各国革命史略""革命文学""广东农民运动实际状况""广州市财政状况"等等。

经过4个月的学习，6月初，训练班结业了。结业典礼上，训练班主任鼓励这些即将毕业的同学们说：

"同学们！我们都是加入革命战线的生力军，我们将是参加北伐的敢死士！我们要使革命成功；我们便要以总理之心为心，以总理的革命精神为我们的革命精神，以总理首创的党为我们团结全国各种革命力量不二的组织！要使我们每个人都成为很好的革命党员，我们的党才有力量，总理的主义才有实现的可能，总理的精神才能浸透到我们肤体，我们这

样才能成为很好的革命党员。"

参加完这次培训，高捷成明白了推翻帝国主义和封建主义是国民革命的主要任务。在广州，他参与领导学生运动，到各个学校发动青年学生积极投身到国民革命洪流之中，积极宣传进行国民革命的目的和意义，组织青年学生走上街头演讲，宣传反帝反封建的革命道理，并组织学生学唱革命歌曲。广州多所学校的校园里面，传出了雄壮激昂的《国民革命歌》和《工农兵联合起来》的歌曲。

"打倒列强，打倒列强，除军阀，除军阀！国民革命成功，国民革命成功，齐欢唱、齐欢唱……"

"工农兵，联合起来向前进，万众一心。工农兵，联合起来向前进，消灭敌人！我们勇敢、我们奋斗、我们团结、我们前进！杀向那帝国主义反动派的大本营，最后胜利一定属于我们工农兵！……"

训练班结束不久，高捷成到国民革命军第一军担任宣传员。在军中，他除了参加军事训练，还认真参加政治学习。当时国民革命军政治部为士兵专门编发了《士兵日课问答》学习材料，要求每一个士兵都要熟读。《士兵日课问答》第一课是这么写的：

问：我们为什么要革命？

答：要使人人有饭吃，有衣穿，有屋住。

问：如何使得人人有饭吃，有衣穿，有屋住？

答：先要打倒使我们没有饭吃、没有衣穿、没有屋住的敌人。

问：我们为什么要跑来广东革命？

答：因为广东系革命策源地。

……

问：我们不革命能够实行三民主义吗？

答：我们不革命、不牺牲、不流血，是决不能实行三民主义的。

问：三民主义不实行于我们有什么害处？

答：三民主义不实行，我们永远受帝国主义、军阀、资本家大地主的压迫、摧残、掠夺、剥削；永远不能平等；永远不能解决生活问题。所以我们要努力革命，以求达到三民主义的目的。①

---

① 国民革命军第二军政治部：《士兵日课问答第一册》，1925 年 12 月编发。

这是高捷成到国民革命军之后上的第一堂课。他参加严格的军事训练，锻炼身体，养成了吃苦耐劳的品格和严守纪律的作风。

1926年7月9日，广州国民政府领导下的国民革命军在广州东校场誓师，各路大军在"打倒列强，除军阀"的雄壮歌声和口号声中，开始了声势浩大的北伐战争。

当时北洋军阀主要有三大势力：直系军阀吴佩孚控制着湖南、湖北、河南三省及河北保定一带；原属直系，后独成一派号称五省联军总司令的孙传芳控制着江苏、安徽、江西、浙江及福建五省；奉系军阀张作霖控制着东北三省、热河、察哈尔以及北京、天津等地。

北伐军进攻的战略部署是向湖南、湖北进军，直指武汉，先打击北洋军阀中最薄弱的一环——吴佩孚的主力部队；然后挥师向长江中下游发展，消灭孙传芳部队；最后，北上解决实力最雄厚的张作霖部队。

北伐军主力在湖南、湖北与军阀吴佩孚部队作战的时候，1926年8月25日，军阀孙传芳急命福建督军周荫人统率的闽军，以精兵4万出闽南，直袭潮梅。为了保护北伐军后方广东根据地的安全，北伐军将防守潮梅地区的国民革命军第一军转为攻击部队，打垮了进攻的闽军主力。10月20日，国民革命军第一军所属潮梅部队与第17军、第14军第2师组成北伐军东路军乘胜入闽作战。北伐军东路军在攻克龙岩永定之后，于11月初相继占领平和小溪、南靖山城、漳浦、长泰。

随着北伐军东路军的步步进逼，加上漳州各县民军的滋扰，固守漳州的闽军，早已军心涣散。原来驻守漳州的闽军第1师张毅部，看大势已去，就于11月7日匆匆撤离漳州，结束了其在漳州长达4年的残暴统治。

季永绥得知闽军第1师张毅部开始撤退的消息，就赶紧在省立二师找了几个学生，印了《为欢迎国民革命军北伐告漳州父老书》的传单，并和学生深夜上街头张贴散发。11月8日，季永绥就组织了省立二师一支学生队伍，到漳州西南郊的蜈蚣山、旧桥等处引导北伐军的前锋部队，直入张毅驻军司令部。紧接着，国民革命军第一军独立第4师和第14师相继进入漳州城。

在国民革命军第一军中担任宣传员的高捷成，随北伐军东路军一起回到了漳州，见到了前来欢迎北伐军东路军的省立二师的老师和同学们。

11月12日，国民革命军第一军政治部在漳州马道底的新操场召开了军民联欢会。11月15日，北伐军东路军各部即出发进攻泉州，漳州由第25师第18团王文翰部驻守，并设立了北伐军东路军总指挥行营留守处。11月22日，国民革命军第一军政治部及第14师政治部宣传队进入厦门；12月18日，第一军第3师、第10师进驻福州。北伐军东路军在全闽取得了决定性胜利。

漳州旧街区

1926年12月上旬，"非基督教大同盟"在漳州第一公园西门直街的"简氏侨馆"成立，由李联星、王占春、王长泉、林惠恬、黄少范等11人担任委员，开展"非基督教运动"。① 当年圣诞节前，"非基督教大同盟"在东门街接官亭基督教堂召开上千人参加的以学生为主的群众大会，组织群众走上街头进行宣传，张贴标语。进德女中、崇正中学、寻源中学等教会学校的学生，也冲破阻力，踊跃参加"非基督教"活动，提出"教会应由中国人自己办，外国传教士不得把持"，反对教会学校利用办学开展宗教活动，进行文化侵略。高捷成积极投身于这场"非基督教运动"。他相信"中国要强盛，必须依靠科学"，"科学万能而非造物主万能"。

这一次"非基督教"运动，提高了人们对帝国主义利用"宗教"工具所进行的文化侵略及所犯下罪行的认识，反帝反封建的社会风气更加浓烈，使包括高捷成在内的一大批漳州进步青年受到一次思想冲击和洗礼，在斗争中得到锻炼，并在之后的闽南革命斗争中成为中坚力量。

---

① "非基督教运动"：早在1922年，蔡元培和胡适就提出了"宗教和教育分离"的目标。1922年3月11日，北京学生成立了"非宗教大同盟"；同年3月19日，发表了《非基督教学生同盟宣言》，在中国大地，揭开了"非基督教运动"的序幕。

漳州接官亭基督教堂

北伐军东路军攻克漳州后,漳(州)龙(岩)所属各县的军阀势力基本被肃清。1926年11月中旬,北伐军东路军政治部在漳州、龙岩设立了漳龙各属政治监察署,由国民党人鲁纯仁担任政治监察员,以指导闽西南各地的国民党行政、财政、党务等工作及民众运动。同年12月,决定在龙岩分设龙(岩)、(漳)平、宁(洋)政治监察署,漳龙各属政治监察署改为漳(州)属政治监察署,漳(州)属政治监察署政治监察员由国民党左派人士陈卓凡担任。

北伐军东路军政治部成立的政治监察署属于临时政权性质的革命领导机关。主要职责是指导闽南各地行政、财政、国民党党务等工作及民众运动。政治监察员公署向每个县派出党务、工运、民运、青运、妇运指导员各一人。共产党员和进步青年成为指导员队伍的主力,参与了漳属各地的党务和民运建设。1927年初,高捷成被派到海澄县担任党务指导员。他积极推动社会各界组织起来,支持国民革命军。

1926年12月,为了贯彻中共中央特别会议精神和配合北伐军军事行动,在上海大学读书的翁泽生[①]携妻子谢志坚从上海来到厦门,经中共厦门特支领导人罗扬

---

① 翁泽生(1903—1939),又名翁振华。他于1920年在集美学校读中学,开始接受马克思主义。1924年进入厦门大学读书,课余组织台籍学生在厦门进行各种革命活动。1925年转学到上海大学就读于社会学系,在瞿秋白等人的指导下,系统学习马克思主义。翁泽生积极参加五卅运动,成为中共上海大学支部的一名党员。1926年秋,翁泽生参加上海大学学生军和上海第一次武装起义。

才介绍,来到漳州,与季永绥取得联系。随后他们将共青团漳州支部第一批团员均转为中共党员,建立了中共漳州支部,书记翁泽生,组织委员季永绥,宣传委员谢志坚。

在一批共产党员、共青团员、国民党左派人士和进步青年的共同努力下,国民革命在漳州出现了前所未有的新局面,农民组织起农民协会,工人组织起工会,商人组织起商会,学生组织起学生联合会,漳州的民众被广泛地动员起来了。

1927年2月,漳州农工运动讲习所在省立二师成立了,陈卓凡担任所长,共产党员樊渊博任副所长,罗明任秘书长,翁泽生为教务主任。季永绥协助翁泽生,负责招收来自漳属各县和闽西的先进青年学生和小学教员共100多名。

漳州农工运动讲习所主要按照毛泽东开办广州农民运动讲习所的模式办学,主要课程有"中国民族革命史""农民运动史""海陆丰农民运动""妇女运动""新三民主义""社会发展史""帝国主义侵略中国史""青年运动"等,并开展军事训练,培训了一批漳州工农运动的骨干。

第三节　血雨腥风　大革命失败寻出路

在北伐战争胜利进军的同时,羽翼已丰的蒋介石开始日益公开他的反动活动,大革命面临着一场严重的危机。

1927年初,蒋介石先后派出一大批国民党右派分子入闽,占据军政要职。1927年3月之后,福建省国民党右派连续召开几次紧急秘密会议,决定在各地召开"拥蒋护党"大会,进行"清党",逮捕共产党员、国民党左派、进步人士和革命群众组织的领导人。那时候,高捷成在福建省海澄县担任党务指导员。在一次纪念总理的军民联欢大会上,高捷成发言抨击国民党右派攻击孙中山"联俄、联共、扶助农工"三大政策的做法,他言辞激烈,遭到了驻福建省海澄县国民党海军陆战队代营长梁英年、排长郭曾纯的拘捕。后来经多方努力,高捷成才得以保释回来。

当时的厦门、漳州正在进行"清党",共产党员、国民党左派人士、工人以及农民运动的领袖陆续遭到拘捕。1927年4月3日,在福州南校场召开的"拥蒋护党"大会上,国民党右派分子纷纷登台谩骂共产党,攻击孙中山三大政策,公然枪杀了在"四·三"大会上挺身而出与国民党右派分子斗争的共产党代表方毅威。在漳州，中共闽南部委书记罗明从一份日文报纸得到蒋介石即将发动反共政变的消息，就紧急召开会议，分析了当时闽南地区的形势，认为应及早准备，中共厦门、漳州各支部应尽快转入隐蔽活动。漳州农工运动讲习所于当年4月9日立即关闭，发给学员路费，派回原籍各县工作。陈卓凡于4月10日凌晨离开漳州，前往香港。4月中旬，福建龙溪县"清党"委员会成立，开始进行"清党"。厦门的国民党右派于4月9日召开"拥蒋护党"大会，通缉中共党员罗扬才和国民党左派人士陈卓凡等人，查封了厦门总工会、厦门学生联合会。他们逮捕了厦门总工会委员长罗扬才、副委员长杨世宁，以及厦门学生联合会主席黄埔树等人。5月10日厦门大学学生罗扬才、杨世宁被押往福州。5月15日，漳州国民党右派在石码公园召开"拥蒋护党"大会，宣布解散工会和农会组织。5月23日深夜，罗扬才、杨世宁在福州被杀害。黄埔树在厦门被家属赎回，后去了南洋。

位于漳州市芗城区振成巷32号的中共福建临时省委旧址

1927年4月12日，蒋介石在上海发动了反革命政变，公开屠杀共产党员。4月18日，蒋介石在南京另立一个"国民政府"，与同共产党保持合作的武汉国民政府相对立。一场危机出现在中国大地，轰轰烈烈的国民革命运动面临着前所未有的考验。

第四节　厦大求学　寻找科学救国之路

中共闽南地方党组织的活动紧急转入了秘密状态。中共闽南部委于1927年4月初紧急召开会议，对即将发生的反革命政变及时采取了应对措施，使闽南地区的中共组织和力量及时转入了农村，在随后的白色恐怖环境中基本保存了下来。

这一时期，中国大地乌云密布，一片白色恐怖笼罩着闽南大地。年轻的高捷成被保释后回到了家中。5月底，在漳州的高捷成得知厦门大学学生罗扬才被捕遇害的消息，十分心痛。看到一个个共产党员被捕遇害，国民党左派人士处境也堪忧，高捷成对大革命的前途充满了忧虑，他愤然离开了国民党军队。

高捷成的父亲高添木此时很为自己儿子的安全担忧。根据我祖母蔡宝的回忆，在1927年初夏的一个晚上，高添木把儿子找来，与之进行了长谈。他要儿子出去多读些书，多学习一些专业技术。高捷成对父亲说："在离漳州不远的厦门，有一所新成立的私立大学，叫厦门大学，我想去厦门大学读书。"1927年，当时的厦门大学创办才6年，但已形成具有一定特色的教学结构，科系学科较为齐全，设置文、理、法、教育、工、商六科，许多著名教授均亲自授课。高捷成拿出一份1927年6月17日出版的《申报》，该报刊载了厦门大学招生广告，他将招生广告的内容念给父亲听。报纸上这则招生广告是这样写的：

厦门大学招生广告[①]

本大学本科设文理法教商医六科，现拟招收各科之预科第一年级生（预科课程分甲乙两部）除医科外并招收各本科第一年级生，男女兼收。

（一）受试资格：

甲、本科。须具有本大学预科毕业程度（如各大学预科、各专门学校毕业，或高级中学毕业）者。

乙、预科。须旧制中等学校毕业或三三制高级中学肄业一年以上者。

（二）试验科目：

甲、本科。（1）国文；（2）英文；（3）算学；（4）物理、化学、生物（投考文、法、教或商科者，上列三科选一，投考理科者上列三科选

---

① 厦门大学校史编委会：《厦大校史资料》（第一辑），厦门大学出版社，1987年版，第208~209页。

二），受科学试验者同时须缴实验室之记录簿；（5）中外近世史、哲学概论、论理学（投考文法、教或商科者上列三科选二，投考理科者，上列三科选一）。

乙、预科。（1）国文；（2）英文；（3）算学；（4）史地或科学，拟入甲部者考中外近世史及世界地理，入乙科者选考下列三科之二：物理、化学、生物。

（三）报名时间：厦门、上海，六月十日起至七月十三日止。

（四）试验日期：厦门、上海七月十五、十六、十七三日。

（五）试验地点：（1）厦门本校，（2）上海寰球中国同学会。投考简章函索即寄。

校长林文庆启

高添木向儿子详细了解了厦门大学开办的学科、专业和学校的一些情况。高捷成对父亲说："厦门大学是一所私立学校，学习的费用由学生承担，入学时需要缴交的费用总需大洋73.5元。"高捷成说的这些学习费用，包括：（1）入学试验费2元；（2）录取后入学时交入学费10元；（3）注册费每个学期1元；（4）本科每学期大洋35元，预科每学期25元；（5）体育课每学期2元；（6）讲义费每学期每课程大洋5角；（7）普通赔偿准备金每学期5元，每学期结束时如无损坏物件则原数退还；（8）宿舍费每学期8元（电灯、茶水在内）。① 相对于当时一人一个月生活费用在2~3个大洋之间，厦门大学每个学期73.5元大洋的学费算是相当高的。据我祖母蔡宝回忆说，为了孩子的前途，高添木同意了自己儿子的请求。他让高捷成报考厦门大学经济学专业，这样，儿子学成之后回来可以去银庄谋职。

厦门大学对录取新生一贯严格要求。厦门大学的本科新生报考资格为"凡具有本大学预科毕业程度（如各大学预科、各专门学校毕业或高级中学毕业），而品行端正者"；预科新生的报考资格为"凡四年制中学校毕业或三三制高级中学肄业一年以上，而品德端正者"。② 报考时必须提交履历书及符合条件的毕业或修业证书。

厦门大学本科新生入学试验科目：（1）国文（作论文一篇、分析句读）；（2）英文（作文、文法、翻译）；（3）算学（高等代数、平面及立体几何、平面三

---

① 洪永宏编著：《厦门大学校史》第一卷，厦门大学出版社，1990年版，第90页。
② 洪永宏编著：《厦门大学校史》第一卷，厦门大学出版社，1990年版，第89页。

角);(4)物理、化学、生物(投考文、法、商、教育等选一,投考理工科者选二);(5)中外近世史、哲学概论、论理学(投考文、法、商、教育等科者选二,投考理工科者选一)。预科试验科目是:(1)国文(作短篇论文一篇、分析句读);(2)英文(作文、文法、翻译);(3)算学(初等代数、平面几何、三角大意);(4)史地或科学。各科试卷除"国文""中国史"这两科专用中文答写,"英文"这一科专用英语答写外,其余科目中文、英文均可。新生入学试验合格,还须经体格检查。学校设置有卫生处,除负责新生入学体检,还负责在校师生的医疗、卫生和保健,新生试验合格但体检不合格,也是不能入学的。①

根据我祖母蔡宝所述,高捷成在省立二师各门功课的学习成绩都名列前茅,尤其算学方面的成绩比较突出,他顺利通过厦门大学严格的入学测试,于1927年夏被厦门大学经济学系录取。

厦门大学入学手续很严格。高捷成到厦门报名时必须先交正、副保证人盖印签名的保证书。正保证人以学生的亲属为限,副保证人以在厦门确有资产、职业并被厦门大学认为适当者为合格。非厦门本地学生的副保证人,得由中等以上学校校长、各地教育局局长或教育会会长、省会或商埠的殷实商户(需盖该商户正式图章)充任。保证人对该学生在校中一切事务均要负责。

高捷成从花果之乡漳州来到这所位于海边的大学学习时,厦门大学已颇具规模。1921年建校时,厦门大学就已经建成了五幢建筑,它们是一字排开的群贤楼、集美楼、同安楼、映雪楼和囊萤楼。1926年又建成了规模宏大的生物院大楼和化学院大楼。当年厦门大学全校本、预科学生有330人,教授、讲师有75人,厦门大学校长是林文庆。

高捷成就读的经济学系,其必修课程有:"党义""国文""英文""经济学""政治学""宪法""西洋经济史""经济政策""货币银行学""会计学""公司法""票据法""经济学史""经济问题""财政学";选修课程有:"中国财政史""资本论""人口问题""价格研究""统计学"等。

1928年初春,高捷成在厦门大学已学习了一个学期,这时从学校传来了喜讯。私立厦门大学通过福建省教育厅递交的立案申请,得到了南京国民政府的批准。1928年3月21日,国民政府大学院院长蔡元培就厦门大学立案一事发出第131

---

① 洪永宏编著:《厦门大学校史》第一卷,厦门大学出版社,1990年版,第89页。

号训令。也就是说，厦门大学正式得到中央政府的认可，成为中国大学发展史上第一所获得政府批准立案的私立大学。

当年厦门大学汇集了一批著名教授、学者，如会计学家陈德恒（美国哥伦比亚商学硕士）执教"会计学""商业政策"，会计学家郑世察（美国纽约大学商学硕士）执教"官厅会计"，陈灿执教"中国经济史""财政学"。这些名教授执教甚为严格，年轻的高捷成由此打下了坚实的经济、会计理论基础。

厦门大学图书馆馆藏丰富，拥有各类中文书籍34000余册、外文图书16000余册，是高捷成最喜欢去的地方。商科是厦门大学人才培养和学科发展的重点，经济类藏书也非常充足，其中购置的外文书籍数量很大，如1929年《厦大纪念刊》记载年度的购书状况："商科购置关于商学经济最近出版西文书籍一千二百一十二本，中文书十四本，日文书三十本，在订购中者，英文书籍一百一十二本。现在本校商科共有商学及经济书籍千余种。"高捷成入学之际，商科图书资料购置得到了侨商领袖、中南银行创办者黄奕住先生的大力支持，"十六年秋季，黄奕住先生概允于十七年度捐助本校图书设备费国币三万元，自是年八月一日起，本校商科每月领得二百五十元，将此款专购各国最近出版之商学图书，则本校商科之图书设备，将因之更形丰富矣。"

厦大的商科非常重视实践技能教育。学习"银行学"和"商业学"要熟悉货币或实物，学校专门设立了货币和商品陈列所，"商科为货币学、中国经济诸学科参考之用，曾购置古钱六箱，自上古金刀布至明清历代之钱"共有七百余种，供学生平时观摩辨伪之用。商品陈列所的功能是"搜罗商品，以供商业学、商品学诸学科之用"。与此同时，与银行合作建立教学实践基地，"为研究银行学、会计学学生实习便利起见，特于十六年十一月教职员组织厦港储蓄银行于本校群贤二楼西首，由肄业银行学、会计学学生轮流实习，又置会计实习室一间，以便会计学系学生实习之用"。1927年，商科专门开辟打字机实习室，以供实践之用。主任陈灿教授11月16日专门在《厦大周刊》上发出布告："打字机实习室已布置就绪，欲练习并已缴费注册者请于本日午后三时至商科办公室与林启超先生商定练习钟点。"当时学生数较少，教学资源极为充沛，有利于学生专业理论的学习和实践技能的掌握。

高捷成学习勤奋刻苦，经常到商科的实习室苦练基本功，包括打字、打算盘到印鉴篆刻，以及鉴别真假本外币的方法。高捷成对数字具有超强的记忆力，可以做到用双手熟练地打算盘。

1921年厦门大学首批校舍（厦门大学档案馆提供）

厦门大学校舍（厦门大学档案馆提供）

厦门大学校舍囊萤楼（厦门大学档案馆提供）

林文庆校长所著《文科之重要》一文，刊载于1928年12月30日《厦门大学文科半月刊》，文中说道："各国之伟大领袖，皆为熟谙此等基本问题之男女，彼等皆由文科研求得者。将来中国之官吏与政治家亦必须精研文学、哲学与历史之男女，始克充之。""夫如是，文科应视为国家要务中之首要。欧美各国饶裕之子学习纯职业学科之前，先努力取得文科之学位。即不然，亦常努力自修之。""中国将来之复兴，全视乎毕业于文科之学子。"[①] 高捷成由此认识到文科对于治理国家的重要性。在厦门大学学习期间，他充分利用厦门大学的良好学习环境和硬件设施。除了认真学习完成学校规定的必修、选修课程外，高捷成每到周末就去图书馆看书，阅读了大量有关世界政治史、中国经济史、西方经济发展史、哲学、社会科学发展论等书籍，极大地拓宽了自己的视野。

课余时间，高捷成积极参加各种学生社团活动。当时厦门大学商科学生比较活跃，他们组织了厦门大学商科同学会，其状况如1929年《厦大纪念刊》描述：

> "本会之创立在民国十三年秋，是时商系学生来者日众，诸感无课外团体之组织，不克尽联络感情及切磋学问之效，故有商学会之发起，此本会成立之经过也。初创之时，会内只分事务、会计、文书、交际、研究五部负责进行。至十五年秋商科学生日有增加，同时商学系亦改科设立，致本会乃有商科同学会之更名也。会员既较众多，会务亦渐谋扩充，增设学术部以规划演讲、出版、经济调查诸事。秉此进行，会员对于学术研究之兴趣日有增加，团结融合之精神大有进步，此不能布归功于本会领导提倡之效也。本会以能力之所及并代表本科参加学校各种活动，如全校之游艺比赛会及各项运动比赛，本科均得优奖，足见会员课外活动之能力。"

1929年1月，《厦大学生》出版了，这是一份半月刊，读着《厦大学生》这本杂志，高捷成心中激起阵阵涟漪。《厦大学生》在发刊词中写道：

> "现在我们这个刊物，是凭着在南方山明水秀的岸旁的一个大学的几百个学生集合的力量而产生出来的。我们总相信大学生是社会的领导者，要负有相当的责任和贡献，尤其是在我们这个文化已有五千多年而教育并不普及的国度里，大学生该要负怎样一种沉重的重担。""此外，在这

---

① 厦门大学校史编委会：《厦大校史资料》（第一辑），厦门大学出版社，1987年版，第235页。

中日悬案尚未解决的当儿,我们还负有一种很重大的使命,——那就是要连络全国的民众团体,同心协力,作一种扩大反日宣传,以求在最短期间内,达到我们外交上的胜利!"发刊词最后写道:"最后,我们诚恳地要求海内外的学者和本校的教授们,能够指示我们,协助我们!结束一句话,我们这条涓涓的细流,谁说不是一个壮丽大河流域的先声?来罢,这个责任就在我们几百个同学们的身上,来罢!①"

《厦大学生》半月刊出版后不久,高捷成离开了相处一年半的老师、同学,离开了让他打下扎实经济和会计理论基础的厦门大学。

第五节 远赴上海 初识近代银行运作

1929年春,高捷成在厦门大学经济学系学习了一年半时间之后,因家里生意经营困难,无法供他继续读书,于是他肄业了。经友人介绍,他只身来到上海,进入了中南银行。

中南银行是由闽南侨商黄奕住在1921年6月独资开办的金融机构,注册资金为500万元,1924年经股东会议决议增资250万元,合计资金达750万元。中南银行总部设于上海,香港、天津、北平、汉口、杭州、无锡、苏州等地均有分行,这是近代华侨在国内投资创办的最大的一家银行,并于1922年获得钞票发行权。1922年,中南银行与盐业银行、金城银行、大陆银行(合称"北四行")成立了四行联合营业事业所,随后筹建了四行准备库,制定了"十足准备"的钞票发行原则,1922年11月,四行共同发行印有"中南银行"字样的钞票。1927年,中南银行的货币发行额达1700万元。中南银行"声誉既著",业务规模也越来越大,吸收的存款也越来越多。中南银行除存、放款业务之外,还涉足贸易、保险、信托、工业管理等。

中南银行人事部安排高捷成等新职员与经理见面,经理为高捷成这些新职员介绍了中南银行大致的经营情况、面临的环境,鼓励大家恪尽职守,好好努力,尽快成为一个合格的银行职员。高捷成听了很受鼓舞。在随后的一个月里,高捷成到中南银行上海业务部接受了专业技能训练,主要是打算盘、点钞、记账这三项。先由

---

① 厦门大学校史编委会:《厦大校史资料》(第一辑),厦门大学出版社,1987年版,第178~179页。

师傅为新职员演示，然后让新职员自己练习一段时间，最后参加测试，技能测试通过之后就可以去柜台实习了。

在掌握了基本的技能之后，高捷成进入了柜台实习阶段。柜台业务主要分为银行个人业务和银行对公业务。银行个人业务主要分为现金和账户开立与维护等，银行对公业务主要包括企业账户开立维护、转账汇款、汇兑等。高捷成先从银行个人业务学起，他坐在师傅的后面，拿着本子和笔，从早到晚，看师傅如何收钱、点钱、记账，用真诚的服务态度为客户办理现金和非现金等各项业务。每办一笔业务，高捷成都将师傅办理的程序认真记录在本子中，有不懂的地方就向师傅请教。师傅亲自讲解如何做传票、记载账册和报表。师傅还介绍了中南银行会计制度以及会计程序手续上的细节，要求记账要细致认真，不能马马虎虎。经过一个月的实习，在师傅的指点下，高捷成在银行柜台开始实际操作业务，并最终能够独立操作。

高捷成每天早早地来到银行业务部，等待运钞车将钞票运来，然后交接。他和伙计们将钞票接至柜台，先要核对钞票金额是否正确，确定账实相符后，才能准备开始一天的业务。柜台业务是一项需要细心、耐心、严谨的工作，每一笔现金的出入都需要认真细致地数算核对无误后才能做账，尤其是大额的资金，除了需要复核员进行复核外，还需要主管、经理审批。在结束一天的对外营业之后，则关上大门，清算现金，看看是否账实相符。如果账实相符，则开始整理凭证等后续工作；如果发现账实不符，不管花多少时间，则必须找出原因，做到账实相符，才能结束一天的工作。最后，等运钞车来了，把现金移交给运钞人员，由他们押送现金至中南银行总部的金库，高捷成才真正结束一天的工作回到住处。

作为一名银行职员，高捷成不仅掌握了基本的技能和实际业务操作能力，而且在下班之后再回想当天所做过的业务，对照柜台规章制度和业务手册，反思不足。根据银行业务的需要，下班后，高捷成一方面苦练珠算这一基本功，一方面练习写字，以求得记账字体工整、美观。

经过一段时间的柜台工作经历后，高捷成调换到其他业务部门，开始接触到中南银行理财、贷款、外汇等业务，学习掌握了近代银行各种业务知识。经过在中南银行近一年的工作实践，他能够熟练掌握商业银行多项业务的理论知识和实践技能，为以后的发展奠定了扎实的基础。

在上海中南银行的这段时间，高捷成和在上海的中共地下组织有了联系。他在工作之余,利用晚上时间乔装成人力车夫,发放传单,贴革命标语,从事反帝反封建的活动。时间长了,他就被便衣警察盯上了。终于有一天,他被两个便衣警察给逮住,并投入了监牢。

这时上海中共地下组织就想办法去保释高捷成。由于高捷成当时还不是中共党员,有人出面保释,国民党方面也就将高捷成放了出来。但高捷成要在上海继续待下去很困难了,他就回了家乡漳州。

第六节 供职银庄 倾力资助红军发展

清末民初,漳州城是通往粤东、闽西南的交通要道,经济、金融活动十分活跃。漳州城内银庄林立,民间流传有"东门金,南门银,西门马粪,北门苍蝇"的俗语。位于城区南门的大路头、陈公巷、府口街、断蛙池以及位于东门街一带的钱庄、银庄、当铺、银楼林立,兴盛一时。

高添木和高氏家族中的高鸿勋(又名高开国)两个人关系很好,高鸿勋当时是漳州百川银庄的副经理,主要负责百川银庄用人及日常营业事务的管理。百川银庄创办于1928年4月28日,据高氏家族保存下来的原始股约记载,其所集股本共有三万两千元,分成十六股,每股两千元。其中,最大股东李裕记持有八股,其他股东高建记持有四股,高捷记持有三股,蔡成记持有一股。李同寅担任百川银庄正经理,蔡师尧担任监察,高为樑担任会计。1930年,漳州的银庄业发展势头很好,百川银庄因业务发展也需要人手,高捷成离开上海中南银行回到漳州之后,就到百川银庄当了一名出纳,每个月有20元的收入。

20世纪30年代,广袤的农村存在封建土地占有关系,如仅占有人口6%的地主、富农,占有土地80%,而占人口60%以上的贫雇农,仅占有5%的土地,农民深受地主豪绅的残酷剥削和压迫。农村中的地租高达60%~80%,高利贷高达30%~100%,苛捐杂税全国多达一千七百余种。加之帝国主义的经济侵略,洋布战胜土布,洋纸打倒土纸,卷烟打倒条丝,致使农村经济濒于破产,广大农民日益贫穷。压迫越深,反抗越烈。在漳州,漳属各县的经济以农业为主,工商业并不发达。20年代末各县农民抗税、抗租、抗捐的斗争风起云涌。1928年,王占春(九湖镇邹塘村人)、李金发等开始在漳州南乡一带组织农民武装,组建了南乡游击队。漳州北乡也活跃着一支由高渭南领导的北乡游击队。在中共漳州县委的领导下,漳州南乡、北乡的农民运动发展迅猛。

1930年2月15日，中共福建省委在厦门召开第二次代表大会，会议总结了全省党的工作，提出当前"党应在地方暴动的整个布置下，不断的领导农村斗争，发展游击战争，同时党应当领导自发的农村暴动"，准备发动全省武装暴动；要求在漳州，加紧发动和领导漳州附近和各县农民抗税、抗租、抗捐的斗争，与闽西苏区联系起来进行地方暴动。根据这一精神，王占春、冯翼飞于3月初到北乡领导农民运动，使农民运动不断向武装暴动阶段发展。按中共漳州县委的部署，北乡区委召集北乡各村农会的负责人，成立了北乡暴动指挥部。

1930年5月29日，那天是乌石亭圩日，天刚蒙蒙亮，按照部署，各路暴动队伍分别向乌石亭涌来。由北乡农会领导人高渭南率领的农民队伍最先到达，并负责放哨和监视民团，陆续汇集到乌石亭的农民共有3000多人。在一切准备就绪之后，北乡暴动指挥部宣布暴动开始。赤卫队首先割断国民党联防民团的电话线，占领乌石亭民团部。各路农民队伍举行誓师大会，会后开始游行，从乌石亭出发，途经埔尾、乌石、顶高坑、塘边、仙景、新厝、下高坑、浮山、下苍等村庄，沿途打土豪，国民党联防民团的团丁纷纷逃离。

北乡农民暴动，使驻守漳州的国民党第49师张贞大为震惊，当天下午张贞即派兵进行"清乡"。敌军进抵北乡时，北乡农民武装进行了顽强抵抗。但由于北乡的这支农军枪支少，武器装备差，最后被迫退到天宝大山梅仔埕。漳州北乡暴动遭到了镇压，暴动失败了。

北乡游击队的负责人高渭南在暴动失败之后，当时就找到了高捷成，告诉高捷成，他和南乡的王占春分别领导着一支农民武装，由于枪弹不足，加之经费短缺，难以建立一块巩固的游击根据地。要想进一步扩充武装，需要大量经费。王占春是高捷成在省立二师的学友，高捷成平时就有接济资助这支共产党领导下的农民武装队伍。高捷成很同情这支游击队的遭遇，也就想办法尽量给予支持。他从百川银庄支用了22500元大洋，购买一片房屋，共14间大小不等，地点在丹霞书院门口、下营街拐角处。那时候漳州的房地产行情很好，用400元购入的一间房屋，过几个月可以卖出600元。高捷成通过买卖房产赚钱，再将赚的钱挪给王占春领导的闽南游击队用于加强军备。①

---

① 蔡庆麟：《高捷成参加筹款》，漳州市政协文史资料委员会编：《漳州文史资料》（第16辑），1992年，第57~59页。

在高捷成的资助下，闽南游击队得到发展壮大，不断扩大活动范围，迅速从邹塘发展到龙虎庵、新村，一直扩展到古县、四社、下洋、上洋、陈山、梅溪、桥南、西张、蔡坑、半村，有时还到石码、许茂、石尾等地活动，整个南乡都建立了游击队的基点。1930年12月13日，中共闽南特委召集南乡、北乡两支游击队的骨干，在南乡开会，正式成立了有20多人的工农红军闽南游击队第一支队，支队长王占春，政治委员李金发，参谋长冯翼飞。会上明确了今后的任务，即"立即开展游击战争，实行土地革命，武装保卫闽西苏区，准备建立漳属苏维埃政权"。

1931年8月，闽南红军游击队第一支队从原来的20多个人发展到了近百人。他们深入乡村，发动群众，组织农会，领导群众抗租、抗捐、抗税，活动范围进一步扩大到靖和浦边界，打击张贞在漳属各县的反动统治，有力支持了闽西苏区的革命斗争。

第七节　协助筹款　追随红军踏上征程

1932年3月中旬，中央苏区中央局在江西赣县江口圩举行会议，决定中央苏区红军主力分为两路，红三军团组成西路军，以彭德怀为总指挥，滕代远为政委，到赣江西岸活动；红一军团、红五军团组成中路军，以林彪为总指挥，聂荣臻为政委，到赣江东岸活动。尔后两路军顺赣江向北发展，相机夺取赣江流域的中心城市，以完成革命在江西省首先胜利的任务。

会后几天，红军总政治部得到情报，粤军将进攻闽西苏区。为了巩固闽西苏区，打击侵入闽西的粤军和福建的国民党军，由毛泽东提议，将原来中路军改成东路军，行动方向转向闽西。1932年3月26日，红一军团先于红五军团进入福建长汀待命。稍后，中革军委决定中路军改称为东路军，主要任务是打击福建敌军和入侵闽西的粤军，巩固闽西，筹措经费。

漳州是福建的富庶之地，物产丰富，商贸发达。其背靠闽西苏区，面向厦门出海口，有着广阔的发展余地。在龙岩长汀，毛泽东综合分析当时的敌我态势，于3月30日，致电苏区中央局书记周恩来，提出："东路军必须直下漳（州）泉（州），方能调动敌人，求得战争，展开时局。若置于龙岩附近筹款，仍是保守局面，下文很不好做。"他强调"漳州地形易攻难守，于我有利"。同时建议红五军团迅速由赣入闽。

苏区中央局书记周恩来对此非常重视，他于4月初由瑞金赶到长汀，主持召开攻打漳州的联席会议。他在听取汇报、分析各方面的情况后，接受了毛泽东的建议。随后毛泽东以中华苏维埃共和国临时中央政府主席的身份统率东路军远征漳州，周恩来留在长汀，统筹后方工作，支援东征战役。1932年4月10日，红一军团占领了龙岩城，粤军4月上旬已步步进逼闽西苏区，东路军必须与入闽之敌抢时间，要在敌人到来之间攻下漳州城。红五军团日夜兼程从赣南信丰赶到龙岩，于4月14日与红一军团会合。为了保障龙岩到漳州的战勤运输交通线，红五军团留下红13军驻守龙岩，红三军则与红一军团合兵一处，进攻漳州。

闽南重镇漳州，位于九龙江下游，濒临东海。漳州是个小平原，地势平坦，易攻难守。当时驻守漳州的是国民党军第49师张贞部，第49师共有2个旅6个团及直属炮兵营、工兵营、辎重营、特务营、独立营以及地方保安队等1万人。之前该部在龙岩已损失了近两个团。此时，师长张贞将其主要防线设于漳州西北部的天宝山、榕仔岭一带。其兵力部署为：以王祖清的第146旅防守风霜岭、五峰山、天宝山主阵地，旅指挥部设在天宝圩内；以杨逢年的第145旅防守榕仔岭，旅指挥部设在靖城；师指挥部及其直属队驻守漳州城以做策应。1932年4月19日拂晓，漳州战役正式打响，经过激战，红军消灭张贞部4个团，张贞余部见败局已定，遂焚毁城内军械库及大批军用物资，大部连夜向漳浦、诏安方向逃窜，小部向同安、厦门方向逃窜。

1932年4月19日晚，红军投入入城仪式准备工作当中，决定红四军从漳州西门入城，红三军经乌石亭由北门入城。红军专门召开入城动员大会，严格规定凡住在城外的部队战士，没有师部证明不得入城，住在城里必须以班排为单位，个人不得随意行动，并重申了"三大纪律八项注意"，不许拿非公用物品，要清静不得扰民。

1932年4月20日上午8时，隆重的入城仪式开始。红军第11师第33团走在入城队伍的前列，全团司号员集中作为入城先导，紧跟团直后面是五个步兵连、一个机枪连，全团排成4路纵队。快到城门时，值星员一声令下，军号齐鸣，红旗飘扬。部队迈着整齐的步伐，高唱"三大纪律八项注意"，行进在漳州这座古城的大街上。街道两旁，挂满欢迎红军的旗帜，挤满了满脸笑容的群众。高捷成与王占春带领的游击队员也前往城门迎接入城的中央红军东路军。

红军进城后，红军东路军将总指挥部设立在龙溪中学的"干之楼"，毛泽东则居住在寻源中学校长楼。

寻源中学校长楼——1932年4月中央红军进漳时的毛泽东住所

同日，中共厦门中心市委巡视员邓子恢和漳州县委主要负责人蔡协民进城，与红军接上关系，并在寻源中学见到了毛泽东。毛泽东明确指出下一步的工作方针为"公开宣传，秘密组织，散发谷物而不建立政权，不分土地"；主要任务是"以龙溪圩为中心，向南（靖）、平（和）、漳（浦）、云（霄）、龙（溪）五县扩大游击战争，创造小红军，建立小苏区"，争取在"最短的时期……筹足百万以上的经费"。

红军一进漳州，就在街上贴上安民告示，这告示上写着：

"红军是工农的武装，为坚持执行土地革命，推翻封建剥削和国民党的统治，建立工农的民主专政及驱逐帝国主义在华势力而奋斗。"

"在遵守苏维埃法令之下，准许一切正常的营业自由，红军筹款按照资本之大小与利益的多寡，亦是商人份内应尽的责任。"

随后，红军各部开赴漳州各县，红四军一部分留驻漳州，一部分开赴石码、角美、海澄、长泰一带；红三军开赴漳浦、云霄一带；红十五军开赴南靖、平和一带。

1932年4月下旬，红军在漳州东坂后基督教堂召开漳州工农代表大会，100多名代表出席。邓子恢与红一军团政治部主任罗荣桓分别在会上讲话，宣布成立闽南工农革命委员会，推选王占春任主席。5月1日，漳州城乡1万多名群众在漳州中山公园参加了"军民庆祝红军胜利攻克漳州"大会。

漳州东坂后基督教堂

在闽南地方党组织的配合下,中央红军协助当地恢复农会,废除苛捐杂税和高利贷,保护人民群众,开创了以南靖龙溪圩、龙岭、漳浦小山城、车本为中心纵横百里的靖和浦革命根据地。那时漳浦的南浦乡被称为小龙溪,南浦大厝所在的龙溪圩是南靖、平和、漳浦、云霄、龙溪五县边区百姓最重要的集市贸易场所,这时成了开展农民运动、建立苏区的重要活动场所。

红军进漳之后,筹款筹物是红军的重要任务,由红一军团政治部主任罗荣桓和红四军财经处长李富春负责。红军在漳州先后没收了国民党第49师开设的民兴银行和龙溪县官办的民有银行,李富春与红四军到了石码,在石码没收了龙溪县盐务局财产和宏通银庄。

高捷成与王占春来到红一军团政治部驻地,见到了罗荣桓。罗荣桓向他们交代了这次红军进漳的筹款任务,以及需要地方党组织和商会配合的事项和要求。红军在漳州随即成立了筹款委员会,请漳州的开明士绅和商会代表参加。高捷成就留下来替红军筹款委员会管理账务,协助红军筹款。

罗荣桓以中央红军东路军政治部的名义,邀请工商业界人士开会。他首先说明了共产党和红军保护民族工商业的政策,对个别单位把工商业者财产当地主财产没收的事进行了批评,并宣布已经加以纠正。同时说明,红军目前经费困难,希望工商业者自愿捐助,但要按资金多少来定,不搞平均摊派。希望代表们向各行各业传达。

根据红军的筹款任务，1932年4月22日，各途商户代表集中到打锡巷商会开会，商量支援红军的筹款事宜。在这次会议上，推选百川银庄经理高鸿勋为临时商会会长，与各途几个商户代表一起负责为红军筹措款项。高捷成在漳州百川银庄工作两年有余，对漳州各途商户的情况比较熟悉。红军进漳的这次筹款行动，账目主要由高捷成打理，在完成筹款记账的同时，他还积极帮助红军进行筹款。临时商会根据各途商户的经营情况进行评议，订出各途商户应该捐助款项的数额，再由各途公会安排专人分别催收，每日将收交款项集中到临时商会。各家商户陆续缴款，临时商会清点款项的人手不足，高鸿勋即从自己的百川银庄抽调几个伙计，协助清点所收的银元，高捷成负责记账。红军政治部与供给部派了专人在市中心设立收款点，红军收到捐款，即由政治部给予印好的缴款凭证，上面写着"借款交清，给予保护"，商户将此凭证贴在店门口，红军对此商户就会予以保护。

从1932年4月20日中央红军进漳到5月底红军撤出漳州，高捷成积极为红军筹款、记账，他夜以继日地帮助红军操持财务，很少回家。临时商会将每日筹到的各工商业者捐助款项上交红军供给部保管。当时市面上都是通用的银元，红军供给部收到银元后，即用油纸把银元包好。红军在漳州共筹集到100多万银元。

漳州战役后一个多月时间里面，漳州汽车支前运输队和闽西苏区派出的工农运输队齐心协力，将筹得的款物从漳州跋山涉水运回长汀、瑞金。如何运输这些筹到的银元，高捷成想了个办法，他让人专门制作了木箱，1000银元装一箱，这样每个挑夫各担两个箱子就便于行军了。

红军在漳州筹集到的这100多万银元，在当时是笔巨款。据《江声报》记载，在1931年，福建全省财政收入不足300万银元，江西全省财政收入不足60万银元，而闽西苏区政府一个月开支不足6000银元。红军在漳州筹集到的这100多万银元，大大缓解了中央苏区当时艰难的财政经济状况，也为红军胜利粉碎国民党军队第四次"围剿"奠定了重要的物质基础。

1932年4月红军攻克漳州后，毛泽民作为中央财政特派员，率领前方没收征发委员会人员也来到漳州进行筹款工作。红军在漳州筹集的100多万银元，一部分作为当时红军的军费，一部分作为中华苏维埃国家银行的资本金。战火纷飞时期，如何运送和保存这笔巨额资金？毛泽民思虑再三，在瑞金一个隐蔽的地方建立了秘密金库。为了保密，负责包装金银的人不参与运输，使其不知道储藏地点；负责运输的不知道所运为何物。组织4批人员分段运送，每一批人只掌握一部分信息，负责运输者不知道运输终点。

在红军攻打漳州前七个月，1931年9月18日，日本帝国主义发动了侵吞中国东北的侵略战争。"九一八"事变强烈地震撼着中国各阶层民众，各地纷纷掀起抗日救亡运动。1931年12月14日，国民党进攻闽西的第26路军一部，于宁都举行起义，加入中国工农红军，之后编为红五军团。1932年上海发生了"一·二八"事变，国民党第十九路军奋起抵抗。1932年4月15日，《红星日报》发表了毛泽东起草的《中华苏维埃共和国临时中央政府宣布对日战争宣言》，宣言指出："日本帝国主义，自去年（九一八）以武力强占中国东三省后，继续用海陆空军占领上海嘉定各地，侵扰沿海沿长江各埠，用飞机大炮屠杀中国人民，焚烧中国房屋，在东北及淞沪各地，被害的不可数计，这种屠杀与摧残，现在仍在继续。""中华苏维埃共和国临时中央政府特正式宣布对日战争，领导全中国红军和广大被压迫民众，以民族革命战争，驱逐日本帝国主义出中国，反对一切帝国主义瓜分中国，以求得中华民族彻底的解放和独立。"而当时的国民党蒋介石置民族大义于不顾，顽固执行"攘外必先安内"的反动卖国政策。蒋介石撤销了江西省"绥靖"公署，设立了赣粤闽区"剿共"总司令部，乘红军东西两路分兵之机，调集粤军大举入侵赣南，准备剿灭红军。5月21日，中华苏维埃共和国中央革命军事委员会（简称中革军委）命令中央红军东路军回师赣南，准备会同中央红军西路军，抵御入赣的粤军。

红军驻漳期间，闽南地方党组织积极配合红军开展扩军运动，号召城市工人、乡村青年农民、进步知识分子积极参加红军。红军以严明的纪律和良好的作风赢得了漳州百姓的称颂和信任，许多热血青年在红军的感召下纷纷报名参军。全漳州有1500多人加入红军，其中900多人加入中央红军去了瑞金，600多人加入红军闽南独立第三团。

高捷成在厦门大学学习过经济，又在上海的中南银行和漳州的百川银庄做过出纳，他记账使用的是与红军所用旧式（中式）记账法不同的新式（西式）记账法。在红军进漳这段时间，高捷成将红军所筹款项的收支情况，每一笔账都记得清清楚楚，他正是红军当时非常稀缺的人才。时任中央财政特派员及中华苏维埃国家银行行长的毛泽民很赏识高捷成的才能，就动员高捷成随红军一起到瑞金从事财经工作。① 此时参加红军远离家乡，对高捷成而言，是一个艰难的抉择。高捷成当时

---

① 徐焰、萨苏、卢勇：《红色金融 钱袋子与枪杆子（五）》，《讲武堂》，中央电视台7套，2018年12月1日。

与蔡宝结婚才一年多,儿子刚满三个月,加之父亲高添木又体弱多病。在家与国之间,高捷成必须做出一个选择。早在红军进漳前两三年里,高捷成曾经多次冒着危险资助闽南红军游击队。红军进漳期间,在协助红军筹款的日日夜夜,高捷成对红军这支工农武装队伍的宗旨与抗日主张,有了一个更深的了解。中央红军东路军即将撤离漳州了,在红军精神的感召下,高捷成决定跟着红军走抗日救亡的道路。他知道,此去可能面临九死一生。他实在不忍心将这样的决定当面告诉自己的父母、妻儿。因此在临行前,他托堂弟高渭南带了一封信给自己的父亲高添木。高捷成在信中这样写道:"我要和你们离别了,或者是永远离别了,我不挂念家庭,希望家庭也无须挂念我。"①

高添木在家里接到此信后,他一看信的内容,就赶忙派店中的伙计去找自己的儿子。店中的伙计出去找了半天,回来说没有找到高捷成。站在边上的蔡宝一听可急坏了。她抱着才三个月大的儿子,到捷成常去的几个地方——打锡巷的商会、龙溪中学干之楼、寻源中学校长楼,可找了半天就是不见捷成的身影。想问问有没有人见到捷成,可这时连原来在楼前站岗的红军战士也不见了。经打听才知道红军已经在漳州西校场集结,准备开拔了。蔡宝此时心急如焚,她一路小跑,急急赶往漳州西校场。那儿已站满了一队队正准备撤退的红军战士。蔡宝在西校场人海中一遍又一遍地寻找捷成,一直找到天黑,仍然没有找到丈夫。她不知道,在她出门寻找自己丈夫的时候,高捷成已随红一军团,走在前往江西瑞金的路上了。

5月下旬,中央红军调出20多名连、排红军干部,拨出200多支枪,并从新招的1500多名战士中,留下600多人充实到闽南地方武装队伍中,按红军序列编制,成立红军闽南独立第3团,以冯翼飞为团长,王占春为政治委员。中央红军撤离漳州之后,被红军东路军打败的国民党军张贞部开始疯狂反扑。6月1日,张贞召集其所属部队及地方民团万余人,进攻漳州南乡及小山城。红军闽南独立第3团由于刚刚组建不久,在寨仔、龙溪圩、车本与强敌三次战斗相继失利,红军闽南独立第3团冯翼飞、王占春两位优秀指挥员牺牲了,刚刚建立起来的以小山城中心的靖和浦根据地基本丢失,闽南革命斗争遭受了重大损失。

高捷成走了之后,国民党军到家中查人。当时我的祖母蔡宝只好带着几个月大的儿子在下洲、市尾、古塘等地东躲西藏。高捷成走的那些年,家里一直没有他的音讯。

---

① 据1937年4月10日高捷成致其宗叔高开国信回忆。

中央红军退出漳州后红军闽南独立第 3 团与敌激战的战场——漳浦车本

红军闽南独立第 3 团活动所在地——漳浦车本村

第二章 红都瑞金（1932——1934）

我的祖父高捷成

高捷成1932年5月底跟随红一军团前往中央苏区瑞金，参加了第四次、第五次"反围剿"。在红军时代曾担任教育科长、组织科长、总务处长、瑞金红军大学宣传队队长、中华苏维埃共和国国家银行会计科长。他协助中华苏维埃共和国国家银行行长毛泽民草拟经济计划，亲刻货币印鉴，建立银行组织机构。在担任中华苏维埃共和国国家银行会计科长期间，创立了红军会计工作制度，并荣获奖励。

第一节　发挥专长　推行新式记账方法

瑞金位于江西省东南端，地处赣东南与闽西交界的四面环山的盆地之中。从瑞金东出 40 公里至长汀，顺汀江南下至龙岩、上杭、永定，往南绵江水道直通赣江，可直达赣州、南昌。由于瑞金交通运输较为便利，离中心城市较远，敌人未驻重兵，因而此地就成了红军总部、苏区中央局的所在地。

红军进漳期间，高捷成帮助红军做了一段时间的会计工作，后来就留在红一军团供给部。[①] 1932 年 5 月底，高捷成跟随红一军团，经龙岩、长汀来到中央苏区瑞金。

同期在漳州参加中央红军的有一批知识分子，除了高捷成之外，还有苏精诚、李兆炳、苏静等人，其中苏精诚分配到红一军团政治部宣传队，李兆炳分配到红四军政治部，苏静分配到红一军团司令部。

高捷成加入红军之前，早在 1928 年 5 月，根据中共中央指示精神，中国工农革命军第四军改称红军第四军，军部设立军需处，下设财政科、会计科。在我军历史上，第一次有了担负财务工作的职能机构。1928 年 9 月，进行"三湾"改编后，红军即废除饷银制[②]，制定了官兵待遇平等的供给制。

1931 年之前，红军军费的筹措和供给主要是依靠自筹自支和分筹统支。

自筹自支，是指红军初建时期部队人数较少，各部队分散活动，所需经费就地取给，每到一地，通过打土豪筹到一些款项，以供本部耗费。筹多少款项，花多少费用，按什么标准开支，均由本部领导决定，在经费供给上各自为政。

分筹统支，是指红军各部队根据自身经费开支需要或上级分配的任务，分头进行筹款，所筹款项，一部分上交，一部分留用；留用部分必须按规定使用，并在开支后向上级报告，不足时再向上级机关领取，有结余时则上交上级机关。

红军早期的后勤保障比较简单，军需、经理部门一般隶属于司令部。随着红军队伍的扩大，红军开始在中革军委单独设置经理部[③]和军医处，在各军团及以下设

---

① 李兆炳著：《往事琐记》，中国文联出版公司，1992 年版，第 29 页。
② 饷银制：一种军人供给制度，指的是官兵个人享有的待遇，也称军人待遇制度。
③ 1933 年 5 月成立红军总部，下设总参谋部、总政治部、总供给部、总卫生部、兵站部，师以上经理部门改称供给部。1933 年 5 月之前训令中所称经理部、经理机关即为供给部、供给部门。

置经理处。1932年4月4日，在红军攻打漳州前夕，根据红军作战没有固定作战线，又承担筹款以及开展群众工作的特点，为了加强后勤指挥系统，中革军委决定"建立有体系的后方组织和工作，以利于前方作战的胜利"，为此成立了红军后方办事处，杨立三担任后方办事处主任。这套初步建立起来的红军后勤保障系统，在漳州战役中对支持红军远距离外线作战起到关键性作用。

高捷成于1932年4月加入红军，这时红军刚建立起后勤保障系统。1931年11月，中华苏维埃共和国临时中央政府成立之后，统一财政和统筹统支成为经费使用的工作原则。红军的供给制度因此开始一大变革。中革军委为贯彻临时中央政府关于统一财政的精神，于1932年发布训令，对红军统筹统支的意义做了说明："过去红军中各部队每月费用，不是直接向上级机关领取，而是以筹得之款维持，不敷时向上级机关领取，有多即交至上级机关，因此各级部队费用，便不按照上级规定，擅自随意决定实行，以致使红军各项费用均不一致，现在革命日益高涨，红军日益扩大，经费支出亦日益浩繁，如无统一收支，影响革命经费之筹划，关系实非浅解。""所筹之款，均须如数缴至本会总经理部，不得留作自用。为省烦劳起见，当然款子不必呆板的缴来领去，但缴领手续必须转抵清楚"。①

高捷成来到红一军团供给部从事会计工作，他主要负责经费的支出、计算、登记、核查，并编制经费预算、决算事项，各部的人事注册登记，各项表册单据的保管核查等。在工作中，当时财务管理主要依据一份中革军委刚颁布不久的《经理工作问题提案》，该提案对有关会计出纳工作作出一些要求，主要内容如下：

  1. 各级会计科职责：

  （1）关于各部队各项用费出纳、计算、登记、查核事项；

  （2）关于编制预算、决算事项；

  （3）关于各部之人事注册登记事项；

  （4）关于各项表册单据之保管、查核事项；

  （5）关于出纳计算事项。

  2. 各级金柜科（出纳科）职责：

  （1）关于现金出纳计算事项；

  （2）关于现金保管事项；

---

① 总后勤部财务部、军事经济学院编著：《中国人民解放军财务简史》，中国财政经济出版社，1991年版，第74~75页。

（3）关于现金登记事项；

（4）关于有价物件保管事项；

（5）关于会同购办各项物品事项；

（6）关于银钱兑换事项。

3. 关于经费领取、支付、保管、结算等项会计业务的规定：

（1）各部队之各项用费，须用各部队主管长官（军部参谋处之管理科长，师部之管理处长，政治部之事务科长）负责向经理机关领取；

（2）各级军政机关向经理机关领取各项用费时，须由主管长官缮具领条，以明责任；

（3）各部队领去之银钱，须由各部之主管长官或分配妥人保管，免有逃亡拐款事情；

（4）各部队必须建立银钱缴领簿，凡与经理机关交领之数，均须登记于簿内，以便考查；

（5）各部队伙食费，每天结算一次，有剩余则平分（此为分伙食尾子）。

4. 账簿及单据保存规定：

（1）各级经理机关之帐簿及各部领款单据，至少须在本机关保存一年之后，送呈后方保存，超过中央政府颁布的财政条例保存时间（五年）后，须由各该级机关负责人监视销毁之；

（2）各级经理机关之零星买物单据，至少须保存三个月，三个月以后的单据，于每月审查账目时，审后焚毁之。[①]

1932年6月，高捷成到了瑞金，那时候《经理工作问题提案》刚颁布不久，这时红军的任务发生重大变化，作为红军三大任务之一的筹款任务被取消，红军的军费改由苏维埃临时中央政府财政拨付。也就是红军军费要从自筹自支、分筹统支模式转向统筹统支。《经理工作问题提案》虽然对会计出纳工作作出一些规定，因为当时不论是红军后勤保障系统，还是中华苏维埃临时中央政府财政部以及下属的国家银行，都是刚刚建立，会计财务管理制度都还不健全，有些甚至还是空白，红军财务管理工作还面临诸多困难和问题。这些困难主要源于：红军当中的会计人员

---

① 总后勤部财务部、军事经济学院编著：《中国人民解放军财务简史》，中国财政经济出版社，1991年版，第79~80页。

多是工农或小店员出身，账目都是采用老式记账，就是简单地记一下收入多少、支出多少而已。当时在中央苏区，几乎所有单位收钱、用钱、管钱都混在一起，收的什么钱，用的什么钱都不分科目。工作认真一些的，收多少付多少，还会一笔一笔记个"豆腐账"，有的甚至连个"豆腐账"都记不齐全。

如何改变红军中这种收钱、用钱、管钱混乱的局面？高捷成通过摸索、研究，提出相应的解决办法和建议。他认为应明确收钱、用钱、管钱的责任主体及各自的权限，同时建立起相应的报告制度。他的这些意见和建议得到红一军团政治部、供给部首长的重视和肯定。为此，红军进一步加强了财务管理工作，一是在红军经理机关的财政处分设会计科、出纳科，将会计和出纳工作分开。二是红军总政治部和总经理部于1932年9月针对"经过各级政治部所筹之款，直接交给本级经理机关便算了事，从没有将收支细数呈报上级政治部；而各该级经理机关也没有经过一定手续呈报上级经理机关，致使总政治部和总经理部无法做出详细收支统计呈报中央"的问题，发布了《关于统一财政问题的训令》，训令提出："我军自漳州回师以后，中央即担任筹措了全方面军的经费。中央政府为着统筹与充足供给全面经费，以便红军专力消灭敌人起见，特派毛泽民为中央政府财政特派员，参加前方筹款工作，建立财政系统，统一财政。"①在红军中按政治系统建立了筹款报告制度和经理系统交款手续的制度。

在临时中央政府建立初期，政府筹措的款项还不能完全满足红军军费开支。红军到白区作战时，还会进行一些筹款工作。此时，对筹款工作的监督是通过红军政治机关与经理机关职责分工、配合与相互制约来实现的。红军政治机关负责指挥筹款工作，经理机关负责款项的收交、保管工作。

1930年以前，红军使用的是老式（即中式）簿记，呈长条形，右边装订，向右翻页，账页为红色竖格，采用收付记账法。记账时，上收下付，即收入业务比付出业务高两个字，或者说付出业务低两个字，以中文数字记账，用毛笔书写。一般只设置流水账（即序时日记账）和分类账（即按经费项目或者单位记载收付情况的账）。

根据中革军委1932年2月17日颁布的《经理工作问题提案》的要求，高捷成起草、制定了红军会计出纳处理操作规程和相关管理细则。对于会计与出纳工作，

---

① 总后勤部财务部、军事经济学院编著：《中国人民解放军财务简史》，中国财政经济出版社，1991年版，第75页。

着重注意其相互之间的制约关系。比如在会计账簿设置上，总账设有现金科目，与现金出纳账互相制约；同时，在收付款业务中，会计与出纳、财政主管与出纳人员相互制约，库存现金数还应与日记账总结存数一致，规定会计科长每日应会同出纳人员检查一次，财政部长（或红军的经理部长、处长）每月应至少检查库存现金三次，并在库存现金簿上盖章。

经过一段时间的努力，红军各部队财务管理在以下几个方面取得了不少进步：一是收钱、用钱、管钱分开；二是各级收支情况按系统分别登记上报；三是确定了会计科目，按统一的名称与范围记账；四是统一簿记、单据格式，按确定要求记账；五是严格进行财务交接，离任应提出清单报告，接任应凭单清点核收。

做好军队财务管理，除了要有规范的会计制度外，还得有一批懂财务会计的人员。针对红军队伍文化程度普遍较低，精通财务管理的会计人员更是稀缺这一实际情况，高捷成提出应重视培训部队会计财务人员的建议，培训方式要多样化，除了传帮带，还要从部队选送一批人员到红军军需学校培训，以提高现任会计财务人员的业务技能。1931年12月，原来驻守宁都的国民党第26路军之一部起义后改编为红五军团，就从该军团抽调一批干部，组成军需学校（之后改为红军供给学校），先后举办了8期培训班，其中有3期是会计培训班，每期招收50~60名学员。当时红军多数是工农出身，文化程度低，选拔时政治上要求比较高，要求学员必须是工农成分，政治坚定，工作积极，无不良嗜好；文化程度要求不高，仅要求能识300字，年龄在18至35岁之间。培训出来的会计财务人员除了充实到红军各部队经理部门外，另有一部分人员分配到财政部下属的苏维埃国家银行。

会计培训班对参加培训人员进行新式（西式）记账法的培训，受训人员回到部队之后，再以师傅带徒弟的方式进一步培训现有的会计人员，红一军团各部队的会计人员为此得到了充实。高捷成来到红一军团不久，红一方面军正在开始推行使用新式记账法，也就是复式记账法，他发挥自己在会计方面的业务专长，积极推广使用新式记账法，使之在红一军团各部队供给部门逐步推广开来，红军的财务管理水平得到一定程度的提高。

第二节　精打细算　制定标准保障供给

在红军的财务管理中，经费分配与使用是一项经常性的工作。制定红军供给标准是做好红军经费管理的一项重要内容。高捷成在红一军团供给部从事会计工作，他根据当年的财政收支情况，为红军制定了相应的经费供给标准，之后每年根据当时的财政收入情况，对红军经费供给标准进行修订。以1933年红军供给标准为例，1933年供给标准与1932年供给标准比较，经费项目相同，标准数额无大的浮动，处于相对稳定的状况。只是伙食费采取了实物与经费相结合的供给办法，即主食发粮食，副食燃料发钱。1933年7月30日，由红军总供给部提出，经中革军委批准的各种费用的规定如下：

1. 伙食费：

前方部队在苏区时，发现品给养，每人每日发米1斤6两，外加油、盐、菜钱0.04元；如到白区作战，仍是代金给养，每人每日大洋0.12元。

后方部队和工作人员每人每日发米1斤4两，油盐菜柴钱与前方部队同。

伤病员每人每日发米1斤4两，另外油盐菜柴钱大洋0.10元。

2. 马干费：

每日每匹大洋0.12元。

3. 办公费：

连队每月大洋8~12元；

营部每月大洋5元；

团部（含政治部、供给处机关）每月大洋25元，卫生队12元；

师部（含政治部）每月大洋30元，供给部14元，卫生部12元；

军团司令部、政治部每月大洋30元，供给部18元，卫生部16元；

方面军司令部每月大洋60元，政治部40元，供给部25元，卫生部、无线电大队各18元；

中央军委：总司令部、总动员武装部每月共大洋100元，总政治部40元，总供给部、总卫生部各25元；

兵站：总兵站部每月大洋35元，分站14元，大、中站10元，小站

3元。

4. 擦枪费：

山炮、陆炮每门每月大洋3元；

迫击炮每门每月大洋0.50元（重机枪同）；

自动步枪及轻机枪每枝每月大洋0.20元；

步枪、马枪、驳壳、花机关每枝每月大洋0.05元；

手枪、大轮每枝每月大洋0.03元。

5. 津贴工资费：

津贴费以5角起至100元止，按照技术的优劣由军政首长审查规定，方面军、军区由司令员、政委决定，报军委备案；各医院由卫生部部长、红校由校长政委负责审查，提出数额报军委核准。

军事工业中的工人工资，按苏维埃劳动法规定执行。

6. 杂（支）费：

全团每月大洋600元；

师一级每月大洋400元；

军团一级每月大洋1000元；

方面军司令部（包括直属所部）每月大洋5000元；

军委总司令部每月大洋1200元（包括直属无线电队、电话队等分队）；

总政治部每月大洋1200元（印刷费在内）；

总供给部每月大洋1200元（包括直属工厂）；

总卫生部每月大洋400元（包括卫生材料厂）；

总兵站部每月大洋2000元，大中站每站每月800元；

军区指挥部每月大洋1000元；

红军学校每月大洋2500元（印刷书籍在内），所属之团每月大洋400元；

通信学校每月大洋200元；

医院以人数为标准，1000~2000人者每月大洋400元，500~1000人者每月大洋250元，500人以下者每月大洋200元。

7. 特别费：

此项费用无定数，临时发生时报上级批准后执行。此费包括服装费、俘虏费、负伤费、抚恤费、新兵费、开办费等。除新兵费改发实物外，其他各项费用标准与1932年同。

8. 零用费：

此项费用，由军委按照经济状况临时决定。①

红军供给标准要结合当时的财政收支情况、物价水平进行相应的调整。

1934年1月1日，中央军委发布《关于红军供给标准的规定之命令》。命令指出："本会于1933年颁布之各种费用的规定，因部队编制改组与物价变更等关系，已不适应，立即宣布作废，现按目前的实际情况，重新规定下发，并从本年1月起实施，望各部队严格遵照执行。"

1. 伙食费：

前方部队在苏区每人每日发米1斤6两（折大洋0.08元），菜钱0.06元；到白区行动发大洋0.16元。

后方部队机关工作人员，每人每日发米1斤4两，菜钱0.05元。警卫连、防空排、运输队、各学校每人每日发米1斤6两，菜钱0.05元；伤病员每人每日发米1斤4两，菜钱0.10元。

1934年3月18日，中央军委发布《关于减食米的命令》，从4月份起，除作战部队、学员、休养员的粮食不变外，军委各总部、工厂仓库工作人员、军区机关、兵站工作人员，从每人每日1斤4两减为1斤2两。

2. 马干费：

每日每匹大洋0.25元。

3. 办公费：

步兵连、机枪连、迫炮连、工兵连、侦察连、通讯连等，每月8元；

团卫生队、运输队，每月大洋6元；

营部（包括重机枪排）每月大洋8元（未有重机枪排的减少3元）；

团部（包括政治处、供给处在内）每月大洋25元；

师部（包括政治、供给、卫生部在内）每月大洋30元；

军团部、政治部每月各大洋30元，供给部、卫生部各16元；

中央军事委员会：总司令部（总动员部在内）每月大洋60元，总政

---

① 总后勤部财务部、军事经济学院编著：《中国人民解放军财务简史》，中国财政经济出版社，1991年版，第65~67页。

治部30元，总给供部、总卫生部各24元；

军区（包括司、政、供、动、卫在内）每月大洋30元，分区20元；

总兵站部每月大洋28元，先头兵站15元，中站8元，小站3~5元；

医院：红军医院院部每月大洋15元，所属所18元，休养所4元，休养连8元，残废医院院部12元，所属所10元。

4. 擦枪费：

与1933年标准同。

5. 津贴费

与1933年标准同。

6. 杂支费：

军团以下与1933年标准同，军委总司令部每月大洋800元，总政治部600元（大宗印刷在外），总供给部400元（包括仓库、工厂），总卫生部400元（各医院在外）；

各学校：大学每月大洋200元，步兵学校400元，科技学校500元，地部队学校80元，通讯学校130元，卫生学校100元，供给部队共50元；

兵站：总兵站部每月大洋2000元，先头兵站1200元，中站600元，小站300元；

工厂：兵工厂、被服厂、卫生材料厂每月各大洋200元，草鞋压织布厂、通讯材料厂、粮秣厂每月各50元。

7. 教育费（不再发办公费）：

大学每月大洋1000元，步兵学校1000元，科技学校1000元，地方部队学校150元，卫生学校300元，通讯学校200元，供给学校150元。

8. 特别费：

开支规定，包括项目和标准与1933年规定相同。

9. 零用费：

与1933年规定相同。[①]

1934年红军各项费用标准，与1933年规定相比较，有以下改变：一是办公费、杂支费标准有所降低；二是工厂的杂支费从有关总部划出；三是教育费单独作

---

① 总后勤部财务部、军事经济学院编著：《中国人民解放军财务简史》，中国财政经济出版社，1991年版，第67~69页。

为一个项目，表明当时对教育的重视，也说明对经费划分更趋于科学合理。

执行统一的供给标准，有助于红军各部队合理使用有限的经费，杜绝经费使用中的浪费现象。

第三节 统一财政 创立红军会计制度

中华苏维埃共和国于1931年11月成立，中华苏维埃临时中央政府刚刚建立，设立了外交、军事、劳动、土地、财政、司法、内务、教育、工农检察等9个人民委员部和中央国家政治保卫局、中央革命军事委员会（统称"九部一局一会"），另设有总务厅。其中财政人民委员部负责管理中央苏区财政，财政人民委员是邓子恢（习惯上称财政部部长）。邓子恢在漳州战役之后，于1932年6月随军从漳州到瑞金赴任。

财政人民委员部下属的中华苏维埃共和国国家银行成立于1932年2月，设在瑞金叶坪村一幢两层楼的宅院。中华苏维埃共和国国家银行（以下简称苏维埃国家银行）一切事务由财政人民委员部（以下简称财政部）监督，行长毛泽民作为全行代表，总体负责全行事务。苏维埃国家银行开张头一个月，先是承接了财政部的库存现金，接着通知中央苏区党、政、军各机关和国营企业，必须在苏维埃国家银行开立往来存款户，借款按透支手续办理。

1932年7月，苏维埃国家银行开始发行纸币——中华苏维埃国家银行银币券，也称"苏维埃国币"，分为1元、5角、2角、1角、5分共五种票面。中华苏维埃临时中央政府在苏区发布公告，凡党政军、国营商店全部使用苏维埃国币，一切交易和纳税必须按苏维埃国币计算。纸币发行时，苏维埃国家银行准备有相当数量的银元作为保证，并开办多个兑换点，允许用银元兑换纸币或纸币兑换银元。发行初期，苏维埃国币信用不错，可以充分兑换银元，苏维埃国币就逐步推行到整个中央苏区。

在漳州战役期间，红军在福建上杭地区缴获一部铸币机和钢模，运回瑞金后就成立中央造币厂，铸造银币，经过改装，也能铸造银元。这样便于到白区购买苏区短缺或急需的物资。

在行长毛泽民的领导下，苏维埃国家银行业务逐步开展起来。苏维埃国家银

行初建时人员不多，除行长毛泽民外，另外还有1名业务科长，1名会计，1名出纳员，1名勤务员兼管兑换并协助出纳工作，总共只有5个人，之后又增加了3名工作人员。此时高捷成从红一军团调入苏维埃国家银行从事会计工作。到1932年冬天，苏维埃国家银行先后成立了业务处和总务处，实现处、科两级管理。业务处处长曹菊如，业务处下设营业科、会计科、出纳科；总务处处长莫钧涛，总务处下设管理科、文书科、券务科。券务科负责新印票子的收发、打号码，除券务科和管理科外，其他各科都集中在一起办公，便于各部门之间互相协调配合。高捷成担任苏维埃国家银行会计科长。① 在设立职能部门、充实人员的同时，苏维埃国家银行开始向外拓展业务，设立分支机构，先后在福建汀州成立了苏维埃国家银行福建分行，在江西宁都成立了苏维埃国家银行江西分行。苏维埃国家银行福建分行和江西分行分别设立了多个兑换处和收买金银处，各县政府、各军经理机关设立了代兑处。

1932年9月，红军总政治部和总经理部发布了《关于统一财政问题的训令》，训令中指出："我军自漳州回师以后，中央即担任筹措了全方面军的经费。中央政府为着统筹与充足供给全面战费，以便红军专力消灭敌人起见，特派毛泽民为中央政府财政特派员，参加前方筹款工作，建立财政系统，统一财政。"② 实行财政统一，对红军来说，一是红军筹款作为中央政府财政收入，红军用费作为财政支出；二是各级部队所筹之款，按经理系统逐级上交至军委总经理部，报中央财政部；三是各级部队动用所筹之款，须经上级批准，并转作上级拨款；四是各级部队所需经费，由该级经理机关向上一级经理机关编造预算，按照批准预算领取款项。

面对这一新的变化，如何制定一套适用的会计处理规则，会计科长高捷成与业务处长曹菊如一起，对此进行了一段时间的摸索和研究。有一次，银行的同志从前方来款中，发现包银元的纸有国民党税务机关使用的四联单，他们对此进行认真的研究，并由此得到一些启发，就草拟了一份国库会计处理规程，经行长毛泽民看过之后，送财政部长邓子恢审阅。主要内容是：上下级国库之间采取多联单形式作为通知和记账凭证，县支库的收款书为五联单，省库为四联单，中央总国库为三联单。这样就便于中央财政部掌握各级国库资金的使用情况。中央财政部签发支付命

---

① 王健英编著：《中国共产党组织史资料汇编——领导机构沿革和成员名录》（增订本），中共中央党校出版社1995年版，第239页。

② 总后勤部财务部、军事经济学院编著：《中国人民解放军财务简史》，中国财政经济出版社，1991年版，第75页。

令和下级国库向上级国库的解款书,也可以用不同的联数报知有关国库。

按照这一国库会计处理规程,每一笔收支从有关国库到财政部都可以同时记账,上级财政部门对下级财政部门以及中央财政部对整个中央苏区各级财政部门的收支和库存金额,就有一个比较全面的了解。从而提高了财政资金的管理效率。中央财政部、国家银行以及红军政治部之间资金往来也更趋规范。

苏维埃国家银行为财政服务,通过财政保证革命战争的需要,这是当时特殊战争时期国家银行的一个恰当任务。苏维埃国家银行日常工作由此增加了代理国库的工作。苏维埃国家银行总行设置了总金库,新设立金库会计科,苏维埃国家银行分行设分金库,支行设支金库,区设特派员;红军师一级设金库,团一级设特派员,并由红军政治部代理。一切收入缴交国库,一切支出均需凭财政部签发的支付命令,任何人不得擅自动用国库资金。上下级国库之间采取多联单形式作为通知和记账凭证。

经过一段时间的试用,中央财政部对这个国库会计处理规程进行了进一步的讨论,最后形成了国库暂行条例。

1932年12月16日中央财政部将《关于统一会计制度问题》以训令第12号发出,主要内容是:

  1. 要把收钱的、管钱的、领钱的、支配的四个机关分开,收钱机关(税委与财政部)只准收钱,收到了款,分文解交管钱机关(各级国库);

  2. 要把各级收入及开支,都分别划分,各成系统,如租税归各级税委收缴;

  3. 要确定会计科目,把各项收入及开支项目,规定一定名称与一定范围,使收付款项有条有理,一目了然,而且得以彼此相较,互相对照;

  4. 要统一簿记单据,确定记账方法;

  5. 要规定代交章程。

实行统一会计制度之后,红军经费的管理得到了加强。统一了供给标准,各部队的各项用费,严格执行预决算制度。中革军委训令要求:"各级部队应将每月用费,按照规定造成预算书,经上级机关批准后,按照预算数领取每月用费,各项用费即在预算内开支,不得超过,如有剩余,即移作下月经费。""各级行政经费、各军伙食杂用等经费,统由各该级部分的财政机关造具预算,交它的直接上一级的财政机关审查,并报送财政部批准,经由中央财政部依照批准之预算付款。"

红军财务的内部监督，主要贯穿于筹款、交款、领款等各环节，以及预算、决算、核算、出纳等各项工作当中。

筹款工作通过红军政治机关以及经理机关职责分工、配合与相互制约来实现。红军政治机关负责指挥筹款工作，经理机关负责款项的收交、保管工作。红军政治机关与经理机关密切配合，"各级筹款指挥机关——政治部，应将各期筹款工作计划与数目通知各级经理机关，以便经理机关支配后有所依据；各级经理机关，应及时将经济情形报告筹款机关——政治部，以便有所根据的去计划筹款工作"，"所筹之款，均须交经理机关，不得留用或自行决定处理"，"经理机关只收政治部的帐，收土豪的款子，应经过政治部的手续"，"各部队筹款的数目，除报告筹款指挥机关外，须经常报告经理机关"。① 以上做法，在筹款中使红军政治机关与经理机关、上级机关与下级机关之间形成了严密的制约关系。

在缴款与领款中，通过严格的手续实行财务监督。收款时，要按照规定开给交款单位或交款人正式收据；向上级缴款或解款，逐级附上直接收款的收据副联；各级部队用款，凭中央财政支付命令和总经理部通知，到上一级财政部（经理机关）领取。

通过逐级编报预算和上级对预算的审查，实施事前监督，增强计划性，减少随意性，提高经费使用效果；通过决算的编报与审查，实施事后监督，剔除计划外的不合理开支，维护预算的严肃性。

高捷成来到苏维埃国家银行担任会计的时候，国家银行与财政部尚处于初建阶段，国家银行、财政部包括红军使用的会计工作制度尚不健全，随后不久，他担任苏维埃国家银行会计科科长。在这期间，他通过对红军政治部、供给部收集到的有关国民党方面的财政、银行制度的文件、账簿、单据和财务报表进行分析研究，不断摸索总结，创立了首部红军会计工作制度，并荣获奖励。②

第四节　红军大学　担负政治宣传工作

1933年10月，在瑞金以原中国工农红军学校高级军事班、上级干部队为基础

---

① 总后勤部财务部、军事经济学院编著：《中国人民解放军财务简史》，中国财政经济出版社，1991年版，第85页。
② 张静主编：《晋冀鲁豫英烈》，大众文艺出版社，2007年版，第61页。

扩编成立了中国工农红军大学（简称红军大学），直属中革军委，并统一领导中央苏区的第一步兵学校、第二步兵学校、特科学校。红军大学设有政治部、训练部和校务部，何长工任校长兼政治委员，徐梦秋任政治部主任，杨至成任校务部部长。1933年秋天，高捷成接到通知，组织上决定调他去红军大学。高捷成到了红军大学，任宣传队队长，担负红军大学的政治宣传工作。① 红军大学共有3个科：上级指挥科（科长卢寿椿）、上级政治科（科长李天柱）、上级参谋科（科长苏进）。另外，师以上的干部学员单独成立一个高级指挥科（科长彭雪枫）。红军大学学员一共有六七百人，都是从各个战场上抽调来的营以上干部。大家风尘仆仆，来到江西瑞金。由于各个根据地一直处于国民党军的重重包围之中，互相之间交往是十分困难，因此大家一见面，感到分外亲切。

距江西瑞金东北15里的大埠乡"大树下"村，两山之间有块宽四五百米的大坪，山上山下长满松树，一条小路从林间穿过。这个村庄的名字有些奇特，称为"大树下"，红军大学的校址就在这"大树下"。

红军大学的学员上的第一堂课是"土木工程"。学校从瑞金请来几个木工师傅。学员们一边做学习准备，一边在木工的指导下修建校舍。他们就地取材，到山上砍树，将大树作为支柱，小树锯成横梁、隔板，满山坡的茅草成了他们的"砖瓦"，就这样他们盖起了好多间教室和宿舍，同时将林间小路拓宽成一条公路，这条公路一直通到瑞金城。红军大学的校舍四周也开辟了宽阔的操场和球场。经过三个月左右的时间，这所处于森林中的红军大学终于建成了。

那时规定每人每天的粮食是1斤2两，比红军士兵少4两，米饭是1人1包，吃完为止；菜每人一碗，经常是萝卜、青菜、豆腐。由于学习紧张，中革军委特别照顾红军大学的学员，每人每月增加1元的菜金，因此每隔三五天，菜碗中还可以出现几片猪肉。

接着，紧张的学习生活就开始了。红军大学专职老师很少，军事教员郭化若、周士第、宋时轮，政治教员李弼廷、徐特立、张如心，工兵教员何涤宙，军委总部好几位部长都来红军大学兼任讲师。红军大学传授的课程主要有"党的建设""社会发展史""红军政治工作""步兵战斗条令"。学员在这里学习从班到团的基本战术，加上部分的"野战条令"，也学习军事基本知识，包括射击、刺杀和投弹技

---

① 苏士甲著：《闪亮的红星——中国工农红军院校及办校人》，新华出版社，2007年版，第152页。

术等。

红军大学的生活是完全军事化的。起床号一响，全体学员要在5分钟内到达操场出操。这时候太阳还未升起来，树林中缭绕着晨雾，学员们踏着露水出完早操，就各自开始自由活动，在鸟语花香的树林中进行晨读。

学员上课的教室虽然很简陋，但还算比较明亮。课桌是用木板钉成的，两人合用一张，虽说粗糙，但比起用膝盖当课桌已经强多了。因为学习8个月就要结业，功课分量又重，例如"社会发展史"这门课程，要求学完从原始社会到共产主义社会全部所有教学内容，所以课程进度很快。那时，一天上课6小时。每天上完课之后都要开讨论会，学员之间进行互助，消化当天学习的内容。除了文化课之外，红军大学还给每个学员配备1支步枪和10排子弹，红军大学两边的山上就是军事训练场和军事演习场。上军事课时，学员就像士兵一样，进行射击、刺杀等军事动作练习和班排连营进攻防御等演习。

红军大学纪律特别严格，功课也压得很紧。红军大学的教学方法是采用启发式和讨论式，一种办法是发给教材，由学员分组讨论、组织小结；还有一种办法是由上而下或由下而上提出问题，再做解答。领导和教员十分注意防止学员在学习中不结合实际的生搬硬套、死啃教条。教学当中常由教员出题目，启发大家独立思考，发挥创造性，或者由学员进行演讲，或者组织学员对一些新出现的情况进行研究。如针对国民党军对红色根据地进行第5次"围剿"时新采用的堡垒战术，就在课堂上提出"论敌人的堡垒战术""积极防御的实质是什么"等问题，让学员将学习与战争实际情况相结合，及时了解国民党军的新战术和发展情况，并懂得如何应对。

除了正式安排的课程之外，中央领导同志还不时来学校给大家作时事报告、专题报告。毛泽东讲的课程是"苏维埃运动史"，朱德讲的课程是"游击战术"，叶剑英讲的课程是"步兵战斗条例"，王稼祥做政治工作报告，刘伯承做军事报告，邓小平讲的课程是"党的建设"。在第2次全国工农代表大会开幕时，高捷成与红军大学的学员，一起去旁听了毛泽东所作的政治报告和朱德所作的军事报告。

红军历来重视宣传工作，各个军团、红军大学都成立政治部，主要抓政治教育工作。高捷成作为宣传队队长，负责红军大学的宣传教育工作。在高捷成与同学们一起修建校舍的时候，红军一、三、五军团正与敌人进行着激烈的战斗。战线虽然距离瑞金还有200多里，听不到炮声，但大家都很关心前方战况。高捷成担任宣传队队长，他每天上午将苏维埃中央政府机关报《红色中华》和中革军委印发的

《军事通报》分发到各队,同学们每天都会抢着看,了解时事形势和反围剿的战况。高捷成认真学习党的纲领、政策,组织学员学习时事政策、形势任务等内容,讲革命故事,教唱革命歌曲;要求学员要学会做群众工作和宣传工作,学会组织群众和武装群众。

《红色中华》是苏维埃中央政府党、政、工、青四家联合机关报,各省、县及红军各军政治部,各选一人担任《红色中华》的通讯员。《红星》报是中国工农红军总政治部机关报。高捷成作为《红色中华》与《红星》报的一名通讯员,平时不定期给《红色中华》和《红星》写一些通讯及政论性文章,每期可以得到一份免费的《红色中华》和《红星》报。平时他搜集各种实际工作材料与消息(如战争胜利、苏维埃建设、扩大红军、工人运动等),经常将搜集来的消息写成通讯稿,组织读报小组,并在学员中积极选拔通讯员,对他们进行新闻通讯方面的写作培训,推荐优秀学员组成和扩大通讯网。《红星》报每月召开一次通讯员会议,检查指导本报通讯员的工作。

红军大学宣传队队员当中,有不少是来自红军大学的学员。这样可以透过学员的自觉学习及自我管理能力,带动各科学员积极参与宣传组织工作,包括组织编写宣传党的纲领、政策的标语、口号、歌谣等等。"宣传与发动群众"是红军除了战斗之外的另一个重要任务。红军的宣传工作,也包括对敌军的宣传和瓦解工作,要求每个红军中下级指挥员都必须具备这样的能力。

红军大学学员毕业时,通常都会组织一场南、北两军对抗演习,以检验学员的实际指挥作战能力。两军演习的师长、团长、营长、连长以及政委和政治工作人员,全部由学员担任。主要演习行军、宿营、攻防、遭遇战等师团营连的对抗,以及沿途领导地方武装配合红军作战。政治宣传是对抗演习中的一项重要内容,主要包括对战前动员、野营战斗、居民及敌军的政治工作。

对抗演习中,政治工作通常与军事工作并进。在遭遇、迂回、进攻、退却等各种军事动作中,都要求抓紧对本军战士做好鼓动。在战场上前进、抵抗、退却时都要求能向敌方士兵作口头宣传及散发宣传单。在对抗演习期间,就很注意平时与战时的政治工作,利用一切机会和方法来提高和保障战斗员的政治情绪。

第三章 长征途中（1934—1935）

我的祖父高捷成

长征途中,高捷成和他的战友们想方设法,做好中央红军的物资供给保障工作。爬雪山过草地,历尽千辛万苦,终于来到陕北延安。

第一节　想方设法　漫漫征途保障供给

1934年9月，第5次反"围剿"的战争已进行了将近一年。国民党军步步为营，红军主力在作战中蒙受了重大损失，中央苏区根据地日渐缩小。至1934年10月，国民党军长驱直入中央苏区腹地，兴国、宁都、石城等地相续失守，红军已无路可退。临时中央决定放弃中央苏区根据地，中央机关和主力红军进行战略大转移。在进行战略大转移前，临时中央命令项英、陈毅、邓子恢、张鼎丞等率领红军三万多人，掩护红军主力突围。中央红军的第一、三、五、八、九军团连同后方机关八万六千余人，于10月中旬分别从福建长汀、宁化，江西瑞金、于都出发，开始战略转移。转移时后方机关分为两个纵队，中央军委总司令部和部分直属部队及各学校组成第一野战纵队，也称"红安"纵队，叶剑英任纵队司令员兼政治委员；中共中央、中华苏维埃中央政府机关、总供给部、总卫生部、总工会、共青团中央和教导师组成第二野战纵队，又称"红章"纵队，李维汉任纵队司令员兼政治委员。中革军委的代号为"红星"。

转移初期，红军行军序列是：红一军团、红九军团在左翼，红三军团、红八军团在右翼，红五军团殿后，分别掩护中央纵队和军委纵队，作甬道式开进。

转移开始了，高捷成随中央财政部、红军总供给部、苏维埃国家银行等单位编入第二野战纵队第2梯队第15大队①，第15大队负责资财保护、粮款筹集、物资供给。当年中央红军东路军攻打漳州战役所筹得的100万银元，存放在石城县与瑞金交界处的烂泥坑秘密金库。战略转移开始时，苏维埃国家银行就将设置在石城县横江镇张坑村烂泥坑秘密金库的资财取出，分散发给了各军团，剩下的还有几十担银元、部分苏维埃纸币，还有一些金子和珠宝首饰，以及一批油墨、纸张和印钞票的机器，就由第15大队负责携带。"红章"纵队第2梯队第15大队共有200名运输员，专门配备一个红军特务连进行保卫。中央红军最初计划转移到湘西，与红二、六军团汇合。一路上，红军的经费开支由总供给部的没收征发委员会和苏维埃国家银行供给，没收征发委员会负责筹粮筹款。各级没收征发委员会由红军各级政

---

① 徐焰、萨苏、卢勇：《红色金融　钱袋子与枪杆子（五）》，《讲武堂》，中央电视台7套，2018年12月1日。

治机关管理。

1934年10月21日,中央红军于江西安远、信丰之间,突破敌人第一道封锁线,渡过章水,进入广东北部。由于已经进入白区,不能再使用苏维埃钞票购买物资了。过章水的第二天,红军总政治部发布了《没收捐款暂行细则》。该细则提出:"各部队在白区行动中,应发动所属士兵尤其是党团员在驻地调查地主、富农及反动分子,进行没收工作,将没收的金钱、军用品、资料等集中团供给处,送交没收委员会;米谷、衣服、日用器具等的分配,由没收委员会规定原则,由供给处负责商同政治处,分配给部队及群众(应当特别注意分发给当地群众)。"《没收捐款暂行细则》还规定:"在我军新占领之城市,一切没收、征发、捐款等工作,均集中由进城部队之最高政治机关及其没收委员会统一进行,各部队不得单独进行,以免造成无组织的混乱现象。"

红军沿途没收地主、官吏、豪绅的财产作为自己的给养。没收是依照中华苏维埃共和国法律进行的,规定只有财政人民委员会的没收部门才有权分配没收的物资。各部队所有没收物资都要用无线电向没收委员会报告。高捷成跟随中央"红章"纵队一路前行,他协助总供给部部长林伯渠管理调配部队的物资,计算分配给行军中各部队的供给数量,做好部队的物资供给保障。当时林伯渠是红军总供给部部长兼没收征发委员会主任,毛泽民是没收征发委员会副主任。按照中革军委和总政治部的指示,"没收征发工作要有计划、有秩序进行,不可乱贴'空条子';凡没收征发的事,均需经过没收机关的审批;向商人捐款要极端审慎,没有明显证明其进行反革命活动的商店,不能没收;对于商人兼地主的,只没收地主部分的财产,不没收其商店。如果不没收其部分财产,采用罚款更有利时,其部分财产也可以暂时不没收。"高捷成协助林伯渠,做好红军的没收征发工作。

红军总供给部和苏维埃国家银行,从江西出发时携带着大量的银元和钞票。转移途中,一路上凡是遇到贫困地区就用这些货币来支付,以取得所需要的物资。

中央红军进入西北地区之前,主要靠打土豪筹粮筹款解决红军军费和给养问题。军委纵队成立了先遣团,它由红军政治机关和供给机关联合组成,其编制是:有主任和政治委员,下设没收科、调查科、收集保管科。没收科负责审批打土豪和没收工作;调查科负责调查沿途的政治、经济状况,民族风俗习惯及土豪的情况;收集保管科负责对没收的物资进行保管、携带及移交给后边的供给部,再转发给后续部队。与此同时,红军各军团及以下部队,也相应组织了先遣工作队和设营队。

军委先遣团通常跟随前卫部队前进，在军委纵队提前1~2天出发，以便在前边筹粮食和物资，供应军委纵队。军委先遣团虽不负责领导各军团的先遣工作队和设营队，但有调剂各军团所筹得物资的权利。军团以下的先遣工作队和设营队，原则上不脱离本队，只比自己部队早出发几小时，先到宿营地，为部队安排食宿和调查敌情、社情。

中央红军进入西北少数民族地区之后，红军总政治部于1935年7月19日颁布了《在西北地区筹取粮食资材办法》，主要内容如下：

> 在少数民族地区，不论主人属于百姓或地主军阀与头人，在家或跑了，都不能随便去拿粮食、取东西，而应采用向富有者交涉借贷、乐捐或购买的办法。如果那些富有者或财产的主人都跑了，需要甚急，又无法等待主人回来，经政治机关批准向富有者借取一部分，并留下说明书；倘若当地粮食、物资都下了窖，在不得已进行挖窖时，应注意不毁坏经书、庙宇及坟墓，以免伤害少数民族的宗教感情；对武装抵抗我军者，则在其投降后，以提出赔偿损失的办法取得红军的需要；对大小商店的货物只能通过买卖取得，不得用没收或强买的办法。①

高捷成和他的战友们，在西北少数民族地区，严格按照红军总政治部新颁布的筹取粮食资材办法筹措粮食，解决给养。

红军部队集体采购粮食和军需用品，大都用银元支付。个人购买一些简单的日用品，大多使用自己保存的苏区纸币。当部队路过较大集镇时，苏维埃国家银行都会设立一些临时兑换处，帮助当地群众将从红军战士手中收到的苏区纸币兑换成银元，以免群众蒙受损失。

第二节 遵义城里 组织发行苏区货币

红军突破湘江，一路血战，于1934年12月14日占领了贵州黎平。中央政治局在黎平召开会议，会议决定放弃到湘西与红二、六军团会师的计划，决定进军至川黔边境创建新的根据地。会议还决定对部队进行整编，紧缩机关人员，充实战斗部队，将中央纵队（红章）与军委纵队（红安）合编为一个纵队，下辖3个梯队，

---

① 总后勤部财务部、军事经济学院编著：《中国人民解放军财务简史》，中国财政经济出版社，1991年版，第41页。

总供给部编入第3梯队。

1935年1月初，中央红军渡过乌江，1935年1月7日占领遵义。1935年1月9日，高捷成随军委纵队进入遵义。

根据黎平会议上提出的建立川黔革命根据地的意见，红军总政治部决定在遵义筹建遵义县苏维埃临时政府，苏维埃国家银行试发行苏维埃纸币，纸币的面值与银元相同。

遵义的食盐来自四川自贡，历来被军阀官僚和地主奸商所垄断，食盐价格昂贵，当地贫苦百姓经常吃不上盐。红军进入遵义城之后，没收了很多食盐，仅贵州省主席王家烈所经营的盐行里，就储存有价值几十万元的食盐。红军还没收了大量的"白金龙"牌香烟，再将这些没收的食盐和香烟公开向群众出售。银行在遵义城贴出布告，出售的食盐和香烟只收苏维埃纸币，因此红军在城里设立了6个苏维埃纸币兑换点。为了方便驻扎在城外的红军部队购买东西，苏维埃国家银行在周边又设置了19个苏维埃纸币兑换点。由于商人可以在兑换点兑现苏维埃纸币，大小商人都十分满意，苏维埃纸币也就顺利地发行出去了。红军战士手中多少都有一些苏维埃纸币，红军战士手中原来处于"冻结"状态的"红军票"，随着苏维埃纸币的发行，此时重新有了使用价值。

遵义是黔北重镇，管辖十来个县，经济、商业也比较发达。红军经过三个多月的征战、长途跋涉来到遵义，也正好进行一番休整。

红军在遵义休整期间，蒋介石又调集40万兵力，进行新的部署，企图将3万中央红军围歼于乌江西北地区。遵义四周此时已发现了敌情，中央红军所面临的形势一天天严峻起来。为了摆脱日益逼近的追兵，中央政治局决定放弃建立川黔革命根据地的计划，改向北渡长江，同红四方面军会合，在川西或川北创建根据地。

中央红军要退出遵义城，建立川黔革命根据地的设想也就无法实现，那么在遵义发行的苏维埃纸币怎么办呢？为了维护红军的声誉，红军总供给部与苏维埃国家银行决定在遵义城多开设几个临时兑换点，将发行出去的苏维埃纸币用银元、食盐兑换回来，苏维埃纸币与银元兑换是按一比一的比例。为了尽快完成"红军票"的回收，高捷成与供给部、苏维埃国家银行的同志一起，在城里四处张贴告示。苏维埃纸币兑换工作一直持续到红军部队全部撤出遵义城，红军总供给部和苏维埃国家银行的人员才最后一批撤离。

在进驻遵义这短短的12天时间里，红军完成了苏维埃纸币的发行和回笼，减少了遵义百姓的损失，维护了红军的声誉和形象。

1935年1月19日，中央红军撤离遵义城。2月20日，红军总政治部决定取消各级没收委员会，改为在各级红军政治部地方工作部下设没收征发科，负责红军没收征发工作。

中央红军四渡赤水，佯攻贵阳，威逼昆明，在引出滇军后又朝西北方向急进，于5月初巧渡金沙江，摆脱了几十万敌军的围追堵截。

在此期间，中央红军各军团为保证机动作战，再次进行轻装。苏维埃国家银行烧光了携带的苏维埃纸币。他们将剩余的几担银元分散到各部队，苏维埃国家银行的人员只剩下曹菊如带着两担金子，曹根全带着银行账簿和传票，苏维埃国家银行实际上已不复存在，第15大队也随之撤销，其余人员并入到红军供给部。

第三节　雪山草地　历尽艰辛到达陕北

自战略大转移以来，中央红军失去了根据地的依托，每天都处于流动之中，极尽艰难困苦。1935年6月2日，中央红军全军抢占泸定桥，渡过了大渡河。1935年6月12日，中央红军先头部队在北进懋功县达维镇的途中，同红四方面军一部会合。

在向懋功县达维镇进发途中，横亘着一座海拔4500多米的大雪山——夹金山。夹金山位于宝兴县西北、懋功县以南。这座大雪山，山顶白雪皑皑，云雾缭绕，终年积雪不化。山上空气稀薄，天气变化无常，刚刚还是白云朵朵，阳光灿烂，顷刻间狂风吹来，天暗云低，电闪雷鸣，时而轰隆一声雪崩，惊天动地。当地流传着一段民谣："要过夹金山，棉袄三斤三，喝饱辣椒水，嘴里含大蒜。"据当地老人介绍："过夹金山必须赶在正午以前通过顶峰，因为每天下午，山上都要刮起风暴，人和牲口会被风雪卷走。""别看现在已是6月天，上山必须穿皮袄，否则会冻成冰人！"

从云南转入川西南时正是夏季，红军还身着单衣。原先也未估计到要过雪山，临时补充棉衣已经来不及了。高捷成一边把了解到的情况向林伯渠部长做了详细汇报，一边和战友们一起，认真筹措过雪山的物资，主要包括：一是收购足量的羊皮和羊毛，力争给每一位红军指战员缝制一件羊皮背心或羊毛背心；二是收购烧酒、生姜和辣椒，以供翻越雪山御寒之用；三是大量收集竹竿、木棍，作为翻越雪山的拐棍。政治部的宣传队员则把过雪山的注意事项编成顺口溜，教战士们诵唱："夹金山，高又高，注意事项要记牢：裹脚要用布和棕，不紧不松好好包。到了山顶莫停留，坚持一下就胜利。病人走不起，帮他背东西，大家互相想办法，一定帮他过山去。"①

1935年6月17日，在完成相应的准备之后，军委纵队就开始翻越这次长征路上的第一座大雪山。夹金山这座大雪山的山坡是一片原始森林，树林里披着一片片、一丛丛的"六月雪"。这一奇特的景色吸引了来自南方的高捷成和他的战友们好奇的目光。他们开始翻越夹金山这座大雪山。雪山天气瞬息万变，一过中午，先是大雾，随后是毛毛细雨，转眼间又下起漫天白雪，把高捷成和他的战友们变成了一个个雪人。尤其到了下午，天气出奇的冷，高捷成和他的战友们衣着不多，把能穿的都穿到身上，或者干脆将被子、毯子披到身上。越往上爬，山上空气越发稀薄，呼吸十分困难。有些体弱的战士到了山顶，累得实在走不动了，想坐下来休息一下，高捷成看了，急得不行，他大声喊道："这儿不能停啊，要停就走不了啦！"他目睹前面有的同志累得不行，在那雪山上坐了下来，但却永远起不来了。爬到山顶，尽管很累，但想到翻过山那边就是红四方面军的战友，高捷成也不知哪来的那么一股劲，硬坚持着翻越过了雪山。军委纵队当天下午就行进到达维镇，并于6月18日午后到达懋功，与从川陕根据地退出的红四方面军胜利会师。中央红军各军团仍旧在指定地区休整，红九军团和军委纵队驻扎在懋功县城。6月19日，红九军团与红四方面军驻军在城东大校场召开联欢会。文艺演出开始，中央红军战士剧团表演了反映红军战斗生活、歌颂长征的活报剧和歌舞。庆祝大会一直持续到深夜，最后高捷成与在场的全体红军将士一起高唱《两大主力会合》的歌曲，这首歌的歌词是：

> 两大主力邛崃山脉胜利会合了，
> 欢迎四方面军百战百胜英勇兄弟！
> 团结中国苏维埃运动中的力量，
> 嗳！
> 团结中国苏维埃运动中的力量，

---

① 陈虎著：《长征长征 中央红军长征纪实》，北京出版社，2016年版，第350~351页。

坚决赤化全四川！

万余里长征

经历8省险阻和山河，

铁的意志

血的牺牲

换得伟大的会合！

为着奠定赤化全国巩固的基础，

嗳！

为着奠定赤化全国巩固的基础，

高举红旗往前进。[①]

1935年6月26日，中共中央在懋功两河口召开了政治局会议，讨论确定了北上创建川陕甘根据地的战略方针。

高捷成随中央红军军委纵队又陆续翻越了梦笔山、长板山、打鼓山等多座雪山，7月中旬，中央红军到达川北的毛儿盖地区。此时军委先遣团与供给部合并，成立了红军总供给部，由林伯渠担任部长。摆在中央红军面前的是纵横百里、人烟稀少的水草地。红军在穿越草地前，开始了紧张的筹粮。红一、红四方面军混编，分成左右两路军向北挺进。右路军由前敌总指挥部指挥，中共中央随右路军行动，而左路军由红军总司令部指挥。右路军开始向草地进发，8月26日，军委纵队分成几个梯队，分别插在红一、三军团中间走。高捷成跟随红军右路军行动，开始穿越茫茫无边、水草纵横的荒草地。

走草地甚为艰难，绿色的水草底下，藏着一潭潭淤黑的积水。眼前没有飞禽走兽，没有道路可寻，只有先头部队留下的脚印，时隐时现地留在杂草和积水之间。广阔的草地，到处是泥潭，处处蕴藏着危险，一脚踩到过膝的杂草丛中，如同踩到棉絮上，颤颤悠悠。如果不小心脚下一滑，就会陷入积满污水的烂泥潭中，稍不留神，就会连人带马一起陷进去，被那无底的泥潭吞没。

高捷成和他的战友们在进入草地之前，都带了炒熟的青稞面、青稞粒。他们在草地上连续走了多日，越往草地深处走，粮食越少，所携带的干粮就不够吃了，不少人的干粮袋都变得空瘪瘪。高捷成将自己携带的仅有的一点食物送给其他体弱多

[①] 陈虎著：《长征长征　中央红军长征纪实》，北京出版社，2016年版，第343页。

病的战友，所带的粮食吃光了，自己就吃野菜充饥。在茫茫的荒原上，高捷成与他的战友们燃篝火，食青稞野菜，互相鼓励，相扶而行。草地上弥漫着浓雾，很难辨别方向；天气一日多变，一阵风、一阵雨。高捷成与战友们身上是干一阵、湿一阵，肚子是饥一顿、饱一顿，走起来深一脚、浅一脚，那烂草丛下的水是含有毒素的，他们整天在水里泡却没有水喝。由于草地海拔高缺氧，走起路来上气不接下气，大家走得很累，这样艰难行走了7日，才走出茫茫草地，到达四川的班佑、巴西、阿西一带。

红军右路军走出草地之后，接着突破天险腊子口，翻过六盘山，于1935年10月19日终于抵达陕北保安县境内吴起镇，与陕北红十五军团胜利会师。至此，中央红军历时一年，途经福建、江西、广东、湖南、广西、贵州、四川、云南、西康、甘肃、陕西十一个省，行程二万五千里的战略大转移才宣告结束。

第四章 延安窑洞（1935—1937）

我的祖父高捷成

1935年10月，中央红军经过长征到达陕北，即着手建立和调整红军供给机构，恢复和健全红军财务规章制度。1935年11月，高捷成对以往的红军会计工作有关规定进行总结完善。不久，由中华苏维埃共和国中央政府西北办事处财政部颁发了《暂行会计出纳规则》和《暂行会计条例》两份制度，这是我军第一部会计工作制度的单独样本。

第一节　陕北延安　完善红军会计制度

经过二万五千里长征，中央红军与陕北红军在陕北会合后不久，1935年11月，中华苏维埃共和国中央执行委员会决定，在陕北成立中华苏维埃共和国中央政府西北办事处，管辖重新划分为陕北省、陕甘省、关中特区和神府特区四个行政区域。新成立的中华苏维埃共和国中央政府西北办事处，设置七部一局，即财政部、粮食部、土地部、国民经济部、教育部、司法内务部、劳动部和工农检查局。

在林伯渠的带领下，高捷成与中央财政部和国家银行西北分行的二十几名同志，随中央机关从瓦窑堡转移到了保安（今志丹）县。

长征途中，红军流动作战没有后方补给，红军的经费无法依靠中华苏维埃共和国财政供给，因此红军又开始自己筹款，经费供给标准制度也不能正常执行。长征途中没有修订供给标准，军费供给事实上又回到了红军初建时期的自筹自支模式，直到到达陕北之后，1935年12月27日西北革命军事委员会又发布了《关于各项费用之规定之训令》，构成了1936年红军的经费供给标准。由于红军在长征中遭受严重损失，这一年的标准普遍降低，教育费并入特别费内，零用费未作规定，等于取消。

当三大红军主力到达陕北之后，随着根据地的扩大，为了保障红军的供给，对财政政策也提出了新的要求。林伯渠提出应该适时在陕北建立地方财政。

根据财政部长林伯渠的要求，高捷成开始着手修订完善会计财务规章制度。对红军长征之前他担任苏维埃国家银行会计科长期间制定的，并以训令、命令发布的会计出纳记账处理等有关规定，按照要求进行修订完善，于1935年12月10日，以中央财政部名义颁发了《暂行会计出纳规则》，从1936年1月1日执行。1936年6月1日，以中央财政部名义颁布了《暂行会计条例》，同年8月1日开始执行。该《暂行会计条例》实际上是金库条例，可视为对《暂行会计出纳规则》的补充。

以上两个会计财务工作制度通令各级财政部门、各征收机关、红军各级没收征发委员会，各用费支出机关遵照执行。以下是《暂行会计出纳规则》的主要内容。

一、总则

1. 执行范围：各级财政部、各征收机关、红军中各级没委、各费支出机关，均照本规则执行；

2. 红军中没委之会计手续，军团没委与省财政部同，师没委与县财政部同，团没委与区财政部同；

3. 会计年度以每年1月1日开始，至同年12月31日终止。

二、收款

1. 各级财政部、各征收机关，红军中各级没委，直接收入筹款及其它款项时，均须开给交款人以三联收据。

2. 区财政部收入款项时，须填三联收据，以存根一联存查，收据一联发给缴款人，报查一联，则在解款时，连同现款交县财政部。

3. 县财政部收到区财政部或本部各科缴款时，应填具四联收款书，以存根一联存查，正收据一联发给缴款机关收存，副收据一联连同报告一联，送交省财政部转帐；省财政部转帐后，留下副收据一联存查，以报告一联转送中央财政部核记。

4. 省财政部收到县财政部或本部各科缴款时，应填三联收款书，以存根一联存查，正收据一联发给缴款机关，副收据一联送交中央财政部核记。

5. 中央财政部收到直属各级缴款时，应填具二联收款书，以存根一联存查，收据一联发给缴款机关备案。

三、支款

1. 各机关一切支出，统由财政部支付。省、县财政部非得到中央财政部支付命令，不得付款任何机关。区一级各机关经费，须向县一级管辖机关领取，绝不得将收入之款，在未缴到县财政部以前，擅自动用。

2. 县一级各机关每月支领经费，应先期编县预算书四份，送交省一级管辖机关；由省一级各机关汇编全省预算书三份，连同各县预算书各三份，送交中央各主管部；由中央各部汇编分类，预算书二份连同各县预算各二份，送交中央财政部核发。

3. 中央各部及其它直属机关每月应领经费，于收到核准通知书后，直接具领款收据向中央财政部领取；省一级各机关每月应领经费，凭中央财政部填发三联支付命令，向省财政部领取；县一级各机关每月应领经费，凭中央财政部填发的四联支付命令，向县财政部领款。

4. 前方红军每月应领经费，除照上述规定办法领取外，在未收到中央财政部支付命令以前，可由各级供给部具领条向同级没委会预支，由没委会将领条当现款按级解交中央财政部，向总供给部转帐。

四、帐簿

1. 帐簿使用规定：

（1）各机关一切账簿，每年度更换一次；

（2）各种帐簿一经启用，无论主要帐、补助帐，已用完成未用完，均由各机关主管首长与会计人员负责保管；

（3）各种账簿、单据、表格，均须至少保存二年以上；

（4）各种帐簿启用时，须由机关首长和会计填写经管账簿人员表并签名盖章。

2. 各级所设账簿：

（1）区财政部设：日记帐、总帐（设筹款收入、解县财政部帐户）；

（2）县财政部设：日记帐、总帐（设筹款收入、杂项收入、退还款、解省财政部、暂记等帐户）；

（3）省财政部设：日记帐、总帐（设筹款收入、杂项收入、退还款、解中央财政部、暂记、现金等帐户）、补助帐（筹款收入帐、杂项收入帐、各县往来帐、暂记帐）；

（4）各费支出机关设：日记帐、支出分类帐（按各费支出科目分户）、单据粘贴簿。

五、记帐

1. 每笔帐必须有单据为凭，根据单据逐条过入日记帐，由日记帐过入总帐与补助帐，必须注明单据号码。

2. 记帐均以国币为本位，以元单位，小数至厘为止，厘以下四去五收。

3. 凡收付与本位币市价不同之银两铜元，或其它货币时，均以市价折合本位币记帐。

4. 每日应记之帐要当日记完，不得延至次日，每天帐目记完后，必须进行核对，以免错误。

5. 登记帐簿及填制单据等，其摘要事实，要详细正确明了，字迹整齐清楚，不得草率参差。

6. 帐簿表单等之数目字，如有写错时，应将原码注销，重新写过，并在写错处由原记帐员盖章证明，不得随意涂改、刮擦。

六、报告

1. 旬报与月报：区财政部每月底向县财政部编报收支报表一份；县向省、省向中央财政部每逢十日编报收支旬报表二份。

2. 支付计算书与收支对照表，各级机关（非财政机关），从区一级机关至中央各部，每月终了应分别编制月份支付计算书和收支对照表，报送上一级管辖机关（即现在称之为上级主管部门）。

七、现金出纳手续

1. 各级财政部会计科，应具备现金收付盖章簿一本，将收付数目随时逐条登记。收入之数，应先由出纳人员在该条数目字上盖章，然后由财政部根据此簿签发收据；付出之款，应先由财政部长在该条数目字上盖章，出纳人员方可根据此簿付款。

2. 凡收入之款，须当面点清，现洋一沓50元，一元钞票一沓100元，均由经手点算人封好，并于封口上盖字。

3. 每月库存现金，必须与日记帐库存数目相符。未经会计科记帐，出纳人员绝对不得擅自付款给任何人。如果发现帐款不符，三日内未能查出原因时，应报告上级。①

红军有了一套健全的会计财务制度，还需要有执行制度的财务部门。1936年10月28日，红二、四方面军长征到达甘肃会宁，与红一方面军会师。会师后设立了前敌总指挥部，中央革命军事委员会对三大主力红军和陕北红军集中领导、统一指挥。1936年12月，组建了红军后方勤务部，管辖总供给部、总卫生部、总兵站部。其中红军供给系统的组成是：军委总供给部—前敌供给部—军团（军）供给部—师供给处，当时实行大连小团编制，每个团下辖4个连，所以团以下不设供给机关，由师直接供给到连队。红军中没有独立的财务系统，财务机构主要是在供给系统之中，各级财务机构是：军委供给部设财政处，财政处下设会计科、出纳科；部队各级供给机关均设有会计、出纳科（股）。

我军的会计出纳工作制度，经历了从粗略到详细，从不完善到完善的过程。在1934年之前，红军会计出纳工作的各种有关规定，通常是包含在其他制度或命令

---

① 总后勤部财务部、军事经济学院编著：《中国人民解放军财务简史》，中国财政经济出版社，1991年版，第80~82页。

当中的，而在 1935 年 12 月和 1936 年 6 月发布的这两份会计制度，则是第一次形成的红军会计工作制度单独样本。

第二节　随军东征　筹款筹物保障军需

日本帝国主义继 1931 年发动"九一八"事变侵占我东北三省之后，1935 年又将侵略的魔爪伸向华北，阴谋吞并华北，企图将中国变成日本的殖民地。面对日本帝国主义的疯狂侵略，以蒋介石为代表的国民党仍然坚持其"攘外必先安内"的反动方针，采取"不抵抗主义"政策，对日寇步步退让，而对退到陕北的红军步步紧逼，集中力量进攻，妄图一举消灭在陕北立足未稳的红军。蒋介石的倒行逆施，激起了全国各阶层人民的公愤。1935 年冬天，北平学生率先发出抗日救国的怒吼，我党领导下的"一二·九"抗日救亡运动爆发了。

1935 年 12 月 17 日至 25 日，中共中央在瓦窑堡召开政治局会议，作出了《关于目前政治形势与党的任务决议》，确定了建立最广泛的抗日民族统一战线的基本方略。毛泽东作了《论反对日本帝国主义的策略》的报告，提出建立抗日民族统一战线，号召一切愿意参加民族革命的分子加入革命根据地的政府，并将中华苏维埃工农共和国正式改为中华苏维埃人民共和国。

根据决议，1936 年 2 月初，红军组成"中国工农红军抗日先锋军"，彭德怀任总指挥，毛泽东任总政委，组成左右两路大军，共 1.3 万人。

红一军团司令部为此抓紧进行战斗部队的练兵，从抢渡黄河到攻击敌人堡垒，到攻城战斗等，进行一系列战术训练和演习。

红一军团政治部决定组织开办干部训练班。当时国内的政治形势正处于由国内革命战争向抗日民族革命战争的转变时期，高捷成参加了培训，他认真学习，深刻领会中共中央关于建立抗日民族统一战线的方针、政策。红军总政治部和红一方面军政治部下发了《关于东征部队的政治工作问题的训令》《关于东进抗日行军中政治工作的指示》《关于东征中地方工作的指示》《东征中对敌军政治工作之指示》等一系列文件。这些文件，阐述了红军东征作战的意义和胜利的条件，对部队提出政治工作具体要求，并对敌军和战区地方工作规定了有关政策。

在延长县古峪村——红一方面军司令部即中国工农红军抗日先锋军司令部所在地，毛泽东召集红一方面军团以上干部做进一步动员，给大家讲东征的形势与任务，明确了东征的任务：一是到外线打击阎锡山，并调动他在陕北的四个旅兵力，借以粉碎敌人对陕甘边区新的"围剿";二是配合北平"一二·九"学生抗日爱国运动和全国反内战高潮;三是壮大自己的力量,促进抗日民族统一战线的实现。

动员会之后,红一方面军首长于1936年2月18日下达了东征命令。1936年2月20日夜晚,东征战役开始。红军的东征部队很快突破晋绥军防线。3月下旬,又兵分三路,红十五军团为左路军,北伸至岢岚、岚县;红28军和红30军为中路军,活动在石楼、中阳、午城等地;红一军团和红十五军团的第81师为右路军,直插敌人兵力空虚的汾河流域。红一军团在二十多天里,突破汾河一带的敌堡垒线,沿着同蒲路两侧,围困霍县、赵城、洪洞、浮山,在附近筹款、打土豪。

红军由陕北进入山西,算是进入了一个经济、文化比较发达的地区。汾河流域是山西有名的富庶地区。这儿的地主,除了土地、羊群以外,往往宅第连云,几乎占了半个村子。这里商业资本也很发达,开钱庄、当铺的有不少。红军到了之后,没收了一些当铺的不义之财。

黄河是中国的第二条大河,初春时节,辽阔壮美的黄河河面上结冰开始消融,水流湍急。高捷成跟随红军东征后续部队渡过黄河,奔赴三交镇,筹集款项约50万银元,接收各种缴获物和征发物资。这儿离北平、天津比较近,高捷成和他的战友还收集到不少从北平、天津流入的抗日救亡报纸杂志。

东征战役历时75天,1936年5月1日至5日,东征的红军全部撤回黄河以西地区。高捷成随红一军团凯旋回到了陕北。

红军这次东征,给予封锁我陕北根据地、阻挡我军渡过黄河东出河北与日军直接作战的蒋介石、阎锡山部队以沉重打击;配合北平"一二·九"学生抗日爱国运动和全国反内战高潮,壮大自己的力量,促进与东北军、十七路军的抗日民族统一战线初步形成,同时也迫使阎锡山撤回在陕北的四个旅;同时在山西播下了抗日的火种,极大地改善了陕甘根据地和红一方面军的战略态势,从此陕北革命根据地有了相对稳定的和平环境。

红军东征所筹集到的这些款项和物资,为刚刚结束长征的中央红军提供了最基本的物质保证。接着,1936年5月红军又进行西征,自延川向陕甘宁交界地区进击,开辟了纵横七百余里的陕甘宁边区,创建了比较稳固的抗日前进基地,使我党和红军在陕北站稳了脚跟。

第三节 保安窑洞 红大提高军政素质

1936年5月14日，毛泽东同志在陕北延川县大相寺村召开的红一方面军团以上干部会议上强调指出，应利用在全面抗战开始之前这段时机，抽调从军团领导到连排基层干部进入红军大学学习，为抗日高潮的到来和革命形势的发展做好干部准备。

会议过后，红军各个军团迅速行动起来，从各师、各团选送优秀干部进入红军大学培训。东征战役结束后回到陕北延长县休整的高捷成，也接到了到中国抗日红军大学学习的通知。

1936年6月1日，中国抗日红军大学第1期开学。开学典礼在瓦窑堡米粮山上一座作为红军大学校部的旧庙堂门前的一块空地上举行。空地上临时堆起一个土台，放上一张长方形桌，摆上几张木条凳，悬挂起"中国抗日红军大学开学典礼"的横幅。那天万里晴空、风和日丽，庙墙上贴上了标语，整个会场显得简朴、隆重。毛泽东、周恩来、张闻天等中央领导来到了会场。

在一阵热烈的掌声中，毛泽东同志首先讲话，他说："我党创办抗日红军大学，是为准备迎接民族革命战争的到来。为了适应新情况，解决新问题，需要培训干部，提高干部素质。因此我们的干部需要重新学习，重新训练，以便将来出校后，能够独当一面地去工作。"① 毛泽东接着说："第一次大革命时有一个黄埔。它的学生成为当时革命的主导力量，领导了北伐成功，但到现在它的革命任务还未完成，我们红军大学就是要继续黄埔精神，要在第二次大革命中也成为主导的力量，即是要争取中华民族的独立解放。"② 他着重讲了创办抗日红军大学的目的、意义，以及抗日红军大学所担负的任务和使命。毛泽东的讲话，给了高捷成很大的鼓舞。

抗日红军大学创建时分高级干部科、上级干部科和普通科（即一、二、三科）。第一科科长陈光，政委罗荣桓，学员40人，主要训练师以上干部；第二科科长周士第，学员225人，编成2个队，主要训练团、营干部；第三科科长周昆，政委袁国平，学员800人，编成6个队，主要训练连、排干部和部分班长、老战士。三个科共有9个队1065人，全部学员来自中央红军和红十五军团。

抗日红军大学创办时，校舍严重不足，条件十分困难。学校分住两地，第一、

---

①② 李志民：《在抗日烽火中锻炼成长的抗大》，见穆宪主编：《啊，长征：新的纪元——从瑞金到延安》，中国妇女出版社，1996年版，第148页。

二科住陕西省安定县（今子长县）的瓦窑堡，又称一校；第三科住甘肃环县本钵寺，又称二校。第二科下面分军事和政治两个队，高捷成分在政治队，与红三军团二纵司令部四科科长周文龙成了学友。

1936年6月中旬，蒋介石督令东北军进攻瓦窑堡。红军经过与东北军秘密交涉，主动退出了瓦窑堡，但红军大学没有撤离。东北军离瓦窑堡还有一段距离，这时驻陕北的国民党军第86师高双成部两个营乘虚袭击瓦窑堡，红军大学因而随同中共中央和中华苏维埃共和国中央政府，在警卫部队的掩护下仓促撤出瓦窑堡，于7月3日迁到保安县（今志丹县）。

当时保安县城，城里只有一条街，土地贫瘠，物产匮乏，人烟稀少，群众生活极其贫困，加之连年军阀混战，整个县城受到很大破坏，致使保安县城人口不足400。当地流传着一首歌谣："保安穷山窝，破庙比房多，菩萨比人多。"高捷成随红军大学来到保安城，极目四望，保安城除了荒山野坡，剩下的就只有破庙破窑洞和马厩牛羊棚。要在这儿建立校舍面临很多困难。红军大学的学员多数是从长征过来的老红军，他们不论职务高低，自己动手，清除垃圾杂草，垒墙填坑，用石头垒起挡风墙，编条草帘当作门窗，把破石窑洞打扫清理干净，改成简陋的校舍和课堂。其中几个小石洞改成卧室，洞里有石炕，在上面铺上茅草和木板就是床铺，有的石炕住两三个，有的住四五个。有一个较大的石洞，可以坐百把人，就被改成讲堂，在这个讲堂砌起石讲台和石凳子，以石壁作为黑板，以膝盖作为课桌。晴天，高捷成和同学们就在大树下的露天上课，雨天，就到大石洞里面上课。教员站在石台上讲课，高捷成和同学们就坐在石凳子上认真听讲。

红军大学创办初期，规模很小。第一、二科在职干部总共才14人，专职教员3人。学校领导除政治委员由毛泽东兼任外，大多由学员兼任。教员不足，就请中共中央的领导兼课或做报告。第1期第一、二科设置"联（布）共党史""列宁主义概论""政治经济学""哲学""红军战略学"等课程，军事课程以红军大学自编的军事教材为主，也参考了苏军战斗条令。当时请来给红军大学讲课的有著名专家学者和中共中央领导，张闻天讲授"中国革命基本问题"，秦邦宪讲授"政治经济学"，杨尚昆讲授"政治常识"，徐特立讲授"新文字"，李维汉讲授"党的建设"，李德讲授"兵团战术"，林彪讲授"战役学"，军事教员何堤舟讲授"河川战斗""村落战斗""高山战斗""沙漠战斗"等课程以及工兵、炮兵、装甲兵和简易测绘等知识，周恩来每月来做一次政治形势报告。红军大学第1期第一、二科教学课程基本上是军事和政治并重，一、二科学员都是红军高、中级干部，有丰富的实际斗争经验。

红军大学保安校址（中国人民抗日军政大学陈列馆提供）

红军大学保安校部（中国人民抗日军政大学陈列馆提供）

红军大学保安窑洞宿舍（中国人民抗日军政大学陈列馆提供）

红军大学保安窑洞宿舍（中国人民抗日军政大学陈列馆提供）

红军大学保安窑洞教室（中国人民抗日军政大学陈列馆提供）

红军大学保安窑洞教室（中国人民抗日军政大学陈列馆提供）

大家每天除上课之外，都会抓紧时间自己阅读、讨论，研究问题。

在红军大学，高捷成学习特别认真，晚间一个班只发一盏油灯，他和大家聚在一起，在微弱的灯光下如饥似渴地看书，灯油燃尽，就摸黑和大家联系实际，一边讨论，一边总结亲身经历战斗的经验教训。

毛泽东得知学员这一学习情况之后，在一次上课时就打趣地说："你们是过着石器时代的生活，学习当代最先进的科学——马克思列宁主义。"①

高捷成和同学们也常开玩笑说："同学们，不，同洞们，将来革命成功以后，千万不要忘记保安的窑洞，这是锻炼我们的熔炉啊！"

在红军大学，高捷成以一种顽强的毅力，克服生活上的种种困难，学习革命理论，在马克思列宁主义的理论基础、政治思想水平和军事指挥、领导艺术等方面，取得了长足的进步。在红军大学，毛泽东同志做了《中国革命战争的战略问题》的演讲，系统地总结了土地革命战争时期党领导武装斗争的经验，阐明了中国革命战争的特点、人民战争的思想和战略方面许多问题。毛泽东还做了《论反对日本帝国主义的策略》的演讲，着重指出我党在抗日统一战线中的领导作用，阐明建立抗日民族统一的可能性和重要性。

高捷成在红军大学学习了六个月，前三个月的学习偏重政治，占三分之二，后三个月政治和军事各占一半。政治方面，学习内容主要是世界和中国革命的基本问题，同时偏重时事。军事方面，学习内容主要是中国革命战争的基本问题，同时学习战略与战术原则。通过在抗日红军大学的系统学习，高捷成更深刻地领会了毛泽东军事思想和党的抗日统一战线政策，掌握了革命战争的基本规律和战略，大大提高了思想认识和领导水平。

红军大学第1期高级干部科、上级干部科的学员多数是经过长征的红军师、团级干部，教学方法主要以指导自主研究为主，讲授与讨论相结合，教学目的是抗击日本帝国主义侵略战争，迅速、优质地培养战略、战役指挥员。毛泽东在上课时鼓励大家："中国革命如果有100个真正精通马列主义的干部，那就等于中国革命成功了一半。"②通过在抗日红军大学的学习，很多学员在以后的抗日战争中很快成长为我军优秀高级指挥员和政工干部。在红军大学一科学习的杨立三在红军大学第1期毕业之后，留在红军大学担任校务部部长，1939年春来到太行山，担任八路军前方总指挥部（简称前方总部）后勤部部长，不久兼任冀南银行董事长；高捷成在

---

① 李志民：《在抗日烽火中锻炼成长的抗大》，引自穆宪主编：《啊，长征：新的纪元——从瑞金到延安》，中国妇女出版社，1996年版，第151页。
② 周文龙著：《周文龙回忆录》，解放军出版社，1996年版，第91页。

红军大学第1期毕业之后，即奔赴华北抗日前线，出任冀南税务总局局长、晋冀豫边区财政处处长、冀南敌伪工作委员会委员，创建冀南银行，任首任行长，不久兼任政治委员，并担任中共中央北方局华北财政经济委员会委员；与高捷成同在红军大学二科学习的周文龙，从红军大学第1期毕业之后，留在红军大学担任校务部副部长，1940年3月也来到太行山，担任八路军前方总部供给部副部长。

第四节 家国情怀 烽火家书诉说衷情

1936年12月12日，东北军将领张学良和西北军将领杨虎城发动了震惊中外的"西安事变"，蒋介石被迫接受了停止内战、联共抗日等条件，"西安事变"得到和平解决，抗日民族统一战线初步形成。"西安事变"过后不久，国民党对陕北特区的封锁也逐步在解除，东北军让出了延安、甘泉、合水、庆阳四个县。1937年1月8日，中共中央及中央工农民主政府进驻延安。

纷纷扬扬的大雪把陕北秦晋高原装点成银装素裹的洁白世界。高捷成结束了在红军大学第1期的学习，此时也来到了陕北延安，住在延安旧商会。

为了一致抗日，促成国共第二次合作，1937年2月10日，中共中央致电即将举行的国民党五届四中全会，就国共合作问题提出五项要求，这五项要求是：

一、停止一切内战，集中国力，一致对外；

二、保障言论、集会、结社之自由，释放一切政治犯；

三、召集各党各派各界各军的代表会议，集中全国人才，共同救国；

四、迅速完成对日抗战之一切准备工作；

五、改善人民的生活。

如果国民党能将此五项要求定为国策，中国共产党为团结御侮，愿作如下四项保证：

一、在全国范围内停止推翻国民政府之武装暴动方针；

二、工农民主政府改名为中华民国特区政府，红军改为国民革命军，直接受南京中央政府与军事委员会之指导；

三、在特区政府区域内，实施普选彻底的民主制度；

四、停止没收地主土地之政策，坚决执行抗日民族统一战线之共同纲领。

中国共产党提出的"五项要求""四个保证"，在海内外引起了强烈反响，也使高捷成更深刻地理解了中共中央抗日主张的正确性和"西安事变"和平解决的重要意义。

1937年清明节,红军总部给轩辕黄帝送了祭文,这篇祭文内容如下:

> 维中华民国二十六年四月五日,苏维埃政府主席毛泽东、人民抗日红军总司令朱德恭遣代表林祖涵,以鲜花束帛之仪致祭于我中华民族始祖轩辕黄帝之陵:
>
> 赫赫始祖,吾华肇造;胄衍祀绵,岳峨河浩。
> 聪明睿智,光披遐荒;建此伟业,雄立东方。
> 世变沧桑,中更蹉跌;越数千载,强邻蔑德。
> 琉台不守,三韩为墟;辽河燕冀,汉奸何多!
> 以地事敌,敌欲岂足;人执笞绳,我为奴辱。
> 懿为我祖,命世之英,涿鹿奋战,区宇以宁。
> 岂其苗裔,不武如斯,泱泱大国,让其沦胥。
> 东等不才,剑屦俱备,万里崎岖,为国效命。
> 频年苦斗,备历险夷,匈奴未灭,何以家为。
> 各党各界,团结坚固,不论军民,不分贫富。
> 民族阵线,救国良方,四万万众,坚决抵抗。
> 民主共和,改革内政,亿兆一心,战是必胜。
> 还我河山,卫我主权,此物此志,永矢勿谖。
> 经武整军,昭告列祖,实鉴临之,皇天后土。
> 尚飨! ①

1937年4月,初春的延安乍暖还寒,这时陕北开始与外界通信通邮了。国民党军对苏区长年封锁,使得苏区与外界的联系极为困难,加之连年征战,尤其是经过长征,红军从毗邻福建的江西瑞金转移到了边远的大西北,高捷成自从1932年4月参加红军后,就与家里断了联系。此时可以通信通邮,这对高捷成来说是一个天大的好消息,高捷成心中充满喜悦。他急急拿来纸和笔,开始给家里写下离开家乡后的第一封信。但高捷成不知他走后这几年家庭是否有什么变故,因此就写信给他的宗叔高开国。

在信中,高捷成向家人说明了他在1932年4月之所以决心从戎,是因为1931

---

① 傅钟:《敌后抗战的开端——忆八路军总部开赴华北抗日前线》,"热血山河丛书"编辑委员会编:《将领讲述:八路军抗战》,中国文史出版社,2017年版,第182页。

年发生了"九一八"东北事变和1932年"一·二八"淞沪抗战爆发。

在信中,高捷成详细询问了家中的一切,包括家中父母妻儿和银庄业务的情况。

高捷成一直惦记在心中的一件事情,就是当年为了革命的需要,先后从银庄支用数笔资金资助在漳州闹革命的闽南红军游击队,因此而欠下银庄两万多元的债务。他在信中承诺:"我所欠挂百川银庄二万多元的债,时刻记念在心,本利至今当在三万余。国家得救,民族得存,清债还利,当不短欠分文。望勿挂念、怨恨。"

在信中,高捷成向家人言明他当年不辞而别的原因,是因为面对凶恶的日本侵略者,他与家人的离别可能是永远离别了,他不挂念家庭,希望家庭也无须挂念于他。

这封信的原文如下:

开国宗叔大人台鉴:

请你接信后立即火速给我教言。

我自从"九一八"东北事变、"一·二八"上海抗战之后,悲愤交集,誓不求中华民族之解放,当不为中华民族黄帝子孙之一人,决心从戎。于是仓卒离家,一切骨肉亲戚朋友无暇顾及辞别,至今思维尤为怅然!

民国廿一年三月间离漳,倏忽于今已有六年了。在这六年中东西奔波,南北追逐,历尽一切千辛万苦,雪山草地,万里长征,在所不辞!无非为的是挽救国家的危亡!志向所趋,海浪风波在所难阻!不过从来没有备函奉候,音讯毫无,自然未免见怪于诸大人亲族朋友,或以为我这个不肖高家浪荡子弟,弃家离伦,不孝不义了!!!我还记起将临走的时候,曾留一信给你转添木我的父亲云:"我要和你们离别了,或者是永远离别了。我不挂念家庭,希望家庭也无须挂念于我!"这是从戎的决心,这是救国抗战、为国牺牲坚决的立志!救国才能顾家,国亡家安在!而不是断绝人伦的、无条件的弃家而不顾。想或可有以原谅于我吧?!至今我的艰苦奋斗聊可做为初步阶段的结束,但是主要的抗战救国正在开始呢,所以才抽出一点工夫写信来拜候你大人。

我现在陕西省延安府旧商会驻,在外并未建置家庭,个人独身精神上尚可安乐。至于详细情形,你们来信时,我下次再谈。

我极在迫切须要知道的:我的父亲添木和母亲是否仍在健康?几位兄弟捷元、捷三、捷开、捷绍、捷通等是否安居乐业?家庭变幻情形怎样？百川银庄发展扩大否？东华园经营兴旺否？高庆发、高合记二宝号怎样？建东、建池、建华几爱弟近来长大成人，想很进步！叔母大人健康否？李石虎、蔡师尧二世叔大人近来安康否？我的内室弃庭改嫁否？我的小儿活泼否？

我所欠挂①百川银庄二万多元的债，时刻记念在心，本利至今当在三万余。国家得救，民族得存，清债还利当不短欠分文。望勿挂念怨恨。谨此奉达。敬请商安！

附来像片两张，请转一张给我家，给一张敬献你大人存念。

不肖浪荡宗侄高捷成敬上
民国廿六年四月十日

在写完此信5个月之后，高捷成就随八路军第129师奔赴华北抗日前线了。

---

① 欠挂：指的是牵挂、挂念之意。

第五章 冀南烽烟（1937——1939）

我的祖父高捷成

从闽南到冀南,祖国山河破碎,大片国土沦丧。1937年9月,高捷成跟随八路军第129师东渡黄河,开赴华北抗日前线,在敌后建立晋冀豫抗日根据地;1938年1月他又随八路军第129师抗日东进纵队,从太行山开赴冀南平原开展游击战争。在冀南大地,斗敌伪,创建税局,巩固初生的抗日民主政权。

第一节　挺进太行　奔赴华北抗日前线

　　1937年7月7日，日本制造卢沟桥事变，发动全面侵华战争。中国共产党高举抗日救国的旗帜，积极促使国民党实行国共合作抗日。7月14日，中共中央军委主席团向红军各方面军、各军团、各军、各师、各团及军事学校发出自行改编命令，要求10日内做好开赴抗日前线的准备。命令指出："日本大举向华北出兵，国家危急，第29军正在抗战，国民政府已调派援军，全国救亡运动正在奋起，我抗日红军有开赴前线增援友军消灭野蛮日军之任务。"红军总政治部编印了《抗日紧急动员课本》《抗日军人读本》，以及东北四省、华北五省地理常识资料，还有介绍日本情况的资料和日语教材等，红军各部队根据总政治部下发的这些培训资料开始进行战前教育。

　　1937年8月，红军各军集中到陕西云阳地区，8月25日中国工农红军主力改编为国民革命军第八路军，下辖3个师。中共中央军委将八路军的三个主力师分别部署在三个战略支点上，第115师在吕梁地区，第120师在晋西北，第129师在晋东南。

　　八路军第115师于1937年8月22日由陕西省三原地区誓师出征，8月31日在韩城芝川镇渡过黄河东进。9月3日，第120师在陕西省富平县庄里镇誓师出动，随第115师北上。八路军总部率领随营三个团和一个负责警卫的特务团，于9月16日也到达韩城芝川镇，由此渡过黄河，殿后的是早已整装待发的第129师。

　　第129师作为第2批出动部队，是由原红四方面军和陕北红军一部为主编成，师长刘伯承，副师长徐向前，政训处主任张浩（1937年10月改为政治委员，1938年1月由邓小平接任），参谋长倪志亮。

　　1937年9月4日，刘伯承正式宣布了改编后的干部名单。第129师下辖第385旅、第386旅；第385旅是由红四军改编的，辖第769团、第770团，旅长王宏坤，副旅长王维舟，政训处主任苏精诚，参谋长耿飚；第386旅由红31军改编，辖第771团、第772团，旅长陈赓，副旅长陈再道，政训处主任王新亭，参谋长李聚奎。改编后共计13000多人。按中共中央军委的命令，第385旅除第769团外，连同师属炮兵营、辎重营、特务营、工兵营，脱离本师建制，留守陕甘宁边区。第 129 师开赴抗日前线共计 9160 余人。随第 129 师出征的还有我军一批善于理财的军事后勤工作者，包括周玉成、徐林、赖勰和高捷成等人。①

宣布名单之后，刘伯承师长指定刚被任命为第 129 师第 386 旅旅长的陈赓担任誓师典礼的阅兵指挥员。阅兵选择在陕西省三原县石桥镇一个空旷的田野上进行，因没什么材料，阅兵台是用木桌临时搭的。阅兵台附近贴了几条标语，上面写着"打倒日本帝国主义"、"为保卫国土流尽最后一滴血"、"收复一切失地"，将会场气氛烘托得既热烈又庄严。9 月 6 日清晨，天空一开始下着细雨，之后雨越下越大，到临近开会时，已是大雨如注。

在大雨中，嘹亮的军号冲破雨声响起，陈赓旅长大声宣布："八路军第 129 师抗日出征誓师大会现在开始！"刘伯承师长和张浩主任骑马检阅了队列整齐的部队。高捷成精神奋发，傲然挺立在队伍中，他和第 129 师全体指战员，接受师首长检阅。阅兵完毕，刘伯承师长登上讲台，他向前几步，开始讲话："同志们，今天是我们开赴抗日最前线的誓师大会。"刘师长洪亮的声音压过了风声雨声，他简要讲了一下全国的抗日形势，接着说："经过我们共产党人的努力，抗日民族统一战线建立起来了。我们共产党人要把祖国和人民的利益看成最高的利益。现在大敌当前，国家民族危在旦夕，我们要把斗争的矛头指向日本帝国主义，为了抗日救国，挽救国家民族的危亡，我们要把阶级的仇恨埋在心里和国民党合作抗日。从今天起，我们是国民革命军第 129 师。同志们，换帽子算不了什么，那是形式，我们人民军队的本质是不会变的，红军的优良传统不会变，我们解放全中国的意志也不会动摇！这顶帽子上的帽徽是白的，可我们的心永远是红的。同志们，为了救中国，暂时和红军帽告别吧！"②说罢，刘师长发出命令，"现在换帽子！"随着师长的一声令下，高捷成和他的战友们，从挎包取出缀着青天白日帽徽的帽子，依依不舍地将头上的红星帽子脱了下来，小心翼翼的放进了自己的挎包。换帽之后，举行了授旗仪式，张浩主任宣布了《八路军三大纪律》和《八路军八项注意》，颁发了第二次国内革命战争纪念章。紧接着大家开始跟着刘伯承师长宣誓：

"日本帝国主义，是中华民族的死敌。它要亡我国家，灭我种族，杀

---

① 赵秀山主编：《抗日战争时期晋冀鲁豫边区财政经济史》，中国财政经济出版社，2017 年版，第 21 页。
② 李达：《誓师抗日　东渡黄河》，见刘伯承等著：《刘伯承回忆录》，上海文艺出版社，1981 年版，第 178 页。

害我们父母兄弟,奸淫我们母妻姊妹,烧我们的庄稼房屋,毁我们的耕具牲口。为了民族,为了国家,为了同胞,为了子孙,我们只有抗战到底!"

"为了抗日救国,我们已经奋斗了六年。现在,民族统一战线已经成功。我们改名国民革命军,上前线去杀敌!我们拥护国民政府及蒋委员长领导全国抗日,服从军事委员会统一指挥,严守纪律,勇敢作战,不把日本强盗赶出中国,不把汉奸完全肃清,誓不回家!"

"我们是工农出身,不侵犯群众一针一线,替民众谋福利,对友军要亲爱,对革命要忠实。如果违反民族利益,愿受革命纪律的制裁,同志的指责!谨此宣誓。①"

刘伯承师长读一句,高捷成和他的战友们跟一句,雨声和宣誓声交织在一起,久久地回荡在田野上空。这次出征前雨中誓师,令高捷成的心情无比激动。回想自"九一八"东北事变以来,为了抗日救国,从漳州到瑞金,再从瑞金到延安,一路走来,已经盼了几年,如今很快就要与日本侵略者直接作战了,他的心早已飞到战火纷飞的抗日前线。

在陕西省三原县石桥镇抗日出征誓师大会之后,1937年9月16日,高捷成随八路军第129师,进驻陕西省富平县庄里镇,开始出征前的各项准备工作。9月30日,八路军第129师从陕西省富平县庄里镇出发,刘伯承师长率第769团、师前方指挥所组成的先遣队,日夜兼程,向山西挺进。10月6日抵达陕西韩城县芝川镇东渡黄河,再经山西省曲沃县侯马镇乘火车沿同蒲路北上,到榆次转入正太路,开赴晋东北抗日前线。

1937年10月初,八路军第129师在秦川大地上一路疾进,开进到正太路以南地区。前线接连传来令人焦虑的消息,1937年11月上旬,太原失守,日军又大举南侵。值此危急关头,1937年11月13—14日,八路军第129师在山西和顺县石拐镇召开了全师高级干部会议,会议传达了中共中央和毛泽东关于创建以太行、太岳山脉为依托的晋冀豫抗日根据地的指示,第129师首长和中共晋冀豫省委领导,布置了开展广泛山地游击战争的各项工作任务,并就创建冀南抗日根据地进行了专题研究,提出了在冀南平原开展游击战争,使我军拥有一个广阔战略后方的战略

---

① 李达:《誓师抗日 东渡黄河》,见刘伯承等著:《刘伯承回忆录》,上海文艺出版社,1981年版,第178~179页。

构想。

晋冀豫是西起同蒲铁路、东至平汉铁路、北接正太铁路、南临黄河北岸的广大地区。晋冀豫区除平汉路西6-30公里狭窄平原外，其余均为山岳地带，即太行、太岳两大山脉。太行山脉，纵列晋冀豫三省边界，高山连绵，为西部高原与东部平原的分界线。太岳山在山西中部，太岳山脉纵列南北，为汾水与漳河、沁水的分水岭。晋冀豫区拥有太行、太岳的险要地势，有利于我军的活动与长期坚持，是华北抗战的战略要地，可以同时威胁敌人的三条主要交通线——平汉、正太、同蒲铁路。对于晋冀豫抗日根据地的创建，我军采取了军事与政治并举的策略。在石拐会议上，刘伯承根据中共中央的指示，强调部队"除了打仗消灭敌人军事力量之外，还要负担宣传群众、组织群众、武装群众、帮助群众建立革命政权，以至于建立共产党的组织等项重大任务"。八路军第129师遵循"集中以打击敌人，分散以发动群众"的作战原则，一方面集中优势兵力打击来犯日军。1938年3月16日，第129师第386旅在邯（郸）长（治）公路线上的潞城县神头岭设伏，歼灭日军1000余人；3月31日又在涉县与东阳关之间的响堂铺设伏，毙伤日军400余人；4月16日第386旅与第344旅合力围歼长乐村之敌，共毙伤敌2200余人。长乐村大捷，它歼灭了九路敌军中最骄横、最精锐的一路，从而粉碎了日军第一次"九路围攻"，共歼敌4000多人，收复和顺、榆社、辽县、武乡、襄坦、沁源、屯留、长子等县城18个（国民党友军收复其中6个），将日军赶出了晋东南。另一方面，分散以发动群众。第129师从部队抽调一批骨干，组成工作团和步兵分队，到沁县、武乡、沁源、襄垣、安泽、屯留、长治、平顺、陵川、高平和晋城。在晋东南、豫西北地区，配合地方党组织开展工作，组织群众，建立各种形式的抗日武装和抗日民主政权；同时抽出约2/3兵力，以连为单位，配上营以上干部，分散到各县区，组织游击支队，以扩大部队。1938年4月下旬建立了晋冀豫军区，下辖5个军分区，主力部队由出征时3个团发展到6个团加上6个游击支队，初步建立起晋冀豫抗日根据地。

第二节　开赴冀南　参与建立抗日政权

随着华北正面战场国民党军的节节败退，华北的主要城市和交通要道尽陷敌手。冀南平原位于沧（州）石（家庄）公路以南、平汉路以东、津浦路以西、漳河以北地区，其战略位置非常重要。冀南西临太行，东临山东，是连接山西和山东两省的纽带和桥梁。冀南向北可达北平、天津等大城市，向南可通中原大地，东西两个方向可控制平汉、津浦两条铁路干线，是南北交通的要害地区。1937年10月，冀南已被日军侵占。中共冀南特委在南宫、赵县等地组织抗日武装，开展武装斗争。中共地方组织在冀南有一定的群众基础。1937年12月，八路军第129师在开辟了晋冀豫抗日根据地之后，即派出小部队，越过平汉铁路到冀南实施战略侦察，并与当地中共地方组织取得了联系。1938年1月中旬，八路军第129师以太行山为依托，向冀豫平原发展。第386旅派陈再道率领第385旅第769团的3个步兵连、1个机枪连和第386旅的1个骑兵连，部队人数达500人，组成东进抗日游击纵队（以下简称东进纵队），于1938年1月14日东出太行，开赴冀南平原开展游击战争。

高捷成随东进纵队，经过一天急行军，越过平汉铁路，于1月15日抵达冀南。冀南地区不仅交通便利、河流纵横，而且物产丰富、人口密集，盛产棉花，工业、商业、手工业也较发达。如在冀南地区站稳脚跟，既可以创建一个抗日根据地，开展平原游击战争，又可以为太行地区开展山地游击战提供比较可靠的物资供应保障。八路军开进冀南还有一个重要任务，就是帮助冀南地方党组织建设各级抗日民主政权。因此，东进纵队一到冀南，就一手抓武装建设，收编或改编杂牌武装及20余县的民团、保安队；一手抓政权建设，在周围几个县成立抗日战地总动员委员会（简称战委会），逐步建立起各县抗日民主政府以及区、村基层抗日政权。

新成立的抗日战地总动员委员会基本上是个群众性团体，但又与一般群众性组织不完全相同。抗日战地总动员委员会虽然只是带有半政权性质的临时组织机构，但它又是发动群众支援、参加抗战的领导机关。这一机关对广泛深入发动组织群众抗日救国作用很大，它为逐步改造旧政权、建立抗日民主政府准备了比较充分的条件。

1938年3月中旬，第129师又派师政治部副主任宋任穷率一个骑兵团、马玉堂的一个独立支队和一个机枪连挺进冀南，增强了八路军在冀南地区的军力。

1938年4月15日，根据各县人民的意愿和要求，在南宫召开了冀南各县县长、战委会主任联席会议，选举产生了冀南军政委员会筹委会，使各阶层、各方面的力量都逐步集中到抗日阵线上，宋任穷出任冀南军政委员会筹委会主任。冀南军政委员会筹委会做了许多推动冀南抗战行政民运的工作，制定了各项行政规程，筹划抗日军需，调解各地方武装的摩擦和纠纷，对巩固冀南起了很大作用。

1938年4月21日，毛泽东致电朱德、彭德怀，发出向河北、山东平原地区发展的指示，八路军前方总部即于4月22日命令所属各部向冀南、冀豫边、冀鲁豫边平原地区挺进，协同当地中共地方组织领导的地方抗日武装，收复失地，开展游击战争。

根据中共中央北方局和八路军前方总部的部署，第129师决定将全部主力以平汉铁路为分界线，编为路东、路西两个纵队。徐向前率路东纵队向冀南挺进，陈赓率路西纵队配合行动。5月初，第129师副师长徐向前率领第129师第769团、第115师第689团和第5支队进抵冀南，与先期抵达冀南的陈再道率领的东进纵队及宋任穷率领的骑兵团等部会合。

在1937年8月八路军东渡黄河、开赴华北抗日前线时，八路军第129师第385旅旅部及第770团留驻陕北。1938年6月，八路军前方总部决定在太行区组建新的第385旅旅部。1938年6月12日，新的第385旅指挥机关在井陉县熟峪沟成立，陈锡联任旅长，谢富治任政治委员兼政治部主任，汪乃贵任副旅长，范朝利任参谋长，高捷成担任新的第385旅组织科科长。① 新组建的第385旅下辖第769团、独立团和独立支队，第769团团长王近山，政治委员鲍先志，独立团团长邹国厚，政治委员韩连生，独立支队支队长汪乃贵，政治委员李定灼，全旅共8000余人。

1938年7月5日，第129师政委邓小平由太行到达冀南，领导先期到达的第129师主力部队与地方武装进行整编。为了加强对地方抗日武装的领导，第129师将冀南抗日游击军区改称冀南军区。8月初，八路军派出地方工作团，组织成立各级群众组织，收编建立地方抗日武装，在冀南近30个县建立了抗日民

---

① 军事科学院军事图书馆编著：《中国人民解放军组织沿革和各级领导成员名录》，军事科学出版社1990年版，第372页。

主政权。冀鲁豫边区省委也抽调大批干部、党员组成工作队,到各地改造和完善县、区、村政权,使各级基层政权为共产党所掌握。1938年8月14日,八路军召开了各县代表会议。经过军政委员会讨论决议,将之前成立的冀南军政委员会筹委会进行改组,成立冀南行政主任公署,经过各代表民主选举,由1938年5月先期抵达冀南的杨秀峰任主任,宋任穷任副主任。冀南行政主任公署下辖5个专员公署、51个县。它们分别是:

第一专署:辖井陉、获鹿、元氏、赞皇、高邑、临城、内丘、沙河、邢台、磁县10个县,专员岳一峰。

第二专署:辖平乡、邯郸、广平、成安、永年、肥乡、鸡泽、南和、曲周9个县,专员唐哲明。

第三专署:辖冀县、枣强、衡水、武邑、故城、阜城、景县7个县,专员刘建章。

第四专署(包括划定而未建起的第五专署):辖宁晋、新河、广宗、威县、隆平、尧山、清河、巨鹿、任县、束鹿、晋县、南宫、藁城、柏乡、栾城、赵县16个县,专员宋任穷(兼)。

第六专署:辖盐山、庆云、宁津、南皮、东光、新海、吴桥、静海、沧县9个县,专员杨静远。

位于河北南宫市大屯乡孙家李村的冀南行政主任公署

至此，一个以河北南宫为中心，西起平汉铁路、东抵津浦铁路、北至沧石公路、南跨漳河的冀南抗日根据地，随着冀南行政主任公署正式成立而基本形成。

冀南行政主任公署的组成、工作人员以及各县行政工作人员，是按照抗日民族统一战线，实行"三三制"原则设置的，包括了各党派人士。所谓"三三制"，指的是在抗日根据地建立政权时，在抗日政权的组成人员当中，共产党员占三分之一，非党的左派进步分子占三分之一，不左不右的中间派占三分之一。所谓中间派，就是一些开明士绅、开明地主。实行"三三制"政权是毛泽东提出的政策和策略，这一方面有助于保证共产党对政权的领导，一方面又能发展各方面进步势力，争取中间势力。

冀南行政主任公署成立之后，为了适合抗日的需要，顾及各阶层的利益，公布了八大施政纲领，其主要内容是："一、动员冀南一切人力、物力、智力、财力，广泛开展游击战争，坚持华北抗战；二、拥护中央政府蒋委员长及鹿主席领导，彻底实行抗战建国纲领；三、巩固扩大抗日民族统一战线，团结全体同胞，建立坚强的抗日游击根据地，抗战到底；四、建立民主廉洁的、有工作能力的各县抗日政府、严惩贪官污吏；五、整理各县金融，发展农村经济，提倡土货生产，击破日寇破坏我华北金融之毒计；六、废除苛捐杂税，实行合理负担，优待抗日军人家属，并在有人出人、有力出力，改善人民生活的原则下，安定民生，发挥抗战积极性；七、实施抗日教育，普遍组织民众于战委会、农工妇学商各会、及自卫队等抗日救国团体之内；八、肃清汉奸敌探，实行抗日戒严。"[①] 在冀南行政主任公署成立时，冀南的抗日救国群众团体已经成立，冀南行政主任公署成立不久，冀南军区也正式成立。

第三节　改造地形　坚持平原游击战争

日军攻陷太原之后，一路南下进攻武汉，占领了华北大片土地、许多交通要道和重要城市。随着八路军挺进敌后，开辟了广阔的敌后战场，日军只能控制主要城镇和交通线，日本侵略者计划"三个月灭亡中国"的速战速决战略并未实现。日军占领武汉之后，不得不停止正面战场的战略进攻，抗日战争进入相持阶段。日本侵

---

① 冯英、杨力主编：《回忆杨秀峰》，河北教育出版社，1987年版，第50~51页。

略者开始对国民党政府采取政治诱降为主、军事打击为辅的策略,转而集中其优势兵力用于对付在华北坚持敌后抗战的军民。

1938年10月下旬,日军开始对冀南抗日根据地进行大规模"扫荡"。日军分四路从石家庄、邢台、邯郸、德州出动,长驱直入,合击冀南腹地南宫一带。八路军第129师先后放弃了包括南宫在内的一些县城,高捷成所在的冀南税务总局及其他冀南党政军机关随杨秀峰主任一起撤出南宫县城,转移到南宫、威县、广宗交界一带的沙地多林地区活动。反"扫荡"一开始,冀南行政主任公署就颁发了《战争动员紧急命令》,1938年12月又发出《关于毁路成沟的训令》,要求各地群众迅速挖沟破路,空舍清野,积极配合各抗日部队开展反"扫荡"斗争,打击前来"扫荡"之敌。

八路军避实击虚与日寇周旋,采取伏击、截击、袭扰、围困等战术战法,不断打击、消耗敌人。敌人疲于奔命,捉襟见肘。在八路军持续打击下,1938年11月下旬,日军被迫退出所占领的南宫、隆平、故城、临清等县城,但宁晋、永年、故城、恩县、高唐、聊城等均先后落入敌手,形成东、南、西三面包围我中心区的态势。

敌人的骑兵、汽车、坦克等快速部队在平原上横冲直撞,对我抗日部队构成很大威胁。冀南地区除了各县城都筑有城墙外,不少较大的村镇也都有围寨。这些地方如被敌人占领,在无重火器情况下,八路军很难攻克,对我军极为不利。为了长期坚持平原游击战争,边区政府组织群众展开了拆城墙、拆围寨的行动。在这次反"扫荡"中,有的部队利用天然的沟壑,避免了损失。有了这次反"扫荡"经验,边区政府就组织开展挖道沟、改造平原地形的大规模群众运动。冀南行政主任公署发布训令,训令规定:"所有通行的大车路,一律挖成沟,对沟的深度、宽度等都有具体规定,以通过大车为标准,所挖道沟深三尺,宽五尺,每隔数十丈,再挖一错车宽沟,宽四五丈,以便大车可以错开;道沟挖出的土,堆到沟沿两旁,修成高一尺五寸、宽两尺的边墙,作为人行小道。"经历了这次反"扫荡",也使广大群众体会到改造平原地形的重要性。广大群众挖沟的积极性很高,他们积极响应边区政府的号召,男女老少齐上阵,夜以继日地挖沟。当时正值隆冬季节,有的村庄,为了加快挖沟进度,就在漆黑的夜里挂起灯笼,举着火把,冒着严寒,昼夜不停地轮班干着。高捷成目睹这一壮观的场面,深为感动。

据当时统计,冀南全区先后挖道沟总长5万余里。这些纵横交错的道沟,使敌军的汽车、坦克、骑兵等快速部队难以快速行进,而根据地军民的转移却有了很好的掩护。有了这些道沟作掩护,八路军在进攻时便于隐蔽击敌,达成进攻的突然性;撤退转移时又便于隐蔽分散,可以迅速脱离敌人的火力射击,有效阻止或阻滞敌人装甲车、汽车、骑兵和重武器的移动。冀南多枣、梨、杏等果木树,夏季有青纱帐,加上大面积的高粱、玉米等高杆作物,利于我军到处隐蔽,伏击敌人。由于采取冬季防守、夏季进攻的策略,加之通过挖道沟改变平原地形地貌这一创造性方法,使八路军得以能在拥有高度机动性与优势火力的日军面前坚持长久的游击战争。

第四节 游击敌后 敌伪工作屡建奇功

现代战争是在军事、经济和政治三条战线上同时展开的。敌军工作是为赢得正面战场胜利服务的。抗战伊始,中共中央就设立了敌军工作委员会。为了更好地开展对敌军工作,冀南行政主任公署成立了冀南敌伪工作委员会[①],高捷成出任冀南敌伪工作委员会委员,负责瓦解争取敌伪及进行谍报和锄奸工作。

冀南抗日根据地创建之后,时常面临敌人的蚕食和残酷"扫荡"。日寇在1938年10月攻占武汉之后,就调集兵力回师华北,到1938年底,华北日军达11个师团、4个独立混成旅团和1个骑兵旅团。1938年11月中旬,日军对冀南地区发动大规模"扫荡"。日寇分别从石家庄、邢台、邯郸、德州出动,分四路合击"扫荡"河北南宫一带,冀南行政主任公署因此从南宫县城撤出。1939年1月,日寇开始第2次"扫荡"冀南地区。敌人从平汉、津浦铁路东西两线共出动日伪军3万余人,分11路对冀南进行大"扫荡",历时1个多月。经过这两次"扫荡",敌人占领了冀南所有县城和主要村镇。冀南许多地区在敌人"扫荡"后就变成游击区、敌占区,敌人的气焰十分嚣张。为了适应当时的斗争形势,冀南敌伪工作委员会确定了不同的斗争方针和形式。在敌人统治较久、较巩固的地区,坚持"长期隐蔽、积蓄力量",着重加强党的秘密工作;在接近敌人的交通线和主要据点但其统治还比较弱的地区,一方面坚持秘密工作,另一方面团结和组织群众,进行隐蔽的武装斗争;在敌占优势的游击区,则广泛开展群众游击战争,摧毁伪政权,牵制和消耗敌

---

① 冯英、杨力主编:《回忆杨秀峰》,河北教育出版社,1987年版,第50~51页。

人，阻止敌人向根据地推进；在我游击根据地，积极进行武装建设，发动群众，团结各阶层人士，加强游击战争。

敌人频繁"扫荡"和"强化治安运动"给抗日民主政府、党政机关的生存带来了严重困难。面对有些地方群众抗日情绪受挫的情况，为了保护群众利益，激发群众的抗日热情，冀南敌伪工作委员会派出多支武装工作队，秘密深入敌占区，首先打击敌特汉奸，镇压破坏抗日的坏分子，以清除敌人爪牙，让日伪耳目闭塞；其次访问当地士绅名流及有影响的人物，宣传党和抗日政府的政策，开展统一战线工作。高捷成身为冀南敌伪工作委员会委员，与其战友一道，认真开展这一项工作，并逐步建立起一支专职的敌军工作队伍，从上到下形成一套完整严密的对敌军工作组织体系。

高捷成和他的战友们通过有针对性地开展对敌攻心战，搞好对敌政治宣传。"传条""传话"就是当时效果很好的政治宣传形式。所谓"传条"，就是在县里开干部会时，每人写一些宣传小条，动员小学生抄成上千上万张，再通过内线带进据点，在大街上、伪县公署、伪军宿舍等散发张贴。这种宣传小条内容简单明了，但针对性很强，指名道姓说某某如何如何，攻心作用很大。除了这种手抄的"传条"，还印刷一些内容较多的传单向伪军散发。通过传单向伪军宣传抗战的形势和我们的政策，向他们讲明抗日的道理，指明出路。还有就是"武装宣传"，组织武装人员，夜晚到敌人炮楼前喊话，联系据点或炮楼内的具体人和事，表扬好的，痛斥坏的。这种夜间"武装宣传"，也叫"给伪军上夜课"。

在冀南地区，高捷成和他的战友们，还创造性地开展记"黑红点"和"良心大检查"运动。高捷成所在的冀南敌伪工作委员会，派遣敌工人员与冀南所有的伪组织都进行了谈判，对可能做工作的伪军，都进行了争取工作。对伪军、伪职人员宣传时说："八路军有你们每个人的'善恶录'和'生死簿'，谁做好事画个'红点'，谁做了坏事就画个'黑点'。对'红点'多的，就宽大处理；对'黑点'多的，就严厉惩处。"伪军、伪组织都怕八路军将来跟他们算总账，就会争先做好事，争取得到多一些"红点"。"八路军真是怪，黑点红点记好坏，记红点没有事，记黑点要脑袋。"这是当时垂杨一带流行的一首歌谣。通过这些行之有效的方式，促使伪军做好事，伪军当中为八路军通风报信的人越来越多，进而在敌伪内部建立关系，摸清敌人的活动情况，从而有效保存自己。

冀南敌伪工作委员会通过广泛有力的政治攻势，积极对敌伪开展争取瓦解工作，使日益恶化的抗日斗争形势得到改善。如果日军要出来"扫荡"，高捷成和他的战友们，通过内线，在头一天一般就能提前得知消息。这样可以让抗日根据地军民提前做好反"扫荡"准备。在一些基础工作做得比较好的地区，我们的基层干部甚至晚上还可以进到日伪军碉堡所在的村落，等日军"扫荡"返回时才离开，从而减少敌人"扫荡"所带来的损失。高捷成所负责的敌伪工作取得了很大成效，受到了八路军前方总部和中共中央北方局的表扬。

第五节　建立税局　保障抗日军政用费

从抗战开始到 1938 年 10 月这一段时间，八路军军队经费的主要来源，一是当时国民党政府根据国共两党协议，每月拨给一定数量的抗日经费；二是依靠国内外进步民主人士和人民群众的捐助；三是自筹一部分经费。

在 1937 年，国民党政府对八路军的供给采取定编、定员、定额的办法，国民党政府每月给八路军发经费 30 万元，战务费 20 万元，补助费 5 万元，医疗补助费 1 万元，米津及兵站补助费 7 万元，合计月发 63 万元。[①] 从抗战开始到 1938 年 8 月，八路军发展到 10 万之众。无论八路军如何发展壮大，国民党政府仍然按八路军四万六千人的员额发给军饷。而国民党军每军 1 万人余人，每月军饷有 20 万元至 30 万元不等。相比之下，八路军当时在经济上的处境非常艰难。

1938 年初，深入到敌后的八路军各战斗部队的供应，基本上依靠根据地人民的支援，最初是采用捐款借粮的办法解决军队吃饭问题。在根据地民主政权建立之前和建立初期，由于财政不能完全保证军队经费的开支需要，部队还担负着部分自筹经费物资的任务。具体办法是：确定部队的统筹机关，组织各级合理负担委员会。驻军时，由最高级合理负担委员会负责人参加县级合理负担委员会去统筹；不允许各自为政、自行筹措；确定各军合理负担的大致地区，他军如有必要在此军驻地临时筹集粮食，必须通过此军的合理负担委员会，再协同地方政府去筹集。

面对抗日人民武装力量迅速发展壮大的形势，改善军需供应就显得非常急迫。如何完成筹粮筹款，保证部队的给养供应，成了新生抗日政权财政工作的主要任

---

① 总后勤部财务部、军事经济学院编著：《中国人民解放军财务简史》，中国财政经济出版社，1991 年版，第 109 页。

务。艰巨的战时供给任务，是通过财政工作来完成的。抗日经费的取得，除了取之于敌——即在战争中夺取敌人的辎重、粮秣和资财，没收汉奸卖国贼的财产以充实抗战经费外，主要是取之于民和取之于己。取之于民，即向人民征收税赋、募捐和发行公债等；取之于己，则是军队和工作人员发展生产供给以减轻人民负担。抗战初期和中期，主要财政来源还是取之于民，其他的作为经费来源不足时的一种补充。

抗日战争是民族解放战争，是全国各阶级、各阶层全体人民参加的战争。抗战初始，中国共产党提出"抗日救国十大纲领"："一、打倒日本帝国主义；二、全国军事的总动员；三、全国人民的总动员；四、改革政治机构；五、抗日的外交政策；六、战时的财政经济政策；七、改良人民生活；八、抗日的教育政策；九、肃清汉奸卖国贼，巩固后方；十、抗日的民族团结。"明确提出"以有钱出钱和没收汉奸财产作抗战经费为原则"，之后又提出"以有钱出钱、钱多多出；有粮出粮，粮多多出；有力出力，有知识出知识"的原则，动员全国人民全力进行抗日救国战争。

1938年9月，在冀南区，冀南行政主任公署成立了冀南区税务征收总局，高捷成出任冀南区税务征收总局局长。上任后，高捷成立即着手建立各县税务征收机构。冀南区税务征收总局共下设8个税务征收分局、19个税务稽征所。①

冀南税务一分局设在南宫，二分局设在枣强，三分局设在束鹿的辛集镇，四分局设在武邑，五分局设在曲周，六分局设在宁晋，七、八分局设在平汉路西。在新河、广宗、平乡、巨鹿、清河、任县、威县、宁晋、束鹿、隆平、栾城、枣强、衡水、故城、阜城、景县、南和、鸡泽、藁城等县建立了税务稽征所。②

高捷成所领导的冀南税务征收总局，统一领导冀南全区税务工作。冀南税务征收各局的主要任务是：（1）征收出入境货物税和内地烟产税；（2）查验登记出入境货物；（3）查缉禁止出入境及一切违章走私之货物；（4）处理没收禁止出入境货物之一切漏税违章事件；（5）核发特许出入境货物凭证。

冀南税务征收总局设置稽征科、稽查科和总务科，共24人；冀南税务征收分局设置稽征股、稽查股和总务股，每个分局16人；冀南税务稽征所配置8至10人。

---

① 财政部税务总局编：《中国革命根据地工商税收史长编——华北革命根据地部分》，中国财政经济出版社，1989年版，第525页。

② 财政部税务总局编：《中国革命根据地工商税收史长编——华北革命根据地部分》，中国财政经济出版社，1989年版，第404页。

1938年10月，在晋东南，山西省原第3、第5行政区督察专员公署为筹集抗日经费，也成立了特捐征收局，并在昔阳、和顺、辽县、安泽、平遥、黎城、榆社等县设立了稽征局。

1938年初，冀南、太行、太岳等根据地抗日民主政权建立后，在财政上是以行署为单位分区而治，开始实行"合理负担"（冀南区则称之为公平负担）税收政策，动员社会各阶层的财力、物力和人力，进行抗日救国。

高捷成起草制定了一系列财经法令，如税收公平负担实施办法、禁止伪钞内流办法，并宣布废除了土布等18种牙税，提出征收救国公粮等。他依据"钱多者多出，钱少者少出"的原则，制定了《冀南救国公粮征集办法》。该办法是以村为单位，以地亩为标准，视每人平均地亩之多少划分6级累进征收，规定："在宣传、调查登记和评议核实各户收粮实数的基础上，实行征收累进税。完全按公平负担原则征集，不得按亩摊派。平均每人收粮3石以下免征，3石以上征5%，50石以上征6%，100石以上征10%，150石以上征15%，200石以上征20%，累进至50%为止。"此外，还向富有者征收乐捐，发动群众自动捐助。通过这些办法，征收公粮数十万石。同时，还按公平负担的办法，有布出布，无布出钱，统筹土布军衣数万套。这不但保证了冀南地区的军政供应，解决战时部队冬装的急需，还向太行山抗日根据地运送了大量粮食棉布。

除了救国公粮外，同时征收的还有田赋。根据规定，"有粮无地者，一律免征，有地无粮者，由村长、抗日战地总动员委员会、农会查报，由地主交纳"。

之后高捷成又陆续制定了战时多项税收管理制度，如《关于田赋问题的规定》《冀南区征收棉花运销救国捐及不资敌货出境税暂行办法》《冀南区征收外货入境税暂行办法》和《冀南区征收皮毛出境税暂行办法》《冀南区调剂食粮办法》等，由冀南行政主任公署颁布实施。

1939年元旦，发布了《为整顿冀南区战时税制告冀南同胞书》，还颁布了《冀南区公平负担暂行办法》，停止征收乐捐，实施税赋公平负担；同时又制定颁布了《冀南区各县征收契税办法》《冀南区印花税暂行条例》和《冀南区税务局稽查印花税暂行细则》等。

抗日战争伊始，敌我双方互相封锁，给抗日根据地带来严重困难，但也给敌人造成严重的困扰。日寇在华北沦陷区只占有点线和零碎小块的面，虽有城市，但没有广大的乡村。日寇占据的国内及东北四省又不能供给日寇以充足的原料和农产物,而八路军则占据广大的农村,拥有无数块大大小小的面,犬牙交错地包围封锁和围拢着敌人的点线。八路军拥有广泛的社会基础,有人民群众的支持,而日寇则不具有这样的社会基础。敌人封锁我们,我们反过来也可以封锁日寇;敌人在经济上有求于我们(如粮食、棉花),我们也有求于敌区(如西药、军需品)。

高捷成提出在抗日根据地建立战时关税堡垒,通过出入口税这一税收工具,与日寇展开反复较量,断绝了对日寇的粮食和棉花的输出,而自己又解决了根据地军民棉布、粮食的需要。

战时税制主要规定征收外货入境税、卷烟税、烟酒税。此外,土产运销及出境,除资敌用者严格查禁外,棉花皮毛在不资敌前提下,完税后可以自由运销。

出入口税在战争年代具有"关税"性质。抗战时期,把解放区的货物运往敌占区称出口,敌占区货物运进解放区称入口。征收出入口税,包括"外货入境税""棉花运销税"和"皮毛出境税";限制敌货输入和棉花皮毛资敌;取消苛捐杂税。建立出入口税,加强对出入口货物的征管,这在当时是对敌经济斗争的一项重要任务。

高捷成领导下的冀南税务征收总局及各个分局,依靠各级政府和军民的配合帮助,在敌人"扫荡"袭击、环境复杂多变的局面下,禁绝了大批敌货入境,彻底废除了苛捐杂税。通过有计划地向群众宣传政策,解释法令,让税务政策和有关法令深入人心。在复杂尖锐的对敌经济斗争中,加强缉私工作与建立健全封锁线与缉私网。税务征收人员"坚持统一战线,极力扩展税收之条件",征收了抗日用的巨款,保障了抗日的军政用费需要。[①]

高捷成领导冀南税务征收总局,建立健全各级局的稽征工作和各项工作制度,还建立各级局按期缴款与解款制度。各级局、稽征所必须按期解缴,绝不允许私自截留,同时及时清理过去积欠的税款。各级局一律使用各种新式簿记,稽征所建立税收现金日记账;严格划分经费税收款项,严格执行预决算制度。

在财政方面,实施统一的负担政策,统筹粮款、统一战勤、统一供给制度及供给标准,建立起统一的预决算、会计、审计等制度。在冀南抗日根据地初步建立起统筹统支的财政制度,有效地解决了抗日根据地建立初期军政就地取给所造成的民众负担苦乐不均问题,对冀南这块新开辟抗日根据地的巩固与发展起了重

---

① 财政部税务总局编:《中国革命根据地工商税收史长编——华北革命根据地部分》,中国财政经济出版社,1989年版,第34页。

要作用。

1940年4月8日,冀南行政主任公署署务会议决定:"冀南各级税局稽征所都改为税务股,归政府财政科直接领导;冀南税务征收总局归并本署财政处税务科;各分区税务股须配合游击队向敌区开展工作。"①

---

① 财政部税务总局编:《中国革命根据地工商税收史长编——华北革命根据地部分》,中国财政经济出版社,1989年版,第526页。

第六章 执掌冀行（1939——1943）

我的祖父高捷成

　　高捷成1939年8月出任冀南银行总行行长，代号"7号"。在炮火纷飞的抗日战争年代，他领导冀南银行，从山西黎城小寨沟到河北邢台白岸乡，将两个印刷所发展成两个厂，下辖四个印刷所，建立起牢固的印钞基地。他在太行山培养出一支经过艰苦战争环境考验的金融队伍和一支技术熟练的印钞队伍，建立了一套行之有效的银行管理制度和一套适应战争环境的应急方案，保证了冀南钞的供应。他一手整顿并统一了边区的货币市场，发展银行业务，使之渐趋正规，为敌后银行建设及货币工作奠定磐石之基，有力地支持了持久抗战，促进了根据地经济建设。

第一节　冀南银行 诞生在抗日烽火中

抗战初期，抗日根据地的建设与巩固面临许多困难。一是战争阻断了法币流入渠道，以及富商大户相继携带巨款逃亡，法币随之大量流出，根据地法币的大量减少，使得货币流通严重不足。二是国民党政府只按核定四万六千人编制给八路军供给粮饷，随着抗日队伍日益扩大，军需供应日趋困难。三是在根据地内流通的货币极为复杂，除了国民党政府发行的法币，还有地方政府发行的山西票、河北钞，以及根据地抗日民主政权发行的各县县票、上党票、兑换券。这么多种类繁杂的货币，造成了货币金融上的割据和混乱局面，严重阻滞了抗日根据地的物资交流和贸易畅通。四是在抗日根据地边沿地带的敌占区有日伪发行的伪"联银券"等日伪币，以及日寇利用占领天津后得到的旧河北省钞的底版，大肆印发并伪造河北省钞票，用以掠夺抗日根据地的资源。

货币，是商品交换的媒介，与政权的兴衰有着较为密切的关系。在抗日战争时期，敌人可以用之进行经济掠夺，抗日政权则可用之保障和发展自身经济实力。1938年10月，毛泽东主席发表重要文章《论新阶段》，指出："主要的大城市与交通线丧失之后，国家财政经济必大显困难，没有新的有效的办法，便无以度过战争的难关。然而，只要实行新的政策，动员人民力量，便任何困难也能克服。因此，全民的第九个任务，在于实行一种新的战时财政经济政策。主要事项如下：……第七、有计划的与敌人发行伪币及破坏法币的政策作斗争，允许被割断区域设立地方银行，发行地方纸币。"

1938年下半年，日军已经占领了华北大片地区。日军主力在攻占太原之后，一路南下，进攻武汉。在日军进攻之下，原来的国民党地方政权分崩离析。当时晋冀豫边区的环境很复杂，河北的政治环境与山西的政治环境有很大的不同。河北是八路军从日军占领下收复的地区，地方政权是收复后重新组建的，因而有些工作在河北可以放手做，而在山西这儿就难以办到。比如建立边区银行这件事情，在河北有冀南行政主任公署（相当于省）这样的抗日政权，就能比较顺利办理。在冀南行政主任公署建立之初，1938年9月，冀南行政主任公署成立冀南经济委员会，高捷成出任冀南经济委员会委员，在冀南行政主任公署主任杨秀峰领导下，制定了冀南经济金融政策。在货币金融工作方面，具体提出"成立地方银行，以收调度金融、统制货币之效，并供给适合环境之流通工具，以利民商及增进游击区之经济活力"。为此将之呈请国民党政府，要求建立冀南银行，并发行钞票，以利发展冀南地区经济。但这一要求遭到国民党河北省主席鹿钟麟的阻挠。蒋介石数次去电，要求冀南行政主任公署停止发行冀南钞。进驻河北的冀察战区副司令石友三则威胁冀南民众，贴出布告："凡使用冀南票者枪决……"一时间，冀南环境变得十分恶劣。鉴于这一复杂形势，筹建冀南银行工作改由八路军第129师供给部部长徐林负责组织。

国民党冀察战区副司令石友三贴出的禁用冀钞布告

日本侵略者攻占武汉之后，对国民党实施"尽力把民族矛盾引向主义对立"的政策，以"共同防共"为口号，向国民党进行政治诱降活动。此时国民党不仅不允许八路军发展壮大以坚持华北敌后抗战，反而在1939年1月21日至30日召开的国民党五届五中全会上，提出了一系列"溶共、防共、限共、反共"的反动措施，包括不承认中共在敌后的抗日武装力量，不增发军饷，不准中共在敌后组建抗日民主政权和筹粮筹款，限制八路军的发展，连以前应允拨付给八路军的军饷，也常以各种借口不按期拨付，时发时停。为了坚持敌后抗战，发展根据地的经济，创建晋冀豫边区银行就成了晋冀豫边区财经工作最为紧迫的任务。

1939年1月，日军出动5个师团，分11路对冀南进行大"扫荡"，历时1个多月，冀南的形势日益恶化。负责银行筹建工作的第129师供给部人员紧急撤出冀南，转移到位于太行山区的山西黎城西井村。原筹建时购置的一些印刷器材也于1939年2月从河北南宫陆续运抵山西黎城西井，并另外从长治、邢台、济南等地购进大批印刷物资和器材。1939年3月上旬，刘伯承、邓小平率第129师师部及第386旅主力返回晋东南太行山区，徐向前副师长继续留在冀南平原领导对敌斗争。

1939年3月10日，彭德怀致电在延安的毛泽东："为整理冀南银行财政经济，请于李六如、曹菊如二人中抽一人来主办。"

1939年5月25日，刘伯承在黎城会见齐燕铭①，征询冀南银行的命名。1939年6月，中共中央北方局和八路军前方总部决定在黎城西井成立冀南银行筹备处。1939年8月，冀南行署财政经济处处长高捷成调任冀南银行总行行长，兼任华北财经管理处处长和冀南财经学校校长。1939年8月30日，刘伯承与杨秀峰和高捷成在黎城南委泉一带会谈，了解过去一年冀南的财政情况和财经委员会5月成立后的情况，并提出今后财经工作的要求。1939年9月16日，冀南行政主任公署以财字17号通令宣告成立冀南银行并发行冀南钞，其主要任务是："管理边区货币金融，排挤和肃清敌伪货币，调剂农村经济，扶植生产，发展贸易，繁荣市场，支援抗战，保障军需民用。"要求冀南银行成为"培养抗日经济的摇篮""保护人民利益的堡垒"。布告内容如下：

关于冀南银行发行冀南币的布告

（1939年9月16日）

为布告事，查我冀南地区处于敌人后方，日寇除在军事上实行"进攻"、"扫荡"，政治上进行欺骗诱惑，并建立下流汉奸政权之外，尤侧重

---

① 齐燕铭，冀南行政主任公署驻太行办事处主任。

于经济上之侵略与破坏，发行伪中国联合准备银行钞票，向我人民强迫推行，引诱使用。利用前河北省银行在民间旧有信用，大批翻印河北省七字红色伪钞，并伪造我"中央"、"中国"、"交通"三行钞票混入流通，以吸收我土产原料，同时又破坏我法币信用，强行贬值，从中压制吸收，甚至公开没收抢夺，毒策暴行层见叠出。本署为维护法币，稳定金融，保障民生，实行战时经济政策，以打击敌伪起见，迭经明令禁绝伪钞，以巩固我法币之信用。但施行以来，实际效果尚欠充分，以本区与敌伪间之经济交流，无所控制，给予敌伪以吸收扰乱之便，若无根本抵御方法，前途危机不堪设想。兹查冀南地区，现时金融经济之严重现象约有以下数端：

一、法币无限制的外流，通货（票子）缺乏，金融日形紧缩。

二、敌人造谣欺骗，破坏我法币信用，影响到市面金融流通，为一部分无知民商受其愚弄，凡法币稍有残破者，即拒绝使用。

三、因为法币外流，本区通货缺乏，各地遂无计划的滥发土票，致敌伪所统治之各种杂钞（如大中、中南、保商、垦殖、实业等）乘机输入，金融混乱，物价腾贵。

四、因法币外流，通货缺乏，金融紧缩与紊乱，目前输入冀南农村之河北省伪钞已成极端严重问题。

本署受冀南全体抗日民众的托付，秉承中央政府行政院长兼财政部长孔祥熙氏之训示：设立战区经济金融推动联系之机关，策划该区经济金融事情，并破坏敌人经济侵略，"准许战区地方金融机关，酌量发行一元券及辅币券以节制法币，防止敌人夺取"。同时警惕敌寇经济阴谋之毒辣，痛感水旱虫灾之严重，则本区图金融经济之自卫刻不容缓，救济农村尤为急需，经筹设冀南银行发行新钞。议定该行以冀南全部财政税收及集中法币为基金，新钞为法币之保护币，与法币同等价值，市面交易，完粮纳税与法币同用。发行以后不但在冀南区内通用，而其他抗日区域亦可流通。对外贸易更订有兑换通汇办法，极为便利。希望我冀南各界民众，自新钞发行之日起，凡存有法币（中央、中国、交通等钞者）悉数持向冀南银行及其分设机关、兑换新钞使用。这是我们冀南与每一个抗日民众，对于巩固国家及地方金融经济基础应尽之义务，也是为着维护民众自己经济利益的事情，所关至巨，务各遵照此布。①

1939年10月15日，冀南银行在太行区第129师师部驻地黎城县西井镇宣告成立，第129师刘伯承师长、邓小平政委代表八路军前方总部首长到会祝贺。宣布大会之后，冀南银行总行驻地从黎城东崖底移至黎城小寨村。同日，设在冀南区南宫县后索泸村的冀南银行路东行也同时宣告成立。

冀南银行总行驻地——山西黎城小寨村村口

冀南银行总行驻地——山西黎城小寨村村后的猴山

---

① 晋冀鲁豫边区财政经济史编辑组等编：《抗日战争时期晋冀鲁豫边区财政经济史资料选编》，来源于冀南银行纪念馆。

冀南银行总行驻地——山西黎城小寨村村前的元山

冀南银行总行驻地——山西黎城小寨村

位于山西黎城小寨村的冀南银行总行

第二节　临危受命　筹划冀行组织架构

冀南行政主任公署以财字 17 号通令发布了冀南银行发行冀南币的布告，宣告冀南银行正式成立了。129 师供给部、师政治机关、八路军总政治部抽调 48 位经过长征的红军老干部，派来华北财经学校毕业的一批优秀青年学生，作为组建冀南银行的骨干，又从天津、北平、济南、邢台、南宫、太原、榆社、辽县动员 20 余位懂印刷技术的人才，为印钞工作奠定了技术基础。冀南银行的领导层汇聚了一批当时我军善于理财的军事后勤工作者，如杨立三、徐林、赖勤和高捷成等。

杨立三，1939 年 1 月刚就任中央军委后勤部副部长、兵站部部长，1939 年 3 月被紧急从延安调到八路军前方总部。1939 年 4 月，八路军前方总部决定成立八路军前方总部后勤部，统一管辖供给部、军工部、卫生部、兵站部，杨立三任八路军前方总部后勤部部长、政委兼兵站部部长、政委，出任冀南银行总行董事长。

高捷成，第 129 师第 385 旅组织科长、冀南税务征收总局局长、冀南行署财政经济处处长，出任冀南银行总行行长。

熊光炳，第 129 师组织科长、干部科长，出任冀南银行总行政治委员。

陈希愈，第 129 师教育科长，毕业于北平师范大学体育系，曾在北平从事我党地下秘密工作，出任冀南银行总行政治处主任。

徐林，第 129 师供给部部长，负责冀南银行筹备工作。

赖勤，第 129 师供给部政委、冀南军区后勤部部长，出任冀南银行路东行经理。

胡景沄，第 129 师司令部参谋处 4 科副科长，毕业于山西银行专科学校，出任冀南银行路东行副经理。

冀南银行总行的经营管理层也汇聚了各类银行专业人才，其中有银行会计专家胡景沄、造纸专家杨介人等。

冀南银行建立初期，冀南银行总行内设五科、三部、一处。

五科：会计科（科长崔蕴清）

出纳科（科长王信哲）

检查科（科长崔启仪）

　　　　材料科（科长肖利必）
　　　　总务科（科长傅之光）
　　三部：营业部（主任杨介人）
　　　　发行部（主任梁绍彭）
　　　　总务部（主任胡景沄，不久总务部撤销）
　　一处：政治处（主任陈希愈）

　　冀南银行刚成立时，银行工作人员近200人。冀南银行总行发行部、总务部设在山西黎城小寨村，营业部设在山西辽县麻田。太行区设立冀南银行晋东南办事处，位于辽县芹泉镇。晋东南办事处下辖冀西、漳（河）西、漳（河）北三个办事处。

　　冀南银行晋东南办事处主任杨介人，副主任范辉，教导员罗维。晋东南办事处内设会计科、营业科、出纳科、总务科。

　　冀南银行冀西、漳（河）西及漳（河）北办事处分别内设会计、营业、出纳、总务四个部门。

　　在太行区设立冀南银行晋东南办事处的同时，基于敌人已经控制了平汉铁路，太行区和冀南区两个抗日根据地已被分割开这一特殊情况，冀南银行在冀南区设置冀南银行路东行。冀南银行路东行经理由第129师供给部政委赖勤担任。冀南银行总务部主任、银行会计专家胡景沄被调到平汉线东边协助赖勤，担任冀南银行路东行副经理。

　　冀南银行路东行所处位置是冀南平原。1939年9月中旬，高捷成特别叮嘱前往冀南的胡景沄，要求到冀南银行路东行的干部职工，为应对日军"扫荡"，要人人学会骑马，以便遇到日军"扫荡"时能将账册和现金驮在骡子上快速转移。胡景沄带着经过银行业务培训的17个人和刚刚印制的60万冀南钞，从黎城南陌村出发，每人两匹骡子，一匹骡子驮6个装有冀南钞的铁皮箱，由第129师一个骑兵连护卫，涉水渡过漳河，越过平汉铁路，经过10多天的长途跋涉，10月初到达河北南宫县。

山西黎城南陌村

冀南银行路东行初建时有30多人，与冀南军区在一起，对外则称"八路军东进纵队第1支队"。冀南银行路东行归冀南行政主任公署领导。

冀南银行创建初期需要大量的银行会计专业人员和业务人员。高捷成积极从各方抽调干部，通过短期培训来解决银行专业技术干部短缺的问题。1938年12月，在河北南宫成立冀南财政经济学校，校长杨秀峰。冀南财政经济学校原是为根据地培训财经干部，也包括为组建冀南银行培训干部而建立的。其学生主要是从冀南干部学校、冀中抗战学院选拔来的，也有一部分是从抗日武装部队选调来，共有100多名，编成一个大队。当时只开设两门课程——"数学"和"政治经济学"。学校刚开办不久，就遇日军"扫荡"，该学校学员于1939年1月从河北南宫出发，经山东、河南境内的馆陶、冠县、莘县、南乐、濮阳、林县、汤阴等县，跨越四省十八个县，穿过敌人控制的平汉铁路，夜晚行军，白天隐蔽，行军一个多月，转移到山西黎城西井镇。冀南财政经济学校学员到达黎城西井镇后，开始比较正规稳定的学习，学习的课程有"政治课""政治经济学""社会发展史""数学""会计学"等。这批学员经过半年学习，1939年6月6日毕业后即充实到冀南银行各个部门，有的参与银行筹备工作，有的开始着手印制纸币，设置会计账簿，练习记账技术。筹备期间，冀南银行筹备处主要负责准备纸币的发行、筹划账簿、练习技术及其他一切事宜。

由于晋冀豫战略区尚无统一政权的原因，冀南银行虽然以冀南行政主任公署名义成立，但实际上冀南银行总行由中共中央北方局财经小组领导，归在八路军前方总部后勤部的建制序列。冀南银行路西行归八路军前方总部后勤部领导。冀南银行总行设置了董事会，董事会由八路军前方总部司令部、政治部、后勤部人员组成，董事长由八路军前方总部后勤部部长杨立三兼任。

第三节　太行深处　建立冀钞印制基地

为了给八路军兵工厂和冀南银行印钞厂选择一个隐蔽的地方，1938年冬，朱德、彭德怀、左权等来到山西黎城县，沿板山勘察了地形，他们在山西黎城漆树村住了七天。黎城北部，崇山峻岭间悬崖绝壁遍布，确是一处地势险要又隐蔽的地方，左权带着八路军前方总部的参谋人员，踏遍了黎城北部山区。朱德、彭德怀最后决定将八路军兵工厂设在黄崖洞，将冀南银行印钞厂设在宽嶂山，同时决定在黄崖洞、宽嶂山设防，并划分了7个守备区，由八路军前方总部特务团负责守备任务。总部特务团一营驻黄崖洞的水腰山，二营驻宽嶂山的磨石村。

1939年7月，日军发动对我晋东南根据地第二次"九路围攻"。这次"九路围攻"后，晋东南根据地内的白晋路（白圭到晋城）和邯长路（河北邯郸到山西长治）为敌所控制，根据地被分割为太行、太岳、太南、太北四块，东南西北沿线主要城镇也为敌所侵占。

冀南银行印钞厂驻地——山西黎城宽嶂山

当时晋冀豫边区四面处于敌人的分割、封锁和包围之中。冀南银行是一家发行银行，银行印钞厂直属总行管理，银行印钞厂的安危事关抗战大局和整个根据地抗战部队的军需。抗日根据地经常受到日军"扫荡"，对高捷成来说，银行印钞厂的安全是银行工作的重中之重。银行印钞厂有大量印刷设备、纸张、油墨以及印刷好的纸币成品、半成品，有大量的物资需要运输，印钞厂的位置既要安全又要便于运输。

高捷成在银行印钞厂选址上很是费了一番工夫，他就银行印钞厂的地点设立分别拟定两套方案：方案一，为有利隐蔽，在冀南银行总行西边馍馍山下的西村，建立印钞厂；方案二，为长期隐蔽，距离总行几公里的大山深处，有一处叫宽嶂山，到处是悬崖绝壁，冀南银行最重要的印钞厂建在太行山腹地宽嶂山的青茶、磨石，冀南银行总金库设置在青茶的姑垴山。为便利运输，在敌人不来的时候，将发行部、鉴定科设置在大山下比较平坦的地方南陌村，该村隐形在东崖底西面500米的三官岭下，村南被一块千米长、三米高的土崖所挡。土崖前面为路，后面为村，自古就有"进村不见村"之称，这个村与东崖底村为一条土岭所隔，所以两村互不相见。各印钞厂将印制好的钞票送到南陌，南陌村前有一条河，交通较为便利，钞票在这儿检验合格之后就分批发往各区分行、营业部。

冀南钞在冀南银行成立之前就开始印制。那时根据地还不能自己生产印制钞票所需的纸张、油墨以及印刷机器等印刷器材。所有印刷钞票的纸张，只有一小部分使用太行造纸厂的白磅纸，大部分是从敌占区采购来的。因此高捷成就加强采购第一线力量，在冀南银行成立专门负责印刷材料采购、保管的部门——材料科，在河北沙河县的石盆村和河南林县的任村设置了银行的采办处。当时根据地遭受敌人严密封锁，高捷成就通过八路军前方总部的情报系统，组织人员从日寇占领下的天津采购印制钞票用的纸张，从北平采购油墨。为了防止引起敌人的注意，购来的材料分别从河北省沙河县册井和河南省武安县阳邑镇作为入口带进。为了打破敌人的严密封锁，负责采购材料的同志常常要冒着生命危险，化装成商人到敌占区采购，或由八路军设立在敌占区以从事一般商品作掩护的货栈购买后转运，或通过爱国商人、伪军机关之中的地下工作者买通日本保安队、宪兵队，甚至通过特务机关等各种关系渠道，从敌占区商人手中购进。采购物资的种类很多，有印钞用的主要设备石印机、铅印机、小号码机、大石版、小铜版等；有制钞用的各类钞票纸和各色油墨；有用于辅助的煤油、硝镪水、松香、桃胶等。印钞中用量最大的是纸张和油墨。从平汉铁路的中小城市以及北平、天津购来的物资，经过邢台、邯郸、安阳等地进入太行山区宋家庄、武安阳邑、林县任村等地八路军自己设立的货栈，然后转送到分散在各处的材料保管点，如邢台朱温坪、黎城宽嶂山、辽县石灰窑的深山老林中。这些采购到手的印刷器材、材料要运往根据地时，要沟通情报，请我军领导机关派出部队和民兵押送，趁黑夜抢过封锁线运送到根据地。

印制钞票需要专门的技术人才，高捷成就一边在现有的人才中挖掘，一边设法招贤纳士，从有关部门抽调人员，甚至从敌占区请来有印钞经验的人才张裕民，动员其参加革命，经过教育改造，使其成为印制钞票的主要技术骨干，从而解决了印制钞票的技术难题。

印制钞票所需要的印刷设备、器材，高捷成通过边区党、政、军各方力量，千方百计采购、收集，也将冀西报社、太北胜利报社、太南报社和远在山东的筑先纵队冲锋报社的印刷机以及后来太岳新华社印刷厂的机器、设备调配集中起来，分别配给各印钞厂。

1939年6月成立了两个印刷所（实际是银行印钞厂，对外称印刷所），每个所只有十多个人，一所在黎城西村，二所在黎城霍家庄村。用的机器全部是手摇的石印机。第一批钞票是贰角券，印出后送到东崖底总行加盖经理章、打印号码。因为没有自动打号码机和加盖经理、副经理印章的设备，加盖经理章、打印号码全靠手工操作。印刷所工人大部分是从部队调来的同志。为了赶任务，各科室的同志也组织起来参加突击，夜里加班，点着汽灯紧张工作，两个小组分昼夜两班突击。①这样干了两个月，票子印出来了，送去给刘伯承师长看。这批票子由于是手工操作的，来回倒手，票面搞得很不整洁，有的还沾上了红黑印色。刘伯承师长看了，认为这批票子用手工打印号码，歪歪斜斜，没有达到合格要求，不准发行。第一批印刷的票子因此就全部作废了。迫于战争形势，抗日部队急需票子，高捷成就委托晋察冀边区银行先代印了壹圆券的票子应急，第一批印出来的便是红色铁牛图案的壹圆券。

在第一批冀南钞试印失败时，高捷成亲自到印钞厂检查指导。为了印出合格的钞票，他就到印钞工厂、车间与大家对一道道工序进行摸索，一次次反复试制，查找问题，改进了最后完成的工序，将手工盖经理章及号码全部改成用铅印机打印，终于在1939年9月印出了符合标准的贰角券。第一批发行的是贰角券和壹圆券。到1939年11月，就有贰圆券、叁圆券、伍角券和伍圆券陆续发行了。

---

① 齐登五：《太行山漫忆》，见武博山主编：《回忆冀南银行九年》，中国金融出版社，1993年版，第127~128页。

虽然在 1939 年 6 月建了两个印刷所，但钞票需求量巨大，这两个印刷所的产量还是无法满足需要，加之前面第一批试印的钞票作废，又耽误了些时间，因此高捷成又从太南报社调来印刷设备和工人，于 1939 年 11 月在黎城东坡村组建了第三印刷所。1939 年 10 月，在山西黎城西村，又开办了印刷技术训练班，第一批共有学员 20 余人，配有 6 台小石印机，由技师张裕民进行培训，前后培训了三批学员。待新学员培训一结束，就在东坡村又组建了一个印刷所投入生产，也就是第四印刷所。短短几个月时间，高捷成就在黎城火速组建了四个印刷所和两个铅印所来承担钞票印制任务。

印刷一所驻黎城西村，所长王立章，政治指导员胡良英，技师王兴平；

印刷二所驻黎城霍家庄村，所长李潜影，政治指导员李业富，技师王天祥；

印刷三所驻黎城东坡村，所长郭惠亭，政治指导员刘宪章，技师张裕民；

印刷四所驻黎城东坡村，所长郭金水，政治指导员何坤文，技师张裕民兼任。

四个印刷所具体由发行部主任梁绍彭负责。

在冀南银行印钞厂的选址、印钞技术人才和银行会计业务人才的培养以及印钞材料的采购及供应方面，高捷成倾注了大量心血，他克服种种困难，历尽千辛万苦，终于在太行山深处建起了八路军自己的印钞基地。

由于平汉线被敌人封锁，从太行区往冀南区调运钞票很困难。1939 年 12 月，高捷成从总行调配人员赴冀南，于 1940 年 3 月在冀南威县花町村也建立起一个印刷所，由董渡峰负责，使冀南银行路东行也有了自己的印刷所，第一批印制的是贰角券。

冀南银行印钞厂所在地——山西黎城宽嶂山磨石村

位于山西黎城宽嶂山磨石村的冀南银行印钞厂旧址

位于山西黎城西村的冀南银行印钞训练班旧址

位于河北邢台英谈村的冀南银行印刷所

位于河北邢台英谈村的冀南银行总行

第四节 加强统调 稳妥做好冀钞发行

冀南钞印制出来，准备投放市场。当时货币市场杂乱，有法币、旧山西票、河北票，甚至还有联银券（伪钞），如何站稳脚跟，稳定物价？如何在边区建立起以冀钞为本位币的统一市场？面对如此复杂情况，高捷成表现出了卓越组织、指挥才能。他首先抓了市场调查这一环节，派出工作组了解货币市场情况。他对工作组的同志讲："现在发行冀钞，情况复杂，问题很多，困难不少，所以更要详细了解情况，心中有数，才能取胜。我们只能搞好，不能搞坏，这对今后根据地的建设关系极大。"① 他非常重视调查研究工作，详尽地指示干部调查研究的方法和步骤，要求要系统、大量掌握第一手资料，在此基础上进行整理加工、分析研究、综合归纳，区别重点与一般等等，作为指导工作的依据。

根据市场调查情况，他综合了两点意见："一、货币要进行整顿，在全边区，要由冀钞占领阵地；二、整顿货币市场的方针是，打击伪钞，保护法币，肃清土杂钞，建立以冀南票为本位币的统一市场。"他强调说："联银券（伪钞）是建立在敌人刺刀尖上的票子，是剥削中国人民血汗、妄图实现其以战养战的罪恶工具，我们必须坚决打击，尽可能缩小它的流通区域。法币，我们还是统战关系，它又有外汇

---

① 赵国智：《高捷成传略》，见河北省民政厅编的《浩气长存——河北革命烈士史料（四）》，1983年，第188页。

价值,现在敌人大量收兑法币,就是为了套取它作为外汇。我们为了防止敌人盗取,应当将法币当成宝贝保护起来,不准它在市场上流通。其他的土杂钞捣乱市场,扰乱人心,没有好的作用,要坚决肃清。今后在边区市场上只能有一种冀南票。"①

冀南银行成立后,开始在冀南区、太行区发行货币,正式开展银行业务。所发的冀南钞,规定与中央银行、中国银行、交通银行、农民银行四行发行的法币等值流通,在市场交易、完纳赋税中与法币同用。并规定冀南钞为法币的保护币,自冀南钞发行之日起,要求凡在冀南区持有法币者,应悉数向冀南银行兑换成冀南钞使用。

在新钞发行时,冀南行政主任公署发布了《关于冀南银行发行冀南币的布告》和《宣传纲要》;在这个布告发出之后,动员各方力量开展一次广泛深入的宣传活动,大造声势,做到家喻户晓,并制定了三项措施:

一、由边区政府发布公告,明确宣告,今后凡本边区内财政收支、财务往来,一切公私交易,债权债务清偿均需使用冀钞,如有故意破坏者,以汉奸论处;

二、公营商店、合作社、私人商号,从这一天开始改用冀钞记账,用冀钞交易;

三、冀南银行委托各地政府发放一部分救灾贷款和生产贷款,发放贷款时,向群众说明,贷款是代表冀南银行发放的,冀南银行是边区人民自己的银行。

这次冀南银行新钞发行,高捷成亲自领导,布置周到,调动各方力量,设置了许多收兑点,边区政府各部门也代理收兑,发行工作进行得很顺利。第一批印制了500万元的冀南钞,按军政各半的原则,军队给250万元,地方给250万元。

第五节　巩固冀钞　烽火中展示准备金

冀南银行成立之后,高捷成认真执行中共中央北方局制定的一系列货币金融政策,严格取缔敌伪货币,保护法币,保护金银,限制金银流通、兑换收回,限期收

① 赵国智:《高捷成传略》,见河北省民政厅编的《浩气长存——河北革命烈士史料(四)》,1983年,第189页。

回土杂钞，统一本位币市场。

冀南钞一开始主要用于军队与政府开支，流通于太行、冀南区。1940年7月，冀南行政主任公署与晋东南第三、五专署合并；1940年8月1日，冀南、太行、太岳行政联合办事处（简称"冀太联办"）成立，下辖冀南、太行、太岳三个行政区，共15个专区，115个县。"冀太联办"成立之后，就发布公告，确定冀南钞为冀南、太行、太岳三大抗日根据地的统一本位币，冀南钞流通范围从冀南区、太行区扩大至太岳区。

随着流通区域的扩大，部分群众在使用当中持不信任的态度。高捷成借鉴土地革命时期建立苏维埃国家银行时在汀州举办准备金展示会的做法，在黎城西井镇组织召开冀南银行准备金展览会。1940年9月，在第129师部队的保护下，从距离西井镇十多里的宽嶂山冀南银行金库，运来许多包装严实的大小包裹，沉甸甸的包裹里面装着金砖、金条、银币和元宝。这些"宝贝"运到西井镇的一间大宅院，这儿原来是冀南财政经济学校的驻地。

冀南银行准备金展览会展厅分为银币、黄金、元宝三个展区。第一展区是银币，银币展区依据银币外形图样和问世的先后进行分类，分为"站人"（墨西哥银币）、"飞鹰"（英国银币）、"攀龙"（清代光绪银币）、"袁头"（铸有袁世凯头像的银币）、"孙头"（铸有孙中山头像的银币）等5种。银币展览，不论什么类型，都根据统一的规格，组成银币大型立方体，组成形状各异的圆柱体。第二展区是元宝，元宝是一种白银制品，元宝展区按重量10两、20两、50两分类摆放。第三展区是黄金，一类是金砖，一类是金条。金砖是一种一两定量的长方形黄金制品，金条是重量与体积都10倍于金砖的长条形黄金制品。这些金砖与金条也垒成一个个立方体。①

冀南银行准备金展览会开幕式由高捷成主持，"冀太联办"主任杨秀峰到会讲话。当天有包括华北财政经济学校学员在内的1千多人分批参观了在这三个展区的冀南银行准备金，之后有八路军高级将领和来自冀南、太行、太岳地区各界代表1万多名参观了冀南银行准备金，展期7天。通过举办冀南银行准备金展览会，让各抗日根据地的群众感受到冀南银行发行的票子是有相当雄厚的准备金支持的，从而大大提高了广大群众对边区抗日政府和冀南银行的信任度。

---

① 史载舜：《回顾冀南银行准备金展览》，见武博山主编：《回忆冀南银行九年》，中国金融出版社，1993年版，第187~188页。

按边区政府1940年12月规定的牌价，黄金一两兑换冀南钞600元，白银1两兑换冀南钞1.4元，银元1元兑换冀南钞1元，铜币10文1枚的，100枚兑换冀南钞1元。

来参观冀南银行准备金的群众回去一宣传，一传十，十传百，远近群众很快都知道冀南银行拥有雄厚的资本金，增强了使用冀南钞的信心，比边区政府发布告还管用，冀南钞很快在人民群众当中扎下了根。

除了以举办冀南银行准备金展览会这种方式来提高冀南钞在人民群众的信用，高捷成还制定了巩固冀南钞的十项措施，组织发动边区政府各财政、商业贸易部门配合做好相关工作。1940年12月10日，在晋冀豫边区第一次专员、县长会议上，"冀太联办"正式颁布了《关于巩固冀钞的十项决定》，这个决定的主要内容如下：

（一）本区确定以冀钞为本位币，其他杂钞加上党票、五区票和各县流通券等在明年2月以前应完全收回，做到货币一元化——冀钞。

（二）收买物资，各级贸易局合作社公营事业机关购买大批必需品囤集起来，使群众拿冀钞，买得到货。

（三）有保证的投资，发展工农商业增加输出，有保证的农工商业，应大量投资与借贷，过去投资借贷放到别地去用的应彻底清理收回，继续投资与借贷有保证的事业中去，如投资借贷随便作为其他用途，当彻底追究。

（四）增加输出。

1. 农业：做到非我必需，对敌无利之农产品大量出口。

2. 工业：做到自给自足不买或少买外来工业品。

3. 发展畜牧业及其副产品等等。

4. 做到出入口平衡以示出超，减少内地冀钞流通量。

（五）增加对外汇兑，晋察冀、山东、晋西北、陕甘宁、晋豫，互相通汇，发动商民进行汇兑，使得冀钞可以扩大流通地区。

（六）扩大贸易工作：保护出入口货物，我们的贸易工作，要打到敌占区里去，使敌占区商人与我们进行密切交易关系，或与敌占区商业合伙经营，扩大冀钞流入敌占区，使敌占区民众信仰冀钞，增加在敌占区的流通量。

（七）平抑物价，贸易局与商联会经常讨论内地物价，有计划的抑低，改善民生，提高冀钞价格，平抑物价首先要我们的公营机关起大的领导作用，反对公营机关专以赚钱为目的的观念。

（八）普遍建立兑换所对照所，防止伪造冀钞，破坏冀钞等等行为，公安局锄奸部司法机关公营机关商联会特别要注意，同时发动群众来注意。

（九）保护法币收换现金现银增加冀钞的基金，使冀钞更加巩固。

（十）注意财政上的开源，适当增加税收，实行节流，减少支出，统筹统支，做到财政上收支平衡是极其重要的一环。①

从1941年开始，边区广大军民逐渐把冀南钞当作自己的货币，有效抵制了各种敌伪钞票的流通。冀南钞信誉上升，阵地扩大，币值增高，冀南钞作为晋冀豫边区内的法定货币，在冀南、太行、太岳区三个区内流通。

第六节　太行山上　响起冀南银行之歌

冀南银行职工生活和八路军部队一样，实行供给制。冀南银行成立之后，开始发放一些津贴，部队每个月津贴的标准是：团以上干部每月5元，营级干部每月4元，连排级每月3元。后来又发了鞋袜费，每人每月5角。当时吃的是小米、高粱、黑豆。冀南银行总行行长每月津贴5元，主任是4元，科长、股长是3元5角，一般干部是3元。

高捷成每个月领取5元的津贴，和冀南银行的干部一样，生活比较清苦。他除了衣服、被子、鞋子之外，没有其他的私人财产。

冀南银行是军事建制，实行军事化管理，属于后方机关。银行职工是从事生产的八路军，每人一支枪、三颗手榴弹、一个挎包、一条米袋子；按战斗部队编制，有班、排，队长、指导员是连首长。大多数银行职工是从第129师战斗部队调来的。

冀南银行住房及办公用房是借用老百姓的房子，办公用的桌椅板凳也是向老百姓借来的，借的民房既当办公室又当宿舍。高捷成在小寨村住的房子是延长龄腾出

---

① 张转芳：《晋冀鲁豫边区货币史——晋东南革命根据地货币史》上册，中国金融出版社，1996年版，第198~200页。

来的房子，在小寨村村子已经是上好的房子，两侧厢房住着秘书和警卫班的战士，后面一处比较隐蔽的房子是作为总行库房的屋子。库房设在一般民房，平时出纳人员"搂"着票子睡觉，在敌人"扫荡"时就将票子和贵重物品放到地下"保险库"里面。一旦得知敌人"扫荡"时，就选择晚上的时间将票子埋藏到野地里，敌人走了再去取出来。需经常用的票子就用人背、马驮，而大量的票子就得找地方埋在地下，有时是埋在土墕根底，有时是埋在刚耕过的地里，而且不能做记号，这就必须用便于自己记住的办法记住埋藏的地方。

1940年初夏，冀南钞开始发行有半年的时间了，冀南银行的业务在稳步开展。高捷成在黎城北社参加了中共中央北方局召开的高级干部会议。这次中共中央北方局特别提到建政方面要加强经济建设，应充分发挥银行在支持生产方面的作用。会议一结束，高捷成就带着警卫员，骑马返回冀南银行总行。小寨村门口的那条小溪流，是清漳河上游的一个分支流，清澈的河水在欢快地流淌着，对面就是总行驻地小寨村，小寨村的背后是猴山。发源于宽嶂山的小溪流到这儿汇集，奔腾向前。看着太行群峰挡不住宽嶂河水奔腾而去，高捷成回想着这半年多时间，一沓沓的钞票从宽嶂山印钞基地运到西村、南陌，完成盖章、鉴定，最后封包运往各区分行，运往冀南区的路东行，解决了一支支抗日部队的军费开支，他心中充满着喜悦。高捷成对着身边的警卫员，脱口而出吟诵起一首《宽嶂河水向东流》的诗：

烽火连天太行头，

我携冀钞战倭寇，

民族危亡在心间，

漳水呼啸入海流。

高捷成回到自己的办公室，将吟诵的诗句写了下来。这时熊光炳正好过来，看了高捷成写的诗句，连声说好。高捷成就冲着熊光炳说："熊政委，你来得正好。胡景沄都到冀南去了大半年了，该到路东行去看看他，并了解一下路东行还有什么困难。"

次日一大早，高捷成就带着警卫员，辞别熊光炳，沿着上一年胡景沄去冀南走的路线，过清漳河，越平汉线，一路向东，来到了冀南南宫。

高捷成从冀南返回太行山有近一年时间，再次踏上冀南这片热土，这里的一草一木是那么熟悉而又亲切。来到冀南，他见到了银行会计专家胡景沄，时任冀南银行路东行的副经理。回想起自己在1938年初随第129师东进纵队挺进冀南，以

冀南银行总行驻地山西黎城小寨村前小溪

区区500来人的武装，似一把尖刀，插入敌后，斗敌伪，建税局，收编杂牌武装，高捷成心中不禁涌起一种豪迈之情。

  第二天，高捷成起了个大早，天还蒙蒙亮，他拉上胡景沄，策马来到战士们出操的地方。一轮红日在冀南大地正冉冉升起，战士们扛着枪出操，他们列队整齐地唱着歌。高捷成耳边响起那熟悉的旋律：

  太阳照红了东方，

  春风吹荡着麦浪。

  我们自由的生，

  纵情的唱，

  在这广大的平原上。

  我们没有见过这样的敌人，

  有过为这样的后方。

  西从太行山，

  东到津浦线，

  黄河怒吼着武装群众，

  八百万！八百万！游击战！

  到处打得敌胆寒！

敌人从那里进攻，

即刻消灭敌在那边。

太阳照红了东方，

春风吹荡着麦浪。

我们自由的生，

纵情的唱，

在这广大的平原上。①

接着战士们又唱下一首歌曲：

我们是一群经济拓荒者，

在民族革命的狂潮里，

热情的从事祖国伟大的建设。

从汾河到运河，

从平静的滹沱河到滚滚的黄河，

我们站在经济斗争的最前线，

打击伪币、统一货币，

发展工农业，

活泼市场，

改善人民的生活，

在广大的抗日民主根据地，

开遍了繁荣的金融花朵。②

这第二首歌曲内容表达了冀南银行这群金融战士与日寇战斗到底的坚强意志和必胜的信心。高捷成听了，连声称赞。胡景沄告诉高捷成行长："这是前些时候，战士们自编自唱的歌曲。"高捷成告诉胡景沄："战士们唱的这首歌很不错，很有我们银行的特色，你将这歌曲的歌词抄一份，我顺便带回去。"

高捷成从冀南回到黎城小寨村之后不久，将从路东行带回来的那份歌词交给政治处主任陈希愈。陈希愈看了，很是欣喜，他告诉高捷成："高行长，你走的这段时间，我们有组织战士们早上出操时齐唱《在太行山上》。"陈希愈转身从公文包拿出一份《在太行山上》的歌词给高捷成行长看，《在太行山上》这首歌曲的内容是：

---

①② 贾星五、张奇真、王逸农：《冀南银行行歌的回忆》，见武博山主编：《回忆冀南银行九年》，中国金融出版社，1993年版，第391~392页。

红日照遍了东方,
自由之神在纵情歌唱!
看吧!
千山万壑,铜墙铁壁!
抗日的烽火燃烧在太行山上!
气焰千万丈!
听吧!
母亲叫儿打东洋,妻子送郎上战场。
我们在太行山上,我们在太行山上;
山高林又密,兵强马又壮!
敌人从哪里进攻,我们就要他在哪里灭亡!
敌人在哪里进攻,我们就要他在哪里灭亡!

  高捷成看了,点头称赞说:"你这位政治处主任当得不错,《在太行山上》这首歌曲雄壮有力,很好!路东行他们这首歌曲反映了冀南银行的精神风貌,我听了,觉得不错,你也可以组织我们战士学着唱唱。"陈希愈点头称是。他安排文化干事周筜,让她先教总行机关的干部学唱这首歌曲,然后再把歌曲分发到各个分行、办事处和印刷所。要求战士们出早操时先齐唱《在太行山上》,接着就唱这首战士自编的歌曲。自编的这首歌曲唱起来气势雄壮、豪迈,有革命英雄主义的气概,加之曲调优美动听,唱起来轻松愉快,心情舒畅,这首歌很快就在整个冀南银行各级行传唱开来,最后也就成了冀南银行行歌。每天清晨,哨声一响,战士们首先扎起背包,然后携枪到操场,跑步操练。远远听到太行山峡谷中传来"我们是一群经济拓荒者,在民族革命的狂潮里,热情的从事祖国伟大的建设……"的歌声,就知道来的是一群冀南银行的干部和战士。他们在非常艰苦的抗战岁月,始终保持着这样一种乐观向上的昂扬斗志。

冀南银行行歌（冀南银行纪念馆提供）

第七节　烽火诞生 银行战时管理制度

银行在办理货币、信贷业务时，离不开健全的会计、出纳制度和财务管理工作。从冀南银行建行伊始，高捷成就十分重视银行管理工作，建立了适合战争环境的一整套银行管理工作制度，设计了便于使用的账册、报表、传票，以确保冀南银行会计、出纳、审计部门等能够保障银行财产完整并使银行业务有序进行。在高捷成的领导下，冀南银行对账册、报表、会计科目、传票格式、会计核算的手续程序都作出明确的规定。

冀南银行的会计工作制度规定如下：

（1）各级行、处都设立总账分户帐；月终、季终和期末按期制出报表，期末结出损益表，按时报上级行并逐级汇总报总行，总行再汇总成全行资产负债表和损益表，上报行领导和上级部门审核。

（2）在会计手续上，记账须凭传票，每一笔业务的传票都要经领导人审核后才能收款和付款。放款必须有借款人的契约和保证人的手续。

（3）总、分支行间的资金调拨，也都规定了严密的手续，特别是在银行的货币发行工作上，都有一套严密的会计工作制度，以保证党和政府货币发行方针、政策的正确执行。

（4）会计工作既要服务业务，又要促进业务的发展，通过加强财务和资金运用管理，掌握信贷政策的执行情况、银行资产和业务发展情况。①

高捷成是财务会计的行家里手。在他的领导下，银行财务会计工作规范。下属工作若有一定的创新，他都给予鼓励。他的战友——冀南银行总行总务科的行政会计周萝，在其回忆文章中说："行政会计的经常工作是登日记账、分类账，月底整理报销凭证，做收支平衡表等。后来，银行所属四个印钞厂和三个分行的行政开支，也都归我管起来，他们每个月总结后，来向我报账，由我汇总之后向总部后勤部报送。实践了一段时间以后，我觉得各单位每月每项开支都有总结，我再登日记

---

① 武博山：《冀南银行战斗历程综述》，见其主编的《回忆冀南银行九年》，中国金融出版社，1993年版，第23页。

账、分类账，然后再做全行的总开支账，太烦琐了！如果设计一个横竖都能合计的长形账，将各单位报来的账一次登录，不是既简便又一目了然吗？我画了一个设计样，不放心，送给对财务会计十分内行的高捷成行长审查，他（看了）完全同意，还表扬了我对工作的改进创造，使我受到很大鼓励。"①

在1941年至1943年间，由于日军对抗日根据地频繁"扫荡"，冀南银行冀南区行、太岳区行与总行的交通联系十分困难。在服从总行统一会计制度原则下，冀南银行各区行也采取了一些特殊的处理办法。如冀南区行就曾采取过两套账册，一套账登记后迅速掩埋，另一套账随身携带，有时只记传票，记账隔日或三日再记，但无论何种情况，会计出纳人员总要千方百计采取各种途径，保证账款安全。高捷成要求冀南银行会计出纳人员做到"人在款在，款在账在"。在战争生死考验下，高捷成带出了一批具有坚定信仰、不怕牺牲的银行会计、出纳人员，成了新中国金融事业的中坚力量。

冀南银行各区行发行和业务所需的资金，都是从总行先后调拨的。因当时各区情况不同，所以都没有拨付固定资金。各区行下属的各分行以及各县支行的资金，是由区行根据业务发展情况拨付的，县支行的资金由分行拨付。1940年初，路东行和冀南银行总行之间由于平汉铁路分隔，加之敌人封锁很严，交通极不便利，钞票运送、资金拨付很困难。针对这一情况，高捷成指示路东行可在冀南建立印刷所印制角票，继而又印制了壹圆券，解决了市场对货币的需要，相应补充了资金。但这项资金，也需经过会计手续，记入相应的会计科目。

险恶的敌后环境锤炼了这支经过战争考验的金融战线干部和这支工人队伍，冀南银行建立了一整套适合战争环境的银行管理制度和会计制度。如《出纳工作实施暂行细则》对领款送款，特别是在战斗环境中如何领款送款、如何保证安全都做了严密而具体的要求。领款时，需要可靠的武装护送、严密的途中警戒，出纳人员要紧随钱箱行动，不得擅离职守，钱箱重量每驮不得超过120斤。行军宿营时，非出纳人员不得接近钱箱。若在途中取款，应选择偏僻处所，不得暴露目标，对沿途加以适当防范。途中如遇到敌人或敌机袭击，应立即伪装隐蔽，并防止钱款被盗；出纳人员要指挥武装护送人员顽强抵抗，掩护撤退。如果要通过敌人封锁线，可将钱款适当分散给可靠人员携带，通过封锁线后立即收回。在反"扫荡"中，钱箱、

---
① 周萝：《我在冀南银行入党》，见武博山主编：《回忆冀南银行九年》，中国金融出版社，1993年版，第514页。

钱驮尽量改小，以便轻装转移。① 通过这些规定，明确了出纳人员的工作职责，形成了一套切实可行的办法，这对保护款项的安全起了非常重要的作用。

第八节　代号伦敦　建立安全保密机制

冀南银行最重要的印钞厂和总金库所在地宽嶂山，山形雄峙，群峰壁立，进山出山只有一条窄窄的通道。1939年春，左权副参谋长亲自设计了保卫宽嶂山印钞厂的防御工事，由第129师工兵连在宽嶂圪廊修建了两个永久工事，称东堡和西堡，平时各驻守一个班。这两个碉堡是扼守进山的咽喉，分别有长几百米、深2米的交通壕与三岔口相连。从三岔口继续往右上行约一里，背台山半山腰又修了一座高山防御工事，可容纳半个排，火力控制呈扇形，平时对空观察，战时火力可以控制前面五六里同高度山间道路，从青茶到磨石再到石泉，所有驮队和来往行人均在控制之中。

宽嶂、青茶、磨石、西村、桃花寨划为第五守备区，宽嶂山的周围采取了极为严格的保护措施。宽嶂山入口不远的西村村口驻有八路军一个连，负责外围警卫。进入宽嶂山都要持有八路军前方总部后勤部部长杨立三的亲笔路条。

冀南银行印钞厂建立后开始投入生产，印出一张张钞票。冀南钞投放市场不久，就引起敌人的注意。冀南银行印钞厂也成了敌人"扫荡"的主要目标，敌人在进行"扫荡"时就一直在寻找冀南银行印钞厂。为了冀南银行印钞厂的安全，高捷成将主要的印刷所设立在非常隐蔽的宽嶂山深山密林之中，并将原来集中设立的几个印刷所转为分散部署，印刷一所进驻漆树村，印刷二所迁往卜牛村，印刷三所搬到窑门口村，印刷四所留驻东坡村。鉴定科的工作模式也进行调整，不再集中在南陌完成最后的检验。鉴定科相应增设3个鉴定股配合生产。同时，冀南银行发行部材料科也相应分散材料贮藏基地，这些材料贮藏基地分别建在山西黎城宽嶂山、辽县石灰窑及河北邢台朱温坪等地。这些地方所贮藏的材料负责供应各个印刷所使用。

高捷成对印钞材料存放的安全极为重视，常带着警卫员爬山越岭，到黎城宽嶂山、辽县石灰窑及邢台朱温坪等各处印钞材料保管点进行检查和指导。各种印钞材

---

① 总后勤部财务部、军事经济学院编著：《中国人民解放军财务简史》，中国财政经济出版社，1991年版，第260页。

位于山西黎城的宽嶂山宽嶂圪廊

位于山西黎城宽嶂山的宽嶂圪廊防御工事

料平时就分散隐藏于崇山峻岭的岩洞中，取用时再由人背肩扛，以确保材料贮藏点的安全，防止遭到敌人的破坏。

冀南银行印钞厂既是个生产单位，又是个战斗集体。为了对付敌人的"扫荡"，部分职工配备有枪支，平时搞生产，战时打游击。第129师太行军区负责保卫冀南银行总行和各地印钞厂的安全。太行军区对于敌人的活动掌握得很清楚。每当武安、邢台、辽县的敌人出动"扫荡"，冀南银行总行会事先得到情报。高捷成要求冀南银行印钞厂要能自卫，能打游击，敌人来的时候要保护好工厂的财产，在3小时之内把印刷机和其他设备埋入地下，并留下少数人看守，账册、印好的冀钞则用马驮上，银行职工和警卫部队再及时转移到附近山上。

除了做到银行印钞厂选址的隐秘性，高捷成还在银行印钞厂建立起严格的内部安全保卫制度。一是做好当地群众工作，在银行印钞厂驻地，向群众宣传党的政策、政治形势和我军的胜利情况，揭露敌人的暴行和欺骗性宣传，对民众生产生活给予帮助，军民之间形成十分紧密、融洽的关系；二是除了得到上级指示以外，还经常与军队情报部门、地方政府、村公所保持密切联系，随时随地掌握敌情；三是建立一整套应急措施和方案，对可能出现的各种情况进行应急处置，做到战时不慌不乱；四是坚持做好空室清野，把大量的印制材料及各种物资存放到比较隐秘的山洞或比较安全的地方，在生产需要时，用一点取一点，不用再放回原处，确保大量印制材料的安全；五是加强锄奸防谍工作。

日军对抗日根据地"扫荡"，是极尽野蛮手段。每次"扫荡"，日军对所侵入的地区实行"抢光""烧光""杀光"的政策。为了减少敌人"扫荡"造成的损失，高捷成对资财管理的要求极为严格，他要求各级区分行必须严格执行八路军前方总部颁发的《关于准备反"扫荡"准备的训令》，强调冀南银行各级区分行要特别注意从"保守秘密、分散埋藏、伪装处理、慎重保管"这四个方面，做好每一次的反"扫荡"准备。

1. 保守秘密。在选择埋藏资财的地区时，必须十分重视地理条件，一定要选择离村子远、人畜罕至的悬崖石洞或乱石丛。一经选定，就要少去往来，切忌在原来没有路的地方走出一条大路。对存储物资的地区和物资类别，须用号码、暗号或代名词记载，以免忘掉或遗失。所选看管人必须绝对可靠，看管人必须化装，完全群众化，不能流露出丝毫八路军的模样，而且不能死守，须机动进退。埋藏资财的时间必须在夜间，不能让无关人员知晓。

2. 分散埋藏。埋藏资财的地区必须分散，不同类别资财、同类资财都必须分散埋藏，不可集中。随时需要的与非随时需要的物品要分开埋藏，不可混同。每个存储点不能存放超过规定的限额。如不同的多个部队把资财埋藏到各自认为十分保险、所选的位置又十分靠近的地方，则会因一处暴露而导致全部招致损失。

3. 伪装处理。消灭埋藏区的痕迹，这不是件小事，是一件万分重要很需要技术处理的问题。稍有疏忽则很容易暴露。要多想办法，如有些地方可使新旧痕迹同化，有些地方可造色伪装等等，避免埋藏地区显现出与周围环境有特别明显的差异。

4. 慎重保管。埋藏的资财可能因潮湿而霉坏，也可能被人偷盗。为避免损失，必须认真检查与检验，需要日晒的要在必要时或定期日晒，需要重新整理或转移存储的要及时采取补救措施。还必须在相当负责的首长处留下以"机密"代号记载的资财埋藏地区和所埋藏的资财，以免因看管人牺牲或物品存放清单遗失而找不到埋藏物品的地方。①

冀南银行印钞厂是八路军重点保护的对象，也是敌人袭击的重点目标。保护冀南银行印钞厂以分散隐蔽为原则。印钞厂的位置对外严格保密，不得暴露印钞厂的真实面目。印钞厂随时做好应付敌人来袭的准备，一有情况，职工能迅速将印钞设备埋藏隐蔽起来。

冀南银行印钞厂多数选择建在深山老林或山洞中，隐藏印钞设备和资财的地方都是些深山险谷或陡壁悬崖之处。敌人走后再把隐藏的印钞设备搬回来恢复生产。而印钞厂所用油墨、纸张都是印钞用的重要材料，其品种有一二百种，每种材料还有规格大小及型号颜色的不同。这些印钞用的材料，都分散存放在各印刷厂、各印刷所的材料存放点。

高捷成坚持不懈对职工进行敌情教育，天天讲保密问题，教育职工发现可疑情况必须及时报告。冀南银行机关和领导均使用代号，冀南银行先后对外称八路军工作团或第129师财经处，代号"伦敦"。印钞一厂厂部别称"胡家沟"，印钞二厂厂部别称"李家湾"。冀南银行总行的几位首长则全部以数字代号相称，担任冀南

---

① 李琴：《杨立三传略》，金盾出版社，2013年版，第269~270页。

银行总行行长的高捷成是"7号",政委熊光炳是"8号",政治处主任陈希愈是"9号",发行处主任梁绍彭是"10号"。日常的电话通信、传达命令均使用别称或代号,不得使用和透露真实的机关名称和首长的姓名,以防止敌人侦听到冀南银行的行踪和印钞厂所处的位置。通过实施这些安全保密措施,强化冀南银行职工与敌人战斗的战争意识,培养和提高了冀南银行职工在恶劣战争环境中与敌人战斗的本领。

第九节 太行群峰 拱卫冀行印钞重地

为了将华北变成"前进"基地,日军经常对我华北抗日根据地反复"扫荡"。日军使用"铁壁合围""捕捉奇袭""纵横扫荡""辗转抉剔"等多种战术,所到之处,对我抗日根据地实行残酷的烧光、抢光、杀光的"三光"政策,经常制造无人区和骇人听闻的大屠杀。在那抗战的艰苦岁月里,冀南银行作为"培养抗日经济的摇篮""保护人民利益的堡垒",从成立的那天开始,就面临一次次血与火的生死考验。冀南银行经常处于紧张战备状态,战斗十分频繁而激烈。高捷成和他的战友们一手拿账册,一手拿枪,白天工作,夜间行军,跟随部队与敌人周旋。

(一)一战宽嶂山

冀南银行总行驻地黎城县小寨村,多次遭到日寇的"扫荡"。小寨村处于宽嶂山的山口,是一个很贫穷的村寨,没有寨门,无法设防。

1940年10月15日,高捷成在黎城县小寨村接到反"扫荡"命令后,就部署总行发行处所属的印钞厂紧急转移。10月23日,日军占领了黎城西井村,休整两天后就兵分两路进攻黄崖洞和宽嶂山。一路日军刚进入宽嶂圪廊,就受到八路军东西两个碉堡交叉火力的射击,同时受到设伏的护厂队的射击,敌人怕腹背受敌,又接到增援关家垴的命令,就退出往武乡去了。这次宽嶂山印钞厂的设备未被敌人发现,没有受到大的损失。

此时正值八路军发动百团大战后期,我军转入守势。日军对华北各根据地进行报复"扫荡",第129师主力都投入了战斗,后方的守卫力量就比较空虚,加之冀南银行印钞基地宽嶂山已发现有日军,冀南银行印钞厂的设备和印钞技师面临着巨大危险，高捷成紧急电告第 129 师刘、邓两位首长。为了避免银行印钞技术人员和设备受敌攻击，第 129 师政委邓小平亲自将保护任务交给第 129 师干部轮训大队，大队长是张贤约。邓小平对张贤约严肃地说："冀南银行可是关系到根据地千千万万军民吃饭的大事情。没有银行，没有钞票，根据地的经济建设就无法搞下去，根据地的军民也很难生存下去。所以，我们必须保证印钞设备和人员的绝对安全，就是丢脑壳子，也绝不能丢机器。"

根据邓小平政委的指示，张贤约连夜进行布置。他将冀南银行和印钞厂的 50 余名干部、工人，以及几十匹骡马驮的机器、模板、纸张和钞票等，分别编入 4 个学员队，由各队队长带领，分成四路转移，张贤约在中间一路统一指挥。为了避免和敌人打遭遇战损伤到印钞设备和印钞技师，张贤约抽调了十几名行事敏捷、作战经验丰富的连排级学员，组成一个骑兵通信班，在队伍的前方侦察敌情，随时与其他几路保持联系。当日军从平汉铁路线过来时，他就让队伍往山西方向走，当日军从山西长治过来时，他就让队伍往平原走。就这样，与进山"扫荡"的日军，在河北邢台、沙河、涉县、武安，山西的黎城、辽县、和顺一带和敌人玩起了捉迷藏。直到"反扫荡"结束，再将冀南银行印钞厂设备和人员交回在辽县桐峪的八路军前方总部供给部。

安排好印钞厂的设备和印钞技术人员转移之后，1940 年 10 月下旬，高捷成就率领冀南银行总行本部人员，从黎城县小寨村出发，向冀西转移。在转移途中，碰上了一条河，河上没有桥，河面上大家只能踩着石头过河。因人多拥挤，行动缓慢。初冬季节的太行山已是满山冰雪，敌人的追兵眼看就要到了，远处有敌人的飞机掠过，如不加速过河，若被敌人的追兵追上或被敌人的飞机发现，后果将不堪设想。在这紧急时刻，高捷成下马破冰，站在冰冷刺骨的河水中，指挥人马迅速涉水而过，急速赶到预定的地点，使大家安全转移，摆脱了敌人的追击。1940 年 12 月初，高捷成所带领的冀南银行总行本部人员抵达河北邢台英谈村，并在此地驻扎了下来。

为了避免敌人"扫荡"给冀南银行造成更大的破坏，冀南银行总行驻地于 1940 年底从山西黎城小寨村转移到河北邢台英谈。敌人对根据地的频繁"扫荡"，使敌后环境日益艰苦。高捷成决定将冀南银行印钞厂分编为两个厂，印钞一厂所辖一、三所和鉴定一、二股留驻山西黎城的石泉、磨石、青茶等村庄；印钞二厂所辖

二、四所和鉴定三股移驻河北邢台白岸镇一带。①

（二）二战宽嶂山

继 1940 年 10 月日军第一次进攻宽嶂山之后，时隔一年，1941 年 11 月 9 日，日军第 36 师团以一大半兵力，并配备一个骑兵联队、一个炮兵联队和一个山地部队，共计 5000 多人，对八路军兵工厂和冀南银行印钞基地进行大规模的"扫荡"。情况十分紧急，高捷成命令位于宽嶂山的冀南银行各印刷所停工，机器资财开始坚壁清野，只留下少量人员留守宽嶂山，其余大部分人员撤离驻地，向外线转移。

宽嶂山山峦起伏，沟壑纵横，地势复杂，是冀南银行印刷材料重要存放地之一。留下来的人员，由印刷一所指导员杜天荣带领，加上总行机关总务科粮秣股股长王救农，共 9 个人，组成三个战斗小组，一人一支七九式步枪、二三十发子弹和几个手榴弹。他们每天轮流站岗放哨，冒着刺骨的寒风，巡逻侦察敌情。

11 月 11 日，宽嶂山冀南银行资财保卫战与黄崖洞兵工厂保卫战同时打响。一路日军进攻黄崖洞，另一路日军扑向宽嶂山。从武乡过来的日军有千余人，占领了左会山，从东边来的日军有一个大队，由小寨沟向西攻击，形成东西两个方向夹击，包围了黄崖洞和宽嶂山。八路军守备黄崖洞和宽嶂山的是总部的特务团，宽嶂山外围小寨沟沟口、西村一带还有八路军的另外一个战斗团与敌展开激战。从小寨沟沟口进攻的日军，在宽嶂圪廊受到我军东西碉堡的火力阻击，进攻受挫，就转而"扫荡"李家山，改道山崤村翻山进入宽嶂山担杖岩。11 月 13 日夜间，日军进到馍馍山，那里距离宽嶂山青茶、磨石中心地带只有几个山头；11 月 14 日下午，日军进入宽嶂山的中心地带，青茶、磨石山上已被日军占领。由于日军初次来到青茶、磨石，没敢贸然下山进村，就在山上埋伏了下来。

天下着鹅毛大雪，坚守宽嶂圪廊的 769 团 3 营 12 连战士衣着单薄。11 月 14 日夜里他们接到了上级命令："日军已进入青茶、磨石，坚守宽嶂圪廊已无必要，你们可趁夜色转移，天明后到板山的左会垭口集结。"这个连就依照命令分两路撤退，一路由连长率领两个排由宽嶂圪廊撤到磨石村，随后沿板山崖下的小道往左会垭口前进；另一路的两个排因为对地形不熟，由西村人申树林当向导，带路到漆树

---

① 张存泰：《冀南银行印刷厂的建立与发展》，见武博山主编：《回忆冀南银行九年》，中国金融出版社，1993 年版，第 570 页。

冀南银行资财保卫战的战场——山西黎城板山

冀南银行资财保卫战的战场——山西黎城宽嶂山进入青茶村的山口

村后山。随后这两个排估摸着大方向前进，天明时和连长所率领的两个排在小闯①不期而遇。小闯是到板山的左会垭口的一处必经之路，这个小闯仅容一人行走。然而此时小闯四周的山上早已埋伏了大批从武乡方向过来的日军。撤退到小闯的这120多名战士遭到了日军伏击，他们全部暴露在日军的火力之下。连长所带的这两

---

① 闯：山西黎城人把山顶悬崖对峙、中间能行人的形似大门的夹沟称为闯。

个排后面还有一股敌人尾随着,当他们到达小闯与另两个排会合时,面临的是前有伏兵后有追兵,一场惨烈的战斗开始了。在冰天雪地里,经过一番激战,这120多名八路军战士为了保卫冀南银行而全部壮烈牺牲。

八路军第385旅769团3营12连遇敌伏击的山西黎城宽嶂山小闯

在11月15日清晨,冀南银行留守人员也遭到一股日军的偷袭。指导员杜天荣发现日军后开枪示警,其他同志听到枪声后急忙跑出屋外,奔向两侧山坡,向对面来袭的日军开枪射击。来袭的日军受到来自三个方向的射击,于是就匆匆往左会山撤走了。战斗结束,几个八路军战士受了伤,总务科粮秣股股长王救农牺牲了。

敌人于1941年第二次"扫荡"宽嶂山，已经发现这儿有八路军的银行，这就使得原来集中设置在黎城宽嶂山沟口附近村庄的几个印钞厂风险陡增。到了1942年，日军"扫荡"更加频繁，高捷成决定再次将印钞厂进行缩编，印钞一厂的一、三所缩编为印钞一厂一所，印钞二厂的二、四所缩编为印钞二厂二所。同时，对山西黎城宽嶂山印钞厂进行调整，不再集中于一两个地方，印钞部门由大变小，由印刷所变成队，由队变成组，印钞地点从村庄转移到深山峡谷之中。印钞一厂一所分散转移，化整为零，分散为四个小分队，代号为"一道梁、二道梁、三道梁、四道梁"，分散在上清泉、二沟、磨石和油篓沟。各分队有7~8台石印机，20余人。印钞二厂二所分散为三个分队，代号为"一道沟、二道沟、三道沟"[①]，分散转移到王盆、大西庄、左江沟，各分队有3台石印机、5台脚踏铅印机，16人左右。"一道沟"进驻山西和顺县与河北邢台交界的岭头山涧，地处崇山峻岭、树木茂密的王子坟，当地人称它"王盆"。厂部设在王盆沟下的小清泉村，小清泉南有条大山沟，上行20华里就是晋冀两省的分界线——太行山的峻极关，关南一带峻岭称摩天岭。这一带重峦叠嶂，遍布悬崖峭壁，人烟稀少，高捷成就将印钞二厂二所隐蔽于此，

河北邢台王盆夫子岭冀南银行印钞二厂二所所在地（1）

在这儿安装了十几台手摇石印机进行生产，并配备了一个警卫班，在摩天岭一带派出警戒。此处隐蔽性极佳，印钞点就设在王盆沟头的夫子岭。从山下往上看，只见

---

① 张存泰：《冀南银行印刷厂的建立与发展》，见武博山主编：《回忆冀南银行九年》，中国金融出版社，1993年版，第571页。

山峰；从山顶往下看，只见沟底；侧面看，则只见洞穴如盆。唯一能到印钞所的是一条崎岖小路，小路两边长满过膝的野草。

河北邢台王盆夫子岭冀南银行印钞二厂二所所在地（2）

1943年3月，高捷成陪同刘伯承师长、邓小平政委来到这处叫"王盆"的地方，视察冀南银行印钞二厂二所。印钞厂处于这险峰和峡谷中非常隐蔽的地方，不仅地面侦察难以找到，即使空中用飞机侦察也很难发现。高捷成向刘师长、邓政委介绍说："日军几次'扫荡'到了前面沟口，均未发现隐藏在此太行峡谷深处的印钞二厂二所。"刘伯承师长听了，连连称赞："印钞厂选择此地，选得非常好！"

第十节　"铁滚扫荡"一九四二麻田突围

1942初夏，日军对太行、太岳区发动了两次大规模"扫荡"。在夏季扫荡中，5月14日，日军第36师团、第60师团各一部，首先对太岳区发动声东击西带有迷惑性的第一波"扫荡"。接着，又以2.5万余人的兵力分四路深入太行北部山区进行第二波"扫荡"。日军这次扫荡的目标是要一举消灭八路军前方总部、中共中央北方局、第129师师部和冀南银行总行。

5月23日，八路军前方总部、野战政治部、后勤部、中共中央北方局、冀南银行总行等单位紧急出发，由麻田武军寺、上南会火速转移至麻田以东的郭家峪。24日傍晚，再向东面山区偏城一带转移，入夜后，抵达南艾铺。

至 5 月 24 日，日军已经对八路军前方总部所在的南艾铺地区形成合围之势。担任总部警卫任务的是总部特务团，团长欧致富，当时只有 7 个连。特务团原先是有 12 个连的大团，1941 年黄崖洞保卫战之后，整编缩小为 7 个连的小团。5 月反"扫荡"开始，欧致富率特务团一小部分往白晋路破袭日军后方交通线，特务团主力派往黄崖洞保卫兵工厂，在王家峪、黄崖洞、宽嶂山、小寨沟与敌周旋。总部特务团用于保卫八路军前方总部的仅有 3 个连，一个加强连保卫前方总部司令部，一个政卫连保卫政治部，一个勤务连保卫后勤部。保护八路军前方总部的力量过于薄弱，战局很快就陷入被动之中。

5 月 25 日上午，敌情益发危急。当时黎城之敌已渡过清漳河，自南疾进；涉县之敌由东南方包抄过来；西北方向之敌也进到上庄、下庄地区；武安之敌也疾速赶来；泽城、尖庙之敌进至山庄村；羊角之敌到达红土垴；麻田、偏城之敌则尾随总部，一路跟进。八路军前方总部、冀南银行总行四周都出现敌情。八路军前方总部只得撤离南艾铺，转向辽县偏城交界处的十字岭。10 时许，一架敌机发现了八路军前方总部的行踪，很快，四处敌人开始向八路军前方总部合击，八路军前方总部顿时陷入日军重兵包围之中，情势万分危急。在彭德怀的指示下，八路军前方总部立即分路突围。

分路突围，是八路军在敌后作战摆脱敌军分进合击的成功经验，要义在于"利害转换线"，即掌握敌人在进攻即将形成合击圈之前进至最有利于突围的位置。面对日军的分进合击，突围过早，绕不到敌背后；突围过晚，敌空隙小，突不出去。突围成功的保障在于八路军情报的准确、及时，指挥员的沉着、果断，以及官兵的勇敢坚定、高度自觉。

面对天上日军飞机的轰炸、地面日军的"铁滚扫荡"与"分进合击"，八路军前方总部分三路突围：第一路，由特务团一个加强连保护彭德怀的总直机关和北方局，仍按预定预案沿清漳河东岸向西北太行二分区突围；第二路，由特务团一个政卫连护卫罗瑞卿率领的野战政治部，向东南武安涉县交界处太行六分区突围；第三路，由特务团一个勤务连保护杨立三率领的后勤部、冀南银行总行向东北（黄泽关、羊角）突围，转移到南委泉大山。

高捷成带领的冀南银行总行与周文龙带领的供给部，用 17 匹骡马驮着 34 个麻袋，装着 600 万元冀南银行发行的新票。当骡马走到南艾铺东北山头时，遭到敌机的轰炸扫射，部分骡马伤亡，诸多麻袋装满了冀南钞，沉甸甸的，背不走，扛不动。高捷成与周文龙临危不乱，指挥全体人员立即动手，把麻袋里的冀南钞一捆捆掏出，抬到沟下，分散在沟底石槽里，用石块儿覆盖严实，掩藏起来，之后让一名出纳员留守，高捷成与周文龙带着其他人员撤退到羊角山。此时本应实现会师、堵死羊角沟的两路日军，却因我军顽强阻击和灵活袭扰而放弃会师，改为分散追踪。出了羊角沟沟口，高捷成与周文龙他们与一队搜山的日军遭遇，随之发生了战斗，他们被冲散了，只好分散独立行动。高捷成与杨介人主任、罗维教导员带着冀南银行总行一部分人员冲出包围圈，走了一天一夜，进入偏城，来到山西河北交界的老鹰山，与敌人继续周旋。① 每天早晨五点，日军就带着警犬搜山，高捷成和一位制版师傅饿着肚子，躲在山洞里面住了十多日。他们白天隐蔽在山洞里面，躲过敌人的搜索，晚上再行转移。另外几位冀南银行干部被冲散了，他们在摩天岭一带转，住在一个窝棚里面，带着一斤多小米，吃了3天野菜汤，在山上转了十多个日夜。

5月25日，在第385旅第769团一部的奋力掩护下，中共中央北方局、八路军前方总部、冀南银行总行终于突出重围。日军的这次"扫荡"，给八路军前方总部造成了巨大损失。在辽县麻田的十字岭，左权副参谋长、新华社华北分社社长何云牺牲，八路军总部及后方机关九千多人有一半失踪、牺牲或被俘。冀南银行也有几位职工被俘或牺牲，罗维教导员和王太德两位冀南银行干部也不幸失踪了。

日军这次"扫荡"持续了近2个月，高捷成及随行人员在太行山的崇山峻岭中坚持与敌周旋。待到反"扫荡"结束，那34麻袋600万元的冀南新钞安全无恙，冀南银行总行失散人员陆续归队。高捷成收拢了队伍，返回冀南银行总行驻地——山西黎城小寨村。

第十一节　发展壮大　冀行管理日趋正规

冀南银行创建初期，在太行区和冀南区同时设立机构，在太行区叫晋东南办事处，下辖冀西、漳（河）西、漳（河）北3个办事处；在冀南区称路东行，1940年3月路东行在河北威县成立了第一个县支行。1940年6月在冀鲁豫区的内黄县成立了冀南银行冀鲁豫办事处。随着抗日根据地的扩大而得到发展，1940年8月，

---

① 王静然主编：《回忆冀南银行九年》，中国金融出版社，1993年版，第76~77页。

成立了"冀太联办"，辖太行、太岳、冀南三个区，冀南银行也相应增设了机构。晋东南办事处改组为总行营业部，各专区办事处改组为分行。1941年3月，冀南区的路东行改称冀南区行，下设6个分行，赖勤、胡景沄担任正副经理；太岳区设立4个分行，李绍禹担任主任；太行区由总行兼，下设五个分行。县的机构刚开始称为办事处，后改为县支行。全边区的行政区、分区、县的银行机构至此设置已完备，即分为总行、区行、分行、支行四级管理。

冀南银行成立一年多的时间里，随着业务的发展，机构和人员增加了许多。路东行、路西行也从早期相对独立的运作模式发展为总行、区行、分行、支行四级运作模式。1942年4月，高捷成根据这一新的变化，起草制定了《冀南银行总行工作规程（草案）》和《冀南银行办事细则》。《冀南银行总行工作规程（草案）》的主要内容如下：

冀南银行总行工作规程草案

一、根据本行组织大纲拟定之。

二、本行采取总行制，得按各地情形需要设立办事处及分支行，并得委托代办所。

三、本行为适应目前游击环境，便利工作起见，暂时根据组织大纲，缩小各级组织之范围。

四、本行总行之组织及分行组织系统列表如下：

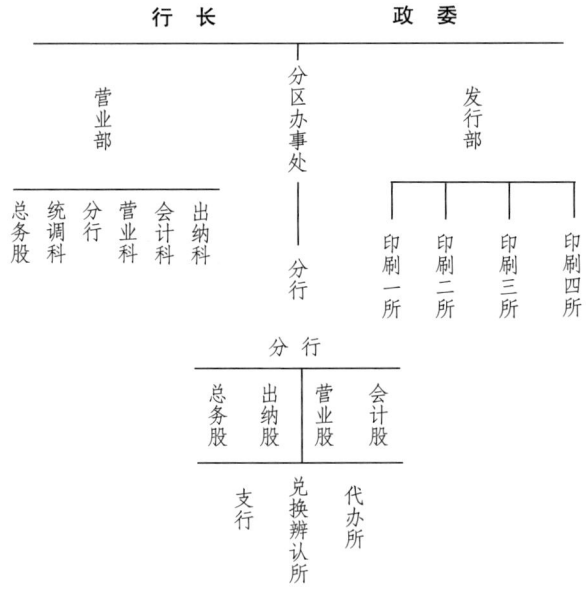

五、各分区办事处分行直接受总行之领导,必要时各县设支行,均受各该分行直接领导。

六、各地本行营业周围之资金,暂不固定,均受总行之支配调剂。

七、各分行间之汇兑往来之款项,均须暂由本分区之办事处转账定期清理,并转(总行营业部不得自行转账)直属营业部,各分行则均须经过营业部拨账,不得自行转账。

八、分区办事处之往来汇兑等款项,皆于3个月由总行营业部转账一次,分行与分行间之汇兑往来等款项,均于每一个月底分区向直属办事处(太行区直向营业部)转账一次。

九、各分行支行对外放款数额,分行在3000元以上(一次),支行在500元以上者,均须按级呈报核准之。

十、各地分行投资或经营事业之款额,分行投资在500元以上,经营事业在300元以上,支行投资在200元以上,经营业在100元以上,均须按级连同计划呈报核准后,方可进行。①

1942年4月14—16日,冀南银行总行在辽县麻田召开了太行区各分行主任联席会议,高捷成总结和部署了1942年冀南银行工作,会议还确定了如下事项:夏季工作货币紧缩计划,资金任务分配,加强通货管理。要求贷款发放重点放在农业经济上。高捷成还明确了总行及各级区行、分行之间的经营权限和管理职责,要求银行管理应走向规范化、正规化。

高捷成提议在边区政府各经济部门实行监委制。1943年1月,冀南银行取消了政治指导员,由边区政府委派监察委员到冀南银行各分行负责掌握政策的执行,并加强对干部进行政治教育和业务教育,以保证各项行政任务的完成。1943年2月20日,历时55天的冀南银行审会计工作会议结束。针对原来"官厅会计"的局限性,高捷成以其会计方面的专长,对现行会计制度提出修改意见,统一了会计核算规则、会计科目和会计报表格式,完善了会计制度体系,修改后的会计制度于1943年5月1日实行。

在业务管理范围及对敌经济斗争方面,冀南银行也与边区工商管理总局进一步明确分工。冀南银行专门负责存放款、调节汇兑、管理掌握外汇、吸收及抛售各种

---

① 王静然主编:《冀南银行》,河北人民出版社,1989年版,第58~59页。

货币、管理通货及一切金融货币信用事业；边区工商管理总局专门负责生产及贸易合作、商品调剂出入、粮食斗争等有关工作。

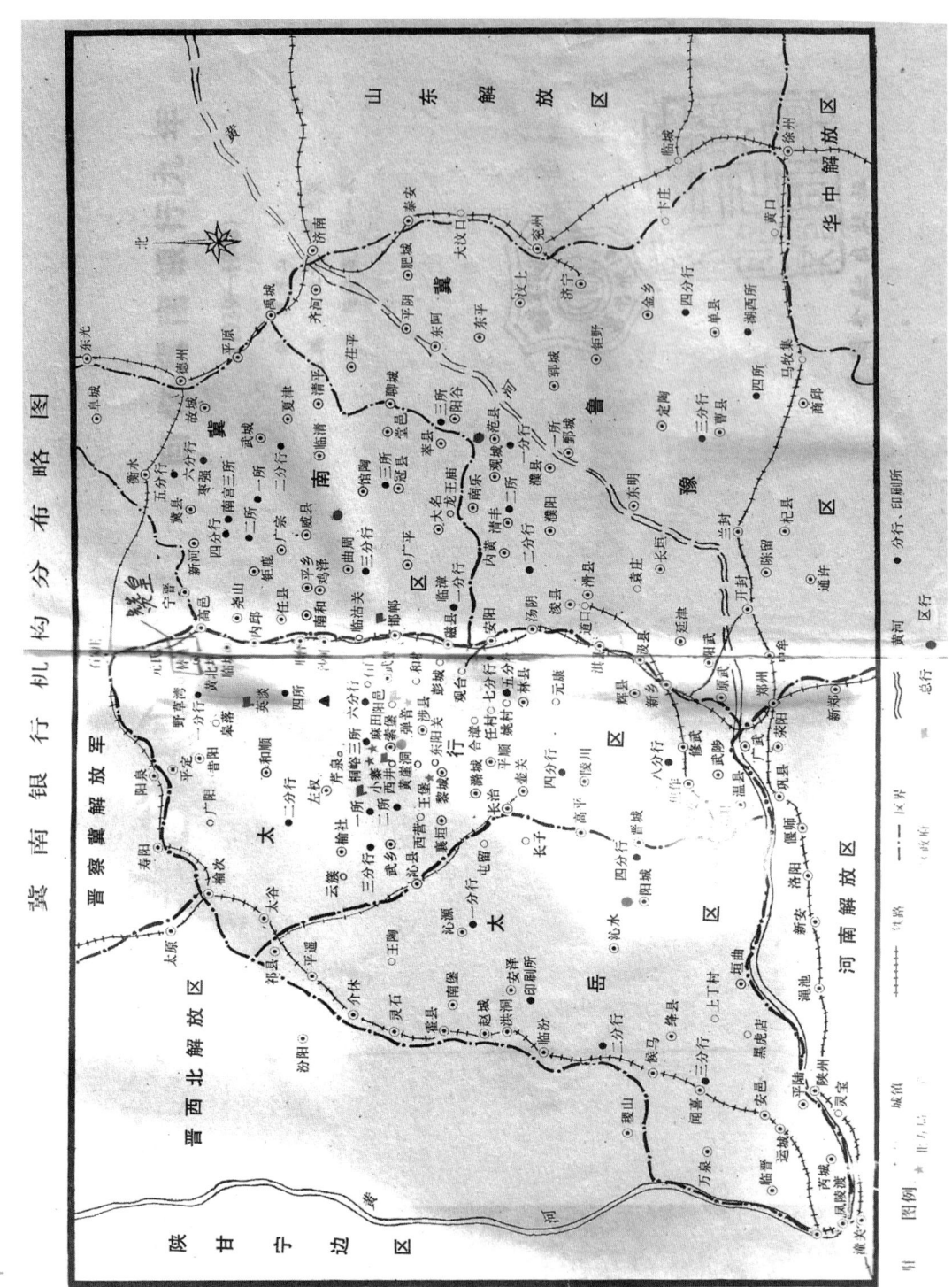

冀南银行机构分布略图（引自武博山主编的《回忆冀南银行九年》）

第七章 货币斗争（1940—1943）

我的祖父高捷成

高捷成领导冀南银行，配合边区各财经部门尤其是贸易部门，与敌伪斗智斗勇。在晋冀鲁豫边区肃清杂钞，统一币制，保护法币，打击伪钞，禁止伪钞流通，堵截假票，维护流通秩序。他审时度势，放弃以法币作为冀南银行准备金，转而采取以物资作为冀南银行的准备金，维护了冀钞币值的稳定，巩固了冀钞本位币的地位。在一个没有硝烟的战场上，与日寇在货币金融领域进行着一次次生死较量。

第一节　整顿金融　肃清杂钞统一币制

冀南银行刚成立后一段时间，晋冀豫边区各地的金融市场十分混乱。除了国民党政府发行的法币流通之外，还有经国民政府许可的中南银行、中国实业银行、大中银行、中国垦业银行、浙江实业银行、北洋保商银行发行的钞票，以及各省、各县地方银行发行的钞票或流通券，包括私人银号、银庄、粮行、商店发行的土票杂钞在当地市场流通。另外在一些经济落后的地区，仍然有使用银元的习惯。在根据地的边沿区，有伪"联银券"在市场流通。

混乱的金融货币市场，对于发展边区的经济、保护边区的物资不被敌人抢夺是十分不利的，主要表现为：

1.不利于战时财政资金调度。战争时期的财政，其收入难以保证支出，常常需要借助银行资金来解决财政急需。在这样混杂的金融货币市场中，战时边区的财政困难及边区财政资金的调度问题很难得到解决。

2.不利于边区的物资交流。当时除法币是通行于全边区的货币外，其他货币均属于地方性的货币，流通范围狭窄，多数只起到辅币的作用。这些地方性的货币，对于各根据地之间的物资交流难以起到作用。

3.不利于保护群众的利益。地方性的货币及其他土杂钞大都是滥发的，信用极低，有些钞票已为敌伪所把持。

针对边区混乱金融市场所带来的这些不利因素，高捷成着手整顿边区的金融货币市场。他对地方性的货币和土杂钞，根据各种货币的不同情况区别处理。他采取了以下几项措施：

1.由"冀太联办"颁发布告，收回由原山西第三、第五专署发行的"上党票"和"救国合作社兑换券"，明确规定冀南钞为冀南、太行、太岳三区统一的本位币，山西第三、第五专区各县发行的流通券，规定于1941年3月以前由冀南银行折价收回。

2.冀南各县发行的各种流通券，由各县政府负责收回。

3.对于私人钱庄和商家发行的土杂钞，要求各级政府督促发行人，用基金和家产收回发行的钞票。对发行人已逃跑的，所发钞票宣布停止使用，持票人可将此种钞票保存，待发行人回来再兑换。

4.大中、保商、实业、农工四银行已倒闭，其发行的钞票一律停止使用。

5.对于已被日伪控制的河北省银行发行的钞票，视同伪币，禁止使用。

首先，清理土票杂钞。1940年1月至2月，冀南行政主任公署即发布废除土票杂钞的命令和布告，分别是《限期注销各县所存放大中、保商、实业、农工等废钞的命令》《禁止一切河北省银行钞票在冀南区流通》《重申严禁河北省银行钞票在冀南区流通》《关于禁止各地土票流通的布告》，随后"冀太联办"颁布了《1941年财政计划》，对整理土票杂钞提出具体措施和要求。到1941年，土票杂钞在边区基本被清除。

其次，由冀南银行收兑根据地各行政区域发行的钞票，原山西第三专署发行的"上党票"，以田赋、税收和向冀南银行借贷的办法，按七折兑换收回，共110万元，予以当众烧毁。原山西第三专署发行的"救国合作社兑换券"，则以合作社货物销售收入予以收回。

晋冀豫边区金融货币市场经过整顿，地方性货币及其他土票杂钞基本被清除。高捷成以其卓越的才干，在冀南银行成立才一年的时间，迅速将冀南钞流通范围由冀南、太行区扩大至太岳区，到1940年底，完成了以冀南钞为本位币市场的新金融体系的建立，冀南钞成为晋冀豫边区唯一合法的货币。进入1941年春节过后不久，冀南钞不仅在根据地周边的游击区站稳了脚跟，还流通到沿平汉线和同蒲线日伪控制的区域。

高捷成在领导清除地方性货币及其他土票杂钞工作中，对于银元及其金属货币也一并加以处理。1940年12月由"冀太联办"颁发了《保护白银禁用银币办法》，禁止使用银币。具体规定：对本边区内之一切交易，一律以冀南钞为本位币，其他银币、现银、现金均在禁止行使之列。晋冀鲁豫边区政府成立之后，1943年4月15日，也公布了《晋冀鲁豫边区保护铜元、制钱兑换冀钞暂行办法》。该办法规定，为了保护铜元、生熟铜制器具及饰品，防止其流入敌占区被敌吸收，要求必须将其兑换成冀南钞使用。各地收兑及没收的铜元、制钱、废铜，要求随时解交县金库，并由县金库依次送交专署金库保管。

通过禁止使用或收藏银元、现银、铜元、制钱、现金以及铜器制品，一方面可

避免其作为战略物资为敌使用，另一方面也进一步增强了冀南银行的准备金实力。

清理土票杂钞及其他地方性货币，禁止使用银元，目的是让冀南钞占领市场。为了让冀南钞尽快成为边区的本位币，高捷成领导冀南银行，与工商管理总局相互配合，加强集市贸易管理。1942年冬，太行区工商管理总局颁布了《集市交易所组织办法》，主要内容是：

一、农村交易所主要物资（粮、棉、布、油籽、牲畜等）由政策管理，必须在集市交易所成交，交易所以外成交为非法，由政府取缔。非管理物资可自由贸易。

二、实行以冀南钞为本位币交易，并执行现金交柜制度，凡评价成交后买卖双方均不得直接收付款项，买方将现金交司柜结算。

三、交易所主要干部由政府委任。

为达到冀南钞能独占市场，冀南银行干部与工商局干部相互配合，采取了各项措施：一是交易所挂牌均使用冀南钞标价；二是非持冀南钞者不得进入交易所；三是冀南银行每次新发行冀南钞，先将票样发到交易所，并将票样悬挂在门口；四是冀南银行新票发行后在支付上，交易所给予支持并推广；五是查禁法币交易时，是让其自觉兑换成冀南钞再行交易成交；六是对伪钞实行禁用。通过加强集市贸易管理，集市交易所成了组织推广使用冀南钞、统一本位币市场的先锋。

在敌后根据地尚未形成一个独立货币市场时，采用交易所管理集市贸易是支持冀南钞占领货币市场的有力手段；在冀南钞统一市场之后，采用交易所管理集市贸易是不断开辟、扩大冀南钞流通范围，排挤和驱逐敌伪币，巩固币值的主要阵地；在发行新钞和新收复区时，采用交易所管理集市贸易又是冀南钞与群众和物资发生密切联系的纽带。

第二节　保护法币　巩固冀南钞本位币

法币是国民党政府于1935年11月发行的法定货币，有外汇基金作为保证，流通全国，币值稳定，在群众中信用较高。抗战初期，还可以持法币兑换外汇，敌人也推销仇货[①]，吸收法币，套取法币外汇。冀南银行成立时，规定法币是冀南银

---

① 仇货：原指敌对国家的商品和货物，此处指敌方的商品和货物。

行的准备金。从冀南银行成立到 1940 年 11 月，在此期间允许法币与冀南钞共同流通，当时是国共合作比较好的一个时期，国民党方面是明确反对边区政府成立银行发行货币的，为了维护抗日统一战线，采取了"保护法币""允许法币与冀南钞共同流通"的政策。对法币实行保护的具体做法是：停止法币在边区市场上的流通，持有法币者，只许私人收藏和向政府缴纳税款，如需在市场上交易，必须先用法币兑换冀南钞，流出根据地要经过有关部门批准，使法币掌握在冀南银行手中而形成准备基金，并防止敌人掠夺法币。

1940 年 11 月 20 日，高捷成起草制定了《保护与兑换法币暂行条例》，由"冀太联办"发布。该条例规定："凡本区内一切交易一律以冀南票为本位币，如携有法币者，须向冀南银行或其分行办事处或委托之代办机关换成以冀南票行使之；私人收藏之法币或向政府交纳税款非用于交易者，不受前条之限制并不得干涉；凡商民购买本区必需品，或因公必须行使法币时，须具呈请书及保证书（机关团体部队不用保证书），经指定机关核准后方得兑换。"在该条例颁布与实施之后，实际上禁止了法币在晋冀豫边区作为流通手段的存在，但仍允许冀南票与法币的兑换。采取这种做法，除了在政治上维持与巩固了国共合作的大局之外，主要是抵制了日伪通过法币套取根据地内物资进行经济掠夺，扩大了冀南钞的流通范围和冀南钞在抗日根据地民众中的声誉。

在 1941 年 11 月太平洋战争爆发之后，敌伪在华北地区对法币采取压制、贬值和驱逐的政策，北平、天津两地伪中国联合准备银行挂牌法币一元仅等于伪"联银券"二角，国民党政府却在大后方明令禁止华北敌后法币流向黄河以南及大西南地区，华北敌后法币的币值随之大幅下降。面对法币大幅贬值这一严峻形势，为了避免损失，高捷成指示冀南银行各级行，积极采取应对措施。1942 年 1 月 15 日，他在太行区分行主任联席会议上做《经济环境之估计与银行业务工作方针》的报告。他提出：

1. 政治方面之宣传教育：目前口号还是"保护法币"但不允许流通，说明法币基本上是好的，不过今天敌人要拿法币来吸收根据地的资源，同时也失掉国际汇兑的关系。

2. 政府正式收款，不收法币。

3. 经济上在目前应很迅速地吸收一部，以五或六之价为最宜，只有个别地区，可在一元之价收进（但应防止敌人之倾销）拿到太南、太岳等

法币价高的地方去出售。

4. 我们对法币的基本态度是摆脱关系，不受法币的牵连，我们的方针首先应该是争取法币与冀钞价格相等。

对于经济流转上需要吸收的法币，高捷成指示冀南银行各地分行根据当地金融市场需要的具体情况，贬价挂牌酌量收兑一部分法币。对于法币的兑换采取登记制，由边区政府发布公告，限期登记兑换。在太行区各分行，一般停止无原则地大量收兑法币。对于收兑法币的折扣，采取分期压低的办法，要求在1942年内普遍压低到五折以下，以便将法币逐步排挤出根据地。

针对法币大幅贬值的情况，冀南银行放弃了以法币作为自己的准备金，转而采取以边区生产品（主要是粮食）及硬币与生金银作为冀南银行的准备金。为此高捷成发出指示：

1. 组织商人，成立商联会，参加商联会。

2. 各个地区根据不同之环境，囤集一部分商品，如布匹、棉花、盐、粮食、山货等。

3. 收回旧春耕贷款及到期之一切放款，以利资金周转得快。

4. 对付伪钞，阳邑任村各掌握50万元伪钞，利用时机，组织抛售出去，其他分行，应继续在敌占区建立外汇关系，以便沟通外汇。

5. 普遍建立兑换所、辨认所、代办所，以便及时兑换，巩固冀钞。

6. 各分行可以协同贸易局，囤集一部物资（主要是必需品）将来出售，利润平分。

在采取了以物资作为冀南银行准备金的措施之后，高捷成就要求冀南银行各区行、各分行、各部门通力协作，并具体提出了以"强度之组织，提高货币购买力"的几项要求：

1. 用有计划的囤集商品，对付敌人之经济封锁，但囤集不是为的发财，而是为了将来之调剂，不同于大后方之囤集居奇。我们囤集之东西主要是盐、布、粮食等必需品。各分行需有计划的囤集一批。或协同贸易局去作。

2. 在内部好好增加生产，主要是农业生产及小手工业生产，家庭副业的生产，如纺织、造纸、榨油及熬硝盐等等，这个任务主要是贸易局办理，但我们也不应忽视，应该注意检查我们的贷款，转移我们的资金，由商业贷款转移到生产贷款上去。

3. 自从敌实行配给制度后，敌占区群众生产情绪大为降低，可能引起粮食恐慌，将来要等待根据地来供给，我们要有计划的出口，避免走私之现象。

由于及时采取了"放弃以法币作为准备金，转而为以物资作为准备金"的措施，并加强收购重要物资（主要是粮食），从而稳定了冀南钞的币值，确保了冀南钞在晋冀鲁豫边区的本位币地位，冀南钞成了当时抗日根据地中流通最为广泛的一种货币，有力地支持了持久的抗战。

第三节　打击伪钞　多措禁止伪钞流通

在华北，中国联合准备银行在日本帝国主义的扶持下，于1938年3月18日在北平成立，其发行的"联银券"为日伪在华北占领区的本位币，流通于日军占领下的北平、天津，以及河北、山西、河南、山东等省份和苏北等地的沦陷区。伪"联银券"是在准备金不足的情况下，依靠军事、政治力量发行的，到1938年9月，发行了7300万元，此后还不断增加发行量。在华北占领区，日伪采用各种手段打击法币，将法币不断贬值，直到1939年3月禁止法币流通，只能兑换成伪"联银券"。日军将所获取的法币用于购买外汇，再用外汇到国际上换取物资，从而达到掠夺华北人民财富，实现"以战养战"的目的。

打击伪钞，抵制伪钞向抗日根据地的侵入，是当时冀南银行对敌经济斗争的一项重要工作。高捷成领导冀南银行，在经济层面对敌开展货币战，积极打击伪钞，破坏敌人掠夺我抗日根据地物资的企图。

对待敌伪钞，一开始是采取禁止伪"联银券"在抗日根据地流通的做法。这在冀南银行刚成立，冀南钞还处于比较弱小地位时是有必要的。在那个时期，严禁伪"联银券"流入抗日根据地，对于和敌占区的贸易，采用以货易货，内地山货向敌占区输出，规定只收冀南钞和法币，不收伪"联银券"。此外，我方还派出武装工作队到敌占区进行斗争，对敌人进行破坏并对群众进行宣传教育。后来发现这一做法有些脱离实际，因为根据地有许多土特产要向敌占区出售，有一部分军用物资和生活必需品也要从敌占区买进。敌我之间既然有贸易往来，就势必要和伪钞

打交道。伪"联银券"虽是日本帝国主义对我经济侵略的一个特殊工具，但是它又是敌占区市场流通的货币，尤其是在敌占区经济实力大于根据地的情况下，伪"联银券"的信用还是比较高的。在敌占区，伪"联银券"是沦陷区群众的财富。我们可以与敌人断绝交易，但不能与敌占区同胞断绝往来。在打击伪"联银券"时，如果简单地采用禁止使用伪"联银券"或贬低伪"联银券"币值的办法，有时会误伤到群众的利益。在发现这个问题后，高捷成根据情况变化及时改变了斗争策略和做法，在限制伪"联银券"入境的原则下，采取严格管理"外汇"的办法。他领导冀南银行，在与接敌区的边境区域，设置了若干个外汇交易所，通过外汇交易所买卖伪"联银券"，为进出口贸易服务。敌占区的商民持伪钞向根据地购买土特产时，要在冀南银行或外汇交易所兑换冀南钞使用；根据地公私商民如向敌占区买进一些必需物品，也要在冀南银行或外汇交易所兑换伪"联银券"使用。采取这种方式，冀南银行既严格限制了伪"联银券"在根据地的流通，又可将所掌握的伪"联银券"作为"外汇"加以利用，使其与敌占区之间的贸易相结合，最后达到在根据地内彻底清除伪"联银券"的目的。

高捷成领导冀南银行，积极开展打击敌伪钞工作，他指示各级分行做好几方面工作：

1. 通过商品去打击，利用伪钞之不同价格，从甲地买一部分商品，到乙地去换回伪钞，再拿到甲地去售出，以打击伪钞。

2. 通过货币来打击伪钞，自伪钞价格低的地方，买一部分伪钞，拿到其价格高的地方去出售。

3. 研究时间、地点、特点，找出办法具体布置。

4. 利用时机，扩大冀钞流通范围深入到敌占区去。

5. 在根据地内，一定要政治力量的保证，不承认伪钞，除收款时不应要以外，还应该加缉私工作，如有流入根据地时，我们应负责肃清（吸收也不应以银行面目出现）。

6. 通过汇兑去打击，今年应该努力，在敌占区天津建立机构，通盘的沟通外汇，进行汇总事宜以商号名义印汇票，在价格高的地方卖汇票，在价格低的地方收一部分，这样一方面可以压低伪钞价格，一方面又可以取一部分利润。

7.加强政治宣传，应该是经常的工作，根据时机、国际形势变化，说明敌人必败无疑。

经过多年与日伪进行货币斗争与较量，高捷成领导冀南银行，采取多种措施打击伪钞。一是组织群众以伪"联银券"到敌占区换回边区所需物资，对于流入根据地的伪"联银券"，采取贬值兑换的方法，向外挤压；二是利用伪"联银券"在根据地不同地区之间的汇差，通过贸易手段以伪钞打击伪钞；三是在边沿区，组织以物资力量支持的本币市场和敌占区的伪钞市场作斗争。高捷成和他的战友们，在我军事上处于弱势的情况下，积极用货币手段想方设法保护根据地人民的生产、生活，抵制伪钞侵入我抗日根据地，阻止敌伪利用货币手段掠夺我抗日根据地物资的图谋，使边区逐步建立起独立自主的经济，支持了军民持久抗战。

第四节　堵截假票　维护冀钞流通秩序

冀南银行从成立那天起，就无时无刻不在与日寇进行着惨烈、没有硝烟的货币战争。日寇一方面反复"扫荡"，妄图消灭我抗日武装；一方面有计划、有步骤、有组织地制造假票大规模向根据地投入，套购我根据地物资，损坏冀南钞的信誉，影响冀南钞的流通，破坏我抗日根据地的经济，削弱根据地的军事实力。

反假票斗争是冀南银行对敌货币斗争的一项重要任务。从1941年6月开始，根据地市场即发现冀南钞假票，有壹圆券、伍角券。这些冀南钞假票大量混入根据地，阻碍冀南钞的正常使用，使根据地金融货币市场产生混乱，给边区人民带来一定的损失。据延安《解放日报》1941年6月11日刊载的《冀西敌寇汉奸大肆破坏冀钞　我已定出具体防止对策》一文中记载："一九四一年，冀西敌寇汉奸，最近在冀西一带破坏我抗日钞票的活动日益加剧，第一种诡计是大批印刷冀钞，到处倾销，企图降低我抗日冀钞的信用，扰乱我金融市场，现在市场上已经发现有五元、拾元、一元、五角四种，从区域上说，临赞内邢（即临城、赞皇、内丘、邢台，作者注）各县这种假票出现，其倾销办法是利用无耻商人，携带大批假冀钞到我根据地来实行骗兑，一百元假冀钞兑换我抗日冀钞三四十元，在内丘有一次发现这样的假冀钞三百元之多。"面对这一严峻形势，高捷成立即组织冀南银行各级行积极应对，对敌开展反假票斗争，采取了多项措施：

1. 对冀南银行各级行进行动员，让全行上下认识到敌人投放假票到根据地的危害性，组织大家立即行动起来，投入到反假票的斗争当中。

2. 加强反假票宣传力度，在各地冀南银行机构或合作社组织假票辨认所，广发假票的票样，到处张贴，发动教育群众，宣传真假票的特点和辨别的方法。

3. 在各机关、团体开展群众性反假票活动，组织进行识别假票教育，组织群众进行互教，增强识别假票的能力。

4. 增加冀南钞的防伪功能，通过变换版别，变换冀钞的着色，让冀钞使用太行造纸厂生产的专用纸张等方法，以此应对日寇制造的假票。

5. 在接敌区和游击区组织查缉假票，堵截假票向根据地流入的通道，发现假票，就一追到底，对发现或破获假票的人员给予奖励。

6. 利用可靠关系或地下工作者打入敌人内部，查找制作假票或贩运假票的渠道，设法予以摧毁。

7. 发动边区军民共同缉拿伪造假票的奸人，一经捕捉，就公开进行宣判，给予严厉打击。

敌人也通过各种手段大规模地投放假票，其使用的手法很多。主要有：

1. 指使和利用假票贩子向根据地推销假票，当时的假票贩子多是一些有组织的不法商人或敌方特务。为了应付边区政府的打击，他们行动诡秘，使用假名，并常常拉拢一些村干部或军人作为靠山，携带假票到边区工作比较薄弱的地方去推销。他们采用分红制、预先赊给假票、制造物价差额等办法，以利润来引诱一些群众替他们推销更多的假票。

2. 利用军队推行假票。日军一是在给部队发饷时发给一部分假票，利用军人及其家属推销假票；二是随军发行假票，利用军事力量强行推销，掠夺物资。

3. 发行种类繁多的假票，利用抗战时期冀南银行发行钞票的不统一，跨地区使用假票，如在平原地区发行山地版假票，在山地发行平原版假票，甚至将其他根据地的假票在晋冀鲁豫边区使用。

到了1942年，晋冀鲁豫根据地发现的假票日趋增多，新发现了贰圆券假票。冀南银行于1942年8月13日发出《冀南银行总行关于对付假票等工作的指示》，其主要内容有：

> 现各地发现假票甚多，以五六专区最多，据查武安、彰德等地都有

伪造机关，假票以贰圆券种类特多，除分数混入边区市场流通外，连中心地区内地市镇都有假票发现，更有以整把假票混入本币整捆内，或以几张混入本币一把内，一般民众对假票认识不清，因为假票种类繁多，连经济机关工作人员亦模糊无以辨认，致使假票容易混流，这是值得我们万分警惕与注意的。为此我们对付工作必须：

1. 各分行在其本区所发现之假票种类，须立即召集全体干部经过仔细研究，印制识别法，普遍散发各级政府、机关、商民，并将识别法及时报告我们。

2. 各分行负责人和营业人员应在所属区域内，各个集镇、大村，轮次召集各机关、团体、商民等开会说明假票认别方法，教育商民周知，引导群众力量对付认识假票并负责追究。

3. 各分行所设立及委托各个代理兑换所，同时必须具体委托其为假票辨认所，负责辨认识别对付假票。各分行应负责首先教育其识别法。

4. 各分行应将本币各种票样并收集各种假票样，真假对照，分发各代理兑换所，用牌挂出，以便商民之识别。

5. 发现假票之处理：须要加盖"假票"章或刀剪角（剪去一角）；主要在各代理兑换辨认所，普遍进行，切不可随便放任假票混流，对可疑者要严格跟踪追究。

6. 各分行统调工作，应深入于假票来源的调查及市场假票流通情形的统计，定期每月报告本部。

这份指示是在1942年5月反"扫荡"刚结束，冀南银行总行返回黎城县小寨村后不久发出的。众所周知，1942年是我党领导的抗日战争最为艰苦的一年。但是，不管有多少艰难困苦，冀南银行的职工，在高捷成的领导下仍旧坚持全力对抗日本侵略者发动的货币战争。

第五节　掌握物资　保持冀钞币值稳定

冀南钞从1939年10月发行直至1940年底这段时间，不断扩大其流通区域，占领了许多农村市场，冀南钞与伪"联银券"的比值达到1∶1、1∶2。百团大战之后，日军回师华北，集中优势兵力对我根据地进行大规模的"扫荡"，我根据地日渐缩小，有些地方变成游击区甚至变成敌占区。伪"联银券"也随着敌人的刺刀大批进入了我农村市场，造成冀南钞流通区域不断缩小，冀南钞与伪"联银券"的比值严重下降。在严酷的战争环境中，如何稳定冀南钞币值，是摆在高捷成面前的一个首要问题。

在华北地区，日军占领了城市和交通线，八路军则守在广大农村。敌人在城市中，最缺乏的物资是粮食和农副产品；八路军在农村，最缺乏的物资是食盐、火柴和一些生产生活用品。在对敌贸易方面，太行区出口以麻、皮毛、药材、核桃、花椒、瓜子为主，入口以盐、布匹、棉花、煤油、纸张、火柴为主，棉花则是敌我双方都感缺乏的物资。对敌经济斗争的任务之一是尽量减少剪刀差（即外来品与土产品的差额），保持贸易平衡。

日军对根据地重点掠夺粮食，其使用的手段主要有：一是对根据地"扫荡"时大肆抢劫粮食，以此摧毁根据地经济；二是高价收购，引诱商人走私，从根据地运出粮食；三是利用敌占区某些人到根据地收购粮食。粮食是我根据地最重要的战略物资，它既是根据地军队和人民赖以生存的物质基础，又是冀南银行的重要储备基金。与敌人的经济斗争，主要是围绕对粮食的掠夺与反掠夺而展开。

由于自然环境和人口分布情况不同，太行山西部的白晋铁路沿线一向是重要粮食产区，而太行山东部平汉铁路沿线地少人多，粮食产量低，向来依靠西粮东运。在1941年以前，由于边区政府实行粮食专卖，人为截断了历史上形成的粮食由西向东的渠道，加之平汉线沿线敌祸天灾日益严重，因而形成太行山东部平汉铁路沿线的粮食价格比太行山西部白晋线一带的粮食价格高出很多。

1942年秋收行将结束，八路军前总情报处得到情报，日伪要到粮食价格低的上党盆地抢购粮食。担任晋冀鲁豫边区财政经济委员会委员的高捷成，接到八路军前总情报处的敌情通报后，就向晋冀鲁豫边区财政经济委员会主任杨立三做了汇报,提出让冀南银行与贸易局联合行动,要抢在敌人前面完成到西线的粮食采购任务,这一意见得到了杨立三的支持。高捷成就与边区贸易局局长林海云商定,着手拟订购粮政策和实施方案,参加行动的有部队、冀南银行、边区相关部门、众多的民间商人和民夫,以毛驴为主要运输工具。行动前制定了购运粮食许可证,参加行动的必须领取购运粮食许可证。前往上党地区购买粮食时,须持证向冀南银行以冀南钞兑换伪"联银券",卖粮给平汉线以东日占区民众后,须持证向冀南银行以伪"联银券"兑换冀南钞。同时让商人采用以工代赈的办法,付运费给运粮的民夫。

在"抢在敌人前头购回粮食"的号召下,军民一起齐心协力,挫败了日寇抢购粮食的计划。这次行动计划购买19万石粮食,结果实际购入了21万石,就将9万余石用来弥补根据地的粮食缺口,将12万石卖给平汉线以东缺少粮食的敌占区民众。

平汉线以西的敌占区粮价低,平汉线以东的敌占区粮价高,将上党敌占区购入的粮食低价卖给粮食价格高的敌占区民众,这样既赚取了粮食的地区差价,又增加了伪"联银券"的储备;既稳定了根据地的粮价,又争取了敌占区的民众。由于我方掌握了充裕的粮食,敌占区的商人也争着和我方做生意,这样我方既打破了敌人的经济封锁,又可购入根据地紧缺的食盐、布匹和药品和其他日用品。

在这次行动中,高捷成领导冀南银行,全力配合贸易局行动。除了用大量伪"联银券"在西线购买粮食,冀南银行还用冀南钞购入伪"联银券",促使西线伪"联银券"因粮价上涨,币值下降,而西线冀南钞则因粮价下降,币值高于东部冀南钞。当冀南钞币值升到一定程度时,就用冀南钞大量吸收粮食,西线敌占区群众看到冀南钞比伪"联银券"值钱,愿意多卖粮食换进冀南钞;同时又感到伪"联银券"跌价,纷纷拒用伪"联银券"。在东部平汉线敌占区,先用伪"联银券"高价买进粮食,使用粮价上涨,然后把从西线购入的粮食在东线出售,只收取冀南钞,不收伪"联银券"。在保证利润的情况下,逐步降低粮食售价,从而促使冀南钞对伪"联银券"的比值上升。东线敌占区群众纷纷抛出伪"联银券",向我方换取冀南钞来购买粮食。东西线伪"联银券"的不同比值,使我方能以较低的代价取得伪"联银券"外汇,同时也使冀南钞的流通领域扩大到游击区和敌占区。

通过收购并掌握白晋线一带的粮食,从西线运粮到东部平汉线销售,既获取了高额利润,又沉重打击了伪"联银券",提高了冀南钞的币值,同时扩大了冀南钞的流通区域。冀南钞对伪"联银券"的比值从1942年6月的1∶0.2升至1943年

1月的1∶0.5，在短短半年时间内，冀南钞对伪"联银券"的比值升值了1.5倍。

高捷成领导冀南银行，通过银行自己的货栈或者与边区贸易部门联合行动，成功利用根据地、国统区和日占领区三区之间的货物和币值差价，达到贱价购入必需品，高价输出农副产品，实现根据地贸易平衡；同时，出入口税也超额完成原计划60%以上①，增加了财政收入，保证了财政税收任务的完成。

货币比值反映着敌我双方政治经济力量的对比和变化，它不单单具有经济意义，更具有政治意义。高捷成非常重视冀南钞与伪"联银券"的比值稳定。在战争环境当中，处于军事弱势的我方，要保持根据地冀南钞币值稳定几乎是不可能的事情。高捷成十分清楚货币比值斗争的重要性，他告诫银行的同志们："要竭尽全力，要全面掌握经济情报，与贸易部门通力配合，要善于将货币斗争与贸易斗争结合起来，要注意保护根据地的主要物资如粮食和棉花等，减少外流资敌，要有利于我军民必需品入口，要有利于我一般出品物资的输出。"

在出入口方面，也相应采取了一系列措施，如对边区和敌占区出入口贸易实行奖励或限制进行分类管理，主要内容有：

1. 凡是我急需的物资，如枪支、弹药、通讯器材、药品、印刷器材、食盐等，奖励入境；凡是我多余的物资，如柿饼、核桃、花椒、烟叶、阿胶、党参等，奖励出境。

2. 凡是我一时不能代替或制造的商品，如火柴、煤油、油光纸、细布，允许或限制入境；凡是历史上我传统的出境商品，如粮食、棉花、生猪、活羊、羊毛、羊皮等物品，允许或限制出境。

3. 凡是奢侈品、消耗品，如香水、香皂、卷烟、酒、人造丝等，一律禁止入境；凡是敌人所需要的战略物资，生铁、废铜、硫磺、枪支、弹药等，绝对禁止出境。

高捷成对银行的同志说："我们银行工作就是要为生产服务，这是根本。同时也要重视对敌货币斗争；对敌货币斗争要与贸易斗争相结合。我们在贸易上的原则，是对敌统制，对内自由。对敌统制，就是凡是允许向敌占区出口的东西，需要登记外汇，要保证买回必需品。对内自由，就是冀钞在根据地使用自由，不得使用

---

① 总后勤部财务部、军事经济学院编著：《中国人民解放军财务简史》，中国财政经济出版社，1991年版，第160页。

② 戎子和：《晋冀鲁豫边区财政简史》，中国财政经济出版社，1997年版，第51~52页。

伪钞或法币、土杂钞等。"①

对敌进行货币比值斗争，就是本着有利于冀南钞稳定的原则，既要组织军需民用物资入口，又要组织土特产出口，还要防止日寇套购根据地的重要物资。高捷成领导冀南银行总行和各级行做了大量的工作。如在敌区组织票庄，在重要边境口岸设置银行机构、贸易机构和公营商店，三方密切配合，争取有利时机出口高价，换回更多外汇并机动掌握汇价，灵活收兑和兑出，取得了对敌货币比值斗争和贸易斗争的胜利。

---

① 赵国智：《高捷成传略》，见河北省民政厅编：《浩气长存——河北革命烈士史料（四）》，1983年，第190页。

第八章 保障供给(1940—1943)

我的祖父高捷成

"一切为了战争的胜利。"这是抗日烽火中高捷成的一句座右铭。他担任中共中央北方局华北财政经济委员会委员,出任晋冀鲁豫边区财政处处长,负责晋冀鲁豫边区的财政经济工作。他精打细算,开源节流,建立边区金库制度、预决算制度,制定切合实际的供给标准,厉行节约,完善适应战争环境的会计出纳管理制度,开创冀南、太行区财经之典范。

第一节　黎城会议　财政金融走向统一

抗日战争初期，敌后抗日根据地刚刚建立，抗日力量还比较薄弱，根据地范围狭小，也不太巩固，各抗日根据地处于相对分割状态。冀南、太行、太岳三个根据地在财政方面各自为政，随收随支，没有统一概算，对军费和政费没有严格管理。八路军战时军需供给任务相当艰巨，财政经济工作面临极其严重的形势和任务。要坚持敌后长期的武装斗争，需要大量的人力、物力支持。

1940年2月，中共中央发出关于财政经济工作的指示，特别指出："无认真的财经工作，我们将遇到极大的困难。"

为了进一步巩固和扩大抗日根据地，1940年4月11—26日，中共中央北方局在黎城北社、霞庄召开冀南、太行、太岳、冀中、晋西、晋察冀、山东各敌后抗日根据地领导人参加的高级干部会议，史称"黎城会议"。冀南银行总行行长高捷成参加了这次中共中央北方局召开的高级别干部会议。会议由中共中央北方局书记杨尚昆主持并做了《目前形势与统一战线中的策略问题》的重要报告。杨尚昆着重阐述了"发展进步势力，争取中间势力，孤立顽固势力"的重要意义。刘伯承在会上做了《党军建设问题》的报告。邓小平专就晋冀豫统一政权的建立，即成立冀南、太行、太岳联合办事处和财政问题做了报告。会议集中讨论了为巩固根据地开展"建党建政建军"三大建设问题，以及统一晋冀豫边区党政军民的领导问题，并对前几年各个根据地在贯彻中共中央关于抗日民族统一战线政策中存在的问题进行回顾和总结。

在党的建设方面，为了加强冀南、太行、太岳三区军政党的领导，成立了太行军政党委员会，邓小平为书记，委员有刘伯承、杨秀峰、薄一波、宋任穷、蔡树藩、安子文、李雪峰、李菁玉、李一清和戎武胜。①

在军事方面，会议对军事斗争作了统一部署，决定建立以野战军、地方军、民兵为主体的三层组织体系。

在政权建设方面，根据中共中央北方局黎城会议的决定，冀南行政主任公署与晋东南第三、五专署合并，在涉县东辽城宣告成立"冀南、太行、太岳行政联合办

---

① 戎子和：《晋冀鲁豫边区财政简史》，中国财政经济出版社，1997年版，第29页。

事处"（简称"冀太联办"）。杨秀峰任"冀太联办"主任，薄一波、戎武胜为副主任。"冀太联办"所辖的晋冀豫边区，由冀南、太行、太岳三个行政区组成，下辖15个专区，115个县。

为了加强对华北财政经济工作的统一领导，中共中央北方局决定成立华北财政经济委员会，其具体组成人员如下：

书　　记：彭德怀（八路军前方总指挥部副总司令）

副书记：张慕尧（八路军总部财政经济部部长）

委　　员：杨立三（八路军前方总指挥部后勤部部长）

　　　　　聂荣臻（八路军第115师政治委员）

　　　　　邓小平（八路军第129师政治委员）

　　　　　郭洪涛（中共中央山东分局书记）

　　　　　高捷成（冀南银行总行行长）①

根据中共中央北方局的指示，各抗日根据地亦相应成立财政经济委员会，统一领导本地区的财政经济工作。

统一财政需要建立财政系统，各单位、各部队、各机关团体才能实现统筹统支。1940年7月，"冀太联办"筹备处决定，晋冀豫边区成立财政部门，边区的税务工作统一由边区财政处领导。②高捷成出任晋冀豫边区财政处处长，负责晋冀豫边区的财政工作。

黎城会议是晋冀豫边区历史上的一个重要会议。财政经济工作虽然只作为"建政"方面其中的一项内容提出，但在杨尚昆、邓小平的讲话中，都特别强调做好财政经济工作的重要意义。会议初步统一了大家对财政经济工作重要性的认识。黎城会议确立了经济上"减轻人民负担，爱惜民力，加强农业、工业和副业生产"的原则，制定了"自力更生，艰苦奋斗"的方针，定出了财政开支"军二政一"的比例，即军费开支占2/3，政费开支占1/3；军队人数占人口总数的2%，地方机关占人口总数的1%。会议同时要求冀南银行在做好军队供给保障和对敌货币斗争的同时，把支持农业生产列为重点工作之一。

中共中央北方局就财经工作总的政策原则及领导问题做了专门研究，并于

---

① 李琴：《杨立三传略》，金盾出版社，2013年版，第140页。

② 赵秀山：《抗日战争时期晋冀鲁豫边区财政经济史》，中国财政经济出版社，2017年版，第366页。

1940年4月1日发出《财政经济政策的指示》，主要内容是：

1. 确立财政制度：包括整理各项收入，凡田赋、税收、没收汉奸财产、官产、司法罚款为财政收入。各项税则，应由各县最高行政机关以明文规定，以货物之是否必需来确定征收的比例（5%~45%），对于非必需品、奢侈品入口应该加以重税，或根本禁止。应该是以有地征粮的原则去整理田赋，纠正地少粮多、有粮无地等积弊。田赋附加，一般规定不得超过正赋1/2。应统一收支，建立严格的预决算制度，健全金库，一般行政费不得超过预算的30%。

2. 健全货币制度：主要根据地建立银行，发行新钞，以新钞吸收法币，排挤杂钞，取缔伪钞。新钞一经发行，应保证流通。积极运用银行去开展生产事业（主要是农业），树立自力更生的基础，反对把无限制发行新钞当作解决经济困难的唯一办法等错误的观点。各地新钞发行额，应随时报中共北方局，不得自行增发。

3. 加紧生产建设：发展生产、自力更生是各根据地建立健全财经政策的中心一环。以发展农业生产为主，办水利、垦荒、改良种子和肥料，党政军学应尽量参加生产，要发展手工业和副业。

4. 统制贸易：设立贸易局统制贸易，其目的在于平衡物价，调剂市场，打破敌人封锁和奸商操纵。各部队、机关需要的货物，应经贸易局统一买卖，以防止抢购。必需品的输入，应只交一次税，取消各地设立的厘金关卡。禁止一切资敌的军用原料运出。①

在黎城会议召开期间，1940年4月15日，中共中央再次发出《财政经济问题的指示》，肯定了中共中央北方局4月1日发出的这份《财政经济政策的指示》，并将中共中央北方局的这份《财政经济政策的指示》转发各地。

早在这次黎城会议召开之前，就各根据地银行间没有汇兑制度联系，在与敌人斗争中难以形成合力的问题，冀南银行总行行长高捷成与八路军前方总部后勤部部长杨立三商议，向八路军前方总部、中共中央北方局提出了建立各根据地银行间汇兑制度的建议，该建议得到了彭德怀的赞同，遂以中共中央北方局的名义上报中共中央，并得到了中共中央的充分肯定。中共中央在《财政经济问题的指示》中对货

---

① 赵秀山：《抗日战争时期晋冀鲁豫边区财政经济史》，中国财政经济出版社，2017年版，第76~77页。

币政策做了补充,指出:"在尚无中央银行的条件下,各地建立汇兑制度,陕甘宁边区银行亦参加,但禁止各地货币互相流通。要提高银行的作用,在各重要地点建立银行网,帮助生产建设,提倡民众储蓄,发展群众合作事业,依靠银行建立公营商店,帮助群众性的生产与消费合作社,发展生产,调剂物价,改善群众生活。"①

根据中共中央的这一指示,高捷成立即着手制定冀南银行、晋察冀边区银行、北海银行、晋西北农民银行四行货币的流通调剂办法,并将陕甘宁边区银行纳入其中。他起草制定了《各抗日根据地间五行通汇汇率的规定》②,于1940年12月19日由"冀太联办"颁发,第一步做到各抗日根据地银行间沟通汇兑,以便进一步开展华北各地金融流转工作,由此确立了冀南银行在各抗日根据地银行间的重要地位。

冀南银行成立初期,货币的发行主要是补充财政之不足,即以"财政性发行为主"。在这次会议上,中共中央北方局书记杨尚昆强调要"反对眼睛望着印刷机,反对将无限制发行新钞当作解决经济困难唯一办法的错误做法"。高捷成认真执行中共中央北方局制定的财政经济政策,冀南钞发行由"财政性发行为主"改成"经济性发行与财政性发行并重",之后再逐步过渡到"经济性发行"。然而,在抗日战争那样残酷的环境当中,要保持币值的相对稳定是极其困难的。为了保持冀南钞币值的稳定,高捷成采取了如下几项措施:

首先,是控制货币发行量。冀南钞的发行采取了两种计算方法:一是以人民消费为主计算货币需求量。按照统计调查的人民全年消费量和货物周转环节,求得总货币需求量后,除以一年中的交易周转次数,再考虑人民保存货币的需求做适当调整,从而确定货币发行量。二是以发行总额与人口总数相比较计算。把某一年度货币发行量总额用当时的人口总数来除,求得每人平均有货币多少元,再结合物价生活水平、交易周转过程与周转速度、货币信用等因素,根据各因素的变化,对发行数量适当调整。按照上述发行原则,经过努力,冀南钞币值得到巩固,相对于其他根据地、敌占区和国统区,冀南钞通胀指数始终保持了较低水平。

其次,强调财政收支要尽量争取平衡,减少财政向银行的透支。这就要求财政严格执行预决算制度,节省财政资金,减少浪费。由于日寇对根据地实行"三光"政策,使根据地的经济遭受严重破坏,高捷成带领大家把业务工作放在扶持农业、

---

① 赵秀山:《抗日战争时期晋冀鲁豫边区财政经济史》,中国财政经济出版社,2017年版,第77页。
② 赵秀山:《抗日战争时期晋冀鲁豫边区财政经济史》,中国财政经济出版社,2017年版,第368页。

工业、手工业和畜牧业上，重点发放农业生产贷款，以增加财政收入，增强经济实力。

再次，禁止敌币流通和限期兑换。高捷成领导冀南银行，通过坚持以生产和实物为基础的适度发行，严格控制冀南钞的发行量，以物资保证本币的信用，保证群众能用本币以适当的价格购入所需的商品，从而保持了冀南钞币值的基本稳定，巩固了冀钞的本位币地位。

第二节　合理负担　全力保障军政开支

1937年到1940年，八路军的军饷来源以国民党政府拨款为主，辅之以部队筹款。到了1940年10月，国民党政府基本上停止供给八路军军饷，晋冀豫根据地的军政开支主要取之于民。高捷成担任晋冀豫边区财政处处长，他面临相当大的压力。他认真执行财政工作的方针，将"量入为出"与"量出为入"相结合，实行"合理负担，累进征收，有钱出钱，有力出力，统收统支"。那时候晋冀豫边区使用军政费用非常节俭，军政脱产人数不超过边区总人口的3%。高捷成将之前在冀南区实施的《公平负担办法》与山西第三、第五专署的《合理负担摊派办法实施条令》及晋察冀边区的《合理负担法令》相结合，根据晋冀豫边区人民的负担轻重程度，起草制定了《修正合理负担征收款项办法实施条令》。

《修正合理负担征收款项办法实施条令》中有关"负担的标准与计算"如下：

一、合理负担分资产与收入两种。以户为单位，以每口平均计算。

二、人口的计算，10岁以上为大口，10岁以下为小口。两小口为一大口。

三、资产应负担分数计算如下：

1. 每口全年平均不足50元不计。

2. 50元以上者，每50元作1厘，500元为1分。依此类推。

四、收入应负担分数，以累进法计算。

1. 每口全年平均以小米1石，杂粮1.5石合计2.5石，按当地时价折合成元，经专署核准为起码负担数。不满起码数者不负担。

2. 超过起码数之收入，每5元作1厘，50元作1分。

3. 超过50元至450元为1级，超过450元至950元，以100元为1级，每级以一三累进率计算分数。

4. 超过950元以上者每多100元，一律以80分计，不再累进。尾数以8进2舍计算。

5. 资产与收入负担总数，不得超过本人全年收入30%。①

以上"合理负担"的实施是与整理田赋结合进行的。经高捷成测算，晋冀豫边区人民每人每年的负担总共11.72元，包括边区款3.18元，地方款2.54元，粮食负担折款6元。②与敌占区、国民党统治区、邻近根据地国民党驻防区的税赋相比，晋冀豫边区人民负担是比较轻的。《修正合理负担征收款项办法实施条令》执行之后，克服了各区税赋负担政策各自为政的不统一现象，将税赋的负担面扩大到80%，人民负担额不超过本户总收入的30%，基本上照顾了各个阶层的利益，保证了抗日军政人员的供给。

抗日根据地人民除了上述财力、物力的负担，还有一项是力役负担，亦即人力、畜力的负担，包括战争勤务与支差两种。

战争勤务包括运输粮食、弹药、柴草、缴获的物资，组织担架队，救护伤员，为伤病员洗衣、烧水、做饭，修筑工事，破坏敌人交通，站岗、放哨，传送信件等。支差是指平时为军事机关搬运军用品或公用物品，在30公里以内义务运输军粮、柴草，此外还有修筑河堤、修筑道路等。

出勤、支差人员的给养：一天以内的自带，由村粮款内支付；两三天的由县地方粮款支付；四天以上的由用差部队供给。出勤、支差人员吃粮标准，按军队标准供给，菜金按军队标准五折或七折供给。出勤、支差人员完成任务回村时，用差部队或机关要发给政府制作的差票，以便回村向村公所结算。

除了在财力、物力上实行合理负担（冀南区仍实行公平负担）外，还需爱惜民力。高捷成也注意到某些边区政府机关和人民团体随意派差和动用畜力，甚至公营企业，包括军队经营的企业、合作社、物资采办处也无偿地向群众派工、派畜力从事物资运输，给群众增加了新的不合理负担，严重影响了农业生产和人民生活，在政治上也造成了不良的影响。针对这一情况，高捷成起草制定了《晋冀豫区军事支

---

① 赵秀山：《抗日战争时期晋冀鲁豫边区财政经济史》，中国财政经济出版社，2017年版，第91~92页。

② 赵秀山：《抗日战争时期晋冀鲁豫边区财政经济史》，中国财政经济出版社，2017年版，第94~95页。

差条令》，该条令规定了承担支差义务的对象、参战与支差的范围、运用民力的手续、支差人员的待遇等。主要内容有：

1. 承担军事支差服役的对象：凡年龄在16岁以上，50岁以下的男子，及一对牙以上的驴、骡、马、牛、骆驼须参加参战工作，支差、义运等服役义务。

2. 党政民机关团体及公营企业、合作社、采购处等（军队经营者在内），一律不得用差。

3. 严格支差手续。凡属参战工作范围者，由旅或军分区以上政治机关按规定填写用差证，并由负责首长签名盖章，经专署批准后，由县政府派拨支差人员。

4. 对参战及支差人员待遇。参战人员跟随各部队行动者，3日以内自带给养，由县政府从地方粮内统筹开支，从第4天起由部队供给，按部队供给标准发给；对于支差人员，其待遇由用得着部队按照规定发给食、宿、草料，并以人畜往返里程计日实发。①

根据地的战勤除参战及支差外，还有运送军粮的义务。为了避免缴交公粮任务重的地区义运军粮任务也重，又规定了有支差义务的男子均须承担义运军粮，每年义运里程为60华里，义运重量人力为100斤，牛驴为150斤，骡马为200斤。

第三节　代理金库　建立仓库粮票制度

黎城会议之后，晋冀豫边区政府财政管理逐步走上正轨。首先是停止部队自行筹粮、筹款、打汉奸等行为，一切税收、募捐款、行政罚款、遗产、官产、司法罚款作为边区政府的财政收入，要解缴政府金库。由于所有抗日动员都需要调节款项才能充实战争力量，这就需要统一财政。1940年10月，边区政府决定建立金库，由冀南银行总行代行金库职能，负责保管和办理公款收支，有关金库事宜由边区财政处领导指挥；专署、县以上由冀南银行代理金库，设立分、支金库，账目公立；个别县未设银行而设金库员的，归县财政科编制。边区政府财政收支均由冀南银行代理，边区政府不收付现金。高捷成起草制定了金库制度，冀南银行会计同政府往

---

① 赵秀山：《抗日战争时期晋冀鲁豫边区财政经济史》，中国财政经济出版社，2017年版，第96~97页。

来的会计手续，按金库制度和会计规程办理。冀南银行按规定向边区政府报告财政收支情况。

金库是专管边区政府现款（包括金银、珠宝、有价证券等）的出纳机关。金库制度是统一收支、统一财政的重要工具，是决定财政走向正规化的重要制度。金库制度规定："政府财政收支都由冀南银行代理，政府不收付现金。所有政府收入的现款，都要解交金库，各级政府会计部门或人员不得保存现款。除有正式命令及规定者外，不许另立账簿，所有开支一律要通过政府会计手续支付领取，绝对不允许发生自收自用的事情。"冀南银行可以动用边区政府存款，但要保证边区政府随时支用。边区政府如遇透支，临时性的按规定手续办理，随借随还；年度预算透支时，要按边区政府通过的预算办理。

冀南银行则必须按金库制度规定来办理金库解款、支款，具体要求如下：

1. 金库解款。金库收到解款单后，由收款员核对实收款数是否与解款书所注数目相符，年底、月份是否明确，款项科目是否与规定相符，核对后如交现款点收开收据交解款人，最后办理会计手续。[①]

2. 金库支款。金库支款时，命令机关根据审计机关审计通知，签发支付命令和支付通知命令送金库，通知送领款机关备领书正副收据赴金库，照领金库接到支付命令与支付通知，经核查相符即照数付款。金库接到支付命令即在支付命令登记簿详细登载以备支款时核对。金库接到用款机关送来支付通知及领款书后，将通知与支付命令核对，核对相符后即付款或用支票指定金库照付。付款后在支付命令与领款书收据上加盖付讫月日章，同时将该项收据附传票保存，根据传票记账。

3. 一切政府收款，均必须随时缴到金库，不得擅自留下、不缴金库。在未得到上级金库支付命令之前，一概不得动用金库存款。各级金库应以上级金库支付命令为支付凭据，不得私自支付。

冀南银行代理边区政府金库业务有将近两年时间。到1942年5月，由于敌人的残酷"扫荡"，冀南、太行、太岳根据地均受到严重破坏，冀南银行县支行的人数锐减，冀南银行就停止了代理金库，金库工作交给政府自行办理，银行代理金库的制度随之取消，转而建立了专署以上的银行往来存款制度。

---

① 王静然主编：《冀南银行》，河北人民出版社，1989年版，第722页。

在取消金库的情况下，冀南银行实行银行往来存款制度，使边区政府的公款与冀南银行的款项截然分开，减少了过去银行与政府款项混淆不清的弊端，同时银行可以无利运用政府的公款，可以更灵活地调剂资金，另外政府可以适时进行资金调拨，保证军政开支的需要。

在根据地创建初期，各地对于财粮的征收与管理并无严格的制度，不少地区存在重财轻粮的偏向。为了纠正和防止粮食管理上的混乱，对于粮食的保管支用，高捷成领导的晋冀豫边区财政处，与新成立的边区粮食总局共同制定了《晋冀豫边区粮食会计及出纳暂行制度》，在边区建立起较为规范的仓库保管制度和粮票制度。

1. 仓库保管制度。在抗日战争处于严酷的环境时，没有设置固定仓库，政府所征粮食基本都交给各村，指定专户分散保管。各村各户都有存折，支付多少，要凭存折计算，存折每年结算两次，超支要由上级政府补足，多余可转到下年度或调剂其他区。仓库保管制度主要内容如下：

（1）原村征存，将征收各户粮秣在原村分户存放；

（2）换村存放，很多村征收之粮秣移交他村分户保存；

（3）在接敌区村庄无法存放征收的粮秣时，运其他区存放，由存粮村分户保存；

（4）每村存粮不超过2万斤，每户存粮不超过2000斤，条件特别优良者酌情增加；

（5）柴草均以原村分户保存。①

各村、各户保管的粮食都有存粮收据。支付多少，凭存据计算，超支由上级政府补足，多余可转到下年或调剂到其他地区。

2. 粮票制度。粮票是专供军政机关之间或军政民之间的人员往来使用的。为了适应敌后战争环境及满足各部队机关团体人员外出工作之需要，特发行各种粮票以供零星出差人员及少数部队战时活动随时兑取公粮之用。主要内容如下：

（1）在战争时，军政机关人员外出时，除每人还需携带三天公粮，以备意外情况的之外，需自备粮票伙食费。

（2）粮票由行署一级制发，各战略区互不流通，但每次发行多少以及票样，要统一报边区政府核准。

---

① 赵秀山：《抗日战争时期晋冀鲁豫边区财政经济史》，中国财政经济出版社，2017年版，第108页。

（3）行署间军政人员往来，要换成地方的粮票，每年年终行署要将收得的外地粮票，到边区政府结算，余亏由边区政府予以调剂。

（4）所有用粮单位均须编制预算，由审计机关核准粮食计算书之后，由粮食主管单位发给领粮书，按指定的存粮地区领取。

粮食的会计年度以本年11月1日起至次年10月31日止，以适应屯粮的需要。

第四节　制定标准　完善军政供给制度

到了1940年10月，抗日战争进入相持阶段。国民党政府停止了对八路军的经费供给之后，日寇更是加剧对我抗日根据地进行分割、包围、封锁，使深入敌后的八路军基本处于孤立无援的境地，晋冀豫边区的每块根据地都成了一个相对独立的战略区。八路军的军费在很大程度上需要边区财政的支持，如何保障抗日部队的开支，是摆在身为晋冀豫边区财政处处长的高捷成面前的首要任务。

在这种严酷的战争环境下，八路军前方总部和边区政府大体规定了行署、军区、专署、县（包括区）的军政编制，并按相应的供给标准由各战略区依照本区的情况来确定自己的支出。收入由边区政府、行署根据本地区的敌情、经济情况、负担人口进行分配，由专署、县负责分成；专署、县在自己承担征收的粮款数内，留下自己的支出以后，余额上交边区行署。

供给标准作为实行供给制度的基础，同时又是编制财政计划或预算的重要依据之一。高捷成领导的晋冀豫边区财政处与八路军前方总部供给部遵循官兵平等、军政一致的原则，共同制定了供给制度和统一的供给标准。

供给标准包括个人生活费用和公用费用两种。个人生活费用也就是个人的生活待遇。公用费用包括军队公用和地方公用。军队公用费用主要有：军工器材、电讯器材、医药材料、印刷材料、弹药、枪械维修和制造、马干、缰具、拭枪、拭炮、运输、埋葬、休养、接收安置俘虏、报刊、学习等；地方公用费用主要有办公费和会议费。

在黎城会议之后，制定了供给标准，具体如下：

1. 个人生活费用方面

（1）粮食（即口粮）：战斗部队每人每日小米1斤8两（后方机关1斤6两），党政人员每人每日小米1斤4两（16两制秤），交通员、警卫员每日小米1斤6两。

（2）菜金：军队每日供给三钱油、三钱盐、三钱肉、一斤菜计算折价发给现金。普通人员每人每日0.05元，轻伤病员0.13元，重伤病员0.23元，特重伤病员0.4元。学校教职员、学员0.10元。

（3）津贴（即零用钱）：战士、班长每人每月法币1.5元，排级干部2.5元，连级干部3.5元，营团干部4元，旅以上干部5元；党政人员（兼军职的）1941年按三级发给，专员级每人每月冀钞5元，县区一级3元，一般工作人员1元（冀钞1元相当于银元1角）。

技术津贴：医务人员按等级每人每月2元至15元；缝工、枪工按等级每人每月3元至15元；报务、机务人员按等级每人每月4元至15元。

（4）服装：军队，每人每年单军衣一套至两套，单军帽1顶，棉军衣1套，棉军帽1顶，衬衣1套，袜子2双，草鞋、单鞋硌4双，绑带1付，挂包1个，排以上干部大衣1件；党政人员，每人每年单衣1套半到2套，棉衣2年1套，棉被5年1床，鞋每年4双（勤杂人员6双，交通员8双），袜每人每年2双。

（5）医药费：军队由卫生部供给，党政人员按3斤小米包干发给单位。

（6）烤火费：山地烤火期3个月，平原烤火期2个半月，山地烧煤或木炭，平原烧柴草。

（7）其他：包括伤病员生活补助费、荣军优先费、安置费、老年优待费、妇女卫生费、生育费、婴儿保育费、过节补助费、会议会餐费等。①

2．军队公用费用

（1）出差费：带粮食的每人每天0.30元，不带粮食的0.90元；

（2）办公费：连队每月8.00元，总司令部625元，机要科400元，新闻台400元，警卫连50元，总政治部375元，锄奸部125元，政卫连50元。

（3）学习费：部队每人每月0.5元，学校学员每人每月1元至1.5元。

（4）拭枪费：步马枪每月每枝1.50元，短枪0.10元，手提机枪0.30元，轻机枪每挺0.50元，重机枪每挺1元，迫击炮每门2元，小钢炮2元，山炮3元。

---

① 赵秀山：《抗日战争时期晋冀鲁豫边区财政经济史》，中国财政经济出版社，2017年版，第103~104页。

（5）负伤费：重伤每人每次 5 元，轻伤 3 元。

（6）休养费：每人每月 1 元。

（7）马干费：每月每匹洋马草料 1.40 元，缰掌装具每月 4 元；驮骡、骑马草料每月 1.30 元，缰掌装具每月 3.50 元；驴子草料每月 0.85 元，缰掌装具每月 2 元；骆驼草料每月 1.60 元，缰掌装具每月 3.50 元；奶牛驼草料每月 1.80 元，缰掌装具每月 2 元。

（8）杂支费：团部每月 400 元，旅部（分区）500 元，师司令部、政治部 1000 元。

（9）新兵费：每人一次发 1.50 元。

（10）开办费：新成立单位发 30 元。①

以上制定的军政人员供给标准基本接近人民的生活水平，为了保证部队的作战能力，军队人员高于地方人员，前方人员高于后方人员。关于前方人员与后方人员的区别，就军队而言，作战部队称前方人员，司令部、后勤部门称后方机关人员；地方上党政人员在根据地腹心地区工作的称后方人员，在敌占区、游击区工作的称前方人员。军队公用费用维持一个较低的标准，以保证部队作战的需要，武器主要是靠战场缴获。高捷成领导晋冀鲁豫边区财政处，每年先制定军政人员和机关供给标准，然后再编制财政计划或预算。所制定的供给标准每年根据根据地的贫富情况、农业生产的丰歉情况会做适当的调整。当根据地比较富裕和负担人口扩大时，会适当提高供给标准，反之则适度调低供给标准。

1941 年 8 月，根据中共中央北方局的建议，成立了晋冀鲁豫边区政府，并成立了边区财经领导机构——晋冀鲁豫边区财政经济委员会，高捷成出任晋冀鲁豫边区财政经济委员会委员，冀南银行也划归晋冀鲁豫边区政府领导。晋冀鲁豫边区财政经济委员会具体组成人员如下：

主　任：戎武胜（晋冀鲁豫边区副主席兼财政厅厅长）

副主任：杨立三（八路军前方总部后勤部部长）

　　　　王兴让（晋冀鲁豫边区工商管理总局局长）

委　员：周玉成（八路军前方总部供给部部长）

　　　　周文龙（八路军前方总部供给部副部长）

---

① 总后勤部财务部、军事经济学院编著：《中国人民解放军财务简史》，中国财政经济出版社，1991 年版，第 217~218 页。

高捷成（冀南银行总行行长）

刘岱峰（晋冀鲁豫边区建设厅厅长）①

在晋冀鲁豫边区财政经济委员会领导下，相继成立了部队机关财政处和晋冀鲁豫边区财政处。由这些财政处统一审定各单位的经费预算后再交财政厅执行。在财政支出方面则建立了金库制度、预决算制度和各种供给标准。

实行供给制，严格执行统一的供给标准，边区财政工作逐步走向统收统支。一是收入由边区政府统一筹划。凡边区政府的一切税收、公产收入、公营企业收入、罚没款及战争缴获等收入均为边区收入，由各级财政部门负责征收，保证及时解缴入库，任何政府以外的其他机关、军队、群众团体、动员机关等，不准以任何名义向群众摊派捐款，部队的生产收入统一缴入边区政府金库。二是支出由边区政府统一掌握。党政军所有机关学校的经常事业费和临时费用等一切开支，即一切费用的支付批准权限集中于边区政府，全部集中由边区财政处统一供给，按照预算开支，按一定手续支取，从而克服了自收自用、各自为政的现象，在晋冀鲁豫边区形成了统收统支的供给体制。

第五节　严格理财　完善会计工作制度

高捷成领导晋冀鲁豫边区财政处，总结了红军时期会计工作及抗战初期会计工作的经验，重新修订了《会计工作暂行实施细则》和《出纳工作实施细则》，并于1941年由八路军前方总部后勤部颁发实施。

《会计工作暂行实施细则》的主要内容有：

1. 会计工作与出纳工作必须严格分开，会计不得兼任出纳，会计不能直接收款，必须经出纳点数，出纳员必须取得会计员的传票，才能收入或支付款项。

2. 收入各款项必须给予正式收据，绝对禁止私自打白条子。

3. 各级部队的杂收款、筹款、红利等收入，必须逐级上缴，只有报告审计机关批准后，方得转作正常经费。每月清缴一次，应绝对遵守统筹统支制度，如有隐瞒不报，自收自用，打埋伏等，必须严肃追究。

---

① 戎子和：《晋冀鲁豫边区财政简史》，中国财政经济出版社，1997年版，第46页。

4. 会计与出纳至少两天对一次帐目，不得有差错，如有不符，应立即追查原因。

5. 禁止出纳员私收外款或私自接收他人存款。

6. 会计、出纳人员调动工作，必须办理移交手续。

7. 各种帐簿一般保存5年，除请示上级供给机关批准外，不得无故焚毁；所有各种单据，一律送审计机关保管。①

为了适应战争环境，统一了会计账簿格式和记账方法，并统一制发体积较小便于携带的账本，1942年之后将账簿简化为收支对照表，以便及时结算上报。

出纳不但要掌管现金财物的收付，还要负安全责任。尤其在频繁的反"扫荡"战斗中，出纳工作是一项非常重大、艰苦的工作。《出纳工作实施细则》对收支手续、保管方法、领款送款以及遇有特殊情况相机处理方法，都提出严格而具体的要求，以保证财物的安全。

《出纳工作实施细则》主要内容有：

1. 出纳工作收支手续。凡收支款项出纳员应仔细点过，以免库存虚短，并须经会计登记，未接到会计通知时，不得直接收入或支出；收入款项出纳员应严格查验，有无假票假洋废币，凡不能使用的货币，一律退还缴款人，以免事后混淆；凡收入之款，出纳员应于收据存根盖章，证明已交入金库，同时应逐笔记入现金出纳日记帐；如币制复杂，价格不一致时，应登记现金类别帐。

2. 现金财物的保管。金库保存之现金，出纳员不得私自挪借以及随便借出；出纳员经常之公款，如存入银行收得利息，应点清归公，不得贪图分文，饱入私囊；出纳员每日检查金柜一次，并将结果填入库存日报表，与会计对帐，核对后送交上级存查；保管现金之驻地就派武装保卫，凡无关系人员不得随意进入，出纳人员应轮流值班不得无人看守；收入款项须经出纳点数后，应立即整理封捆，经手人须在封面上加盖私章，以后如有错误，经手人应负责任；保管之钱箱，应经常注意封锁，金库非正式手续不得寄存私人款项，允许寄存者，须在暂存款项上登记；出纳员保管的钱箱不得存放其他私人物件，以便检查；出纳员保管的有价

---

① 总后勤部财务部、军事经济学院编著：《中国人民解放军财务简史》，中国财政经济出版社，1991年版，第250~251页。

物品应设物品日记帐、物品分类帐予以登记;出纳员保管的款项,不得以低价货币或破货币、伪币向公家兑换,如有查出,以贪污舞弊论罪。

现金财物保管主要采用"封包背带""秘密埋藏""分散保存"三种方法。一是封包背带。现金财物多数由干部背带,但公务人员(通信员、运输员)也常背款。二是秘密埋藏。自己的人员找定地点后,在黑夜埋藏现金财物。三是分散保存。请地方政府机构或可靠的群众分散保存现金财物。

冀南银行和八路军野战供给部保管的钱财数量较大。为了对付日军的"扫荡",冀南银行各分支行的收支款项超过一千两,则要求送到后方。平常冀南银行主要使用秘密埋藏的办法来保管收支款项。为了做好埋藏工作,事先需准备好一大批水缸、石板、石灰等材料,在夜深时,到庄稼地挖出深坑,将钞票放进缸里,盖上石板、石灰,埋进坑里,然后再把地面伪装成原样。每夜挖一两个坑,每缸放进二三十捆钞票。此外也利用地边土坎等不同地形,深挖小洞进行埋藏。

尽管冀南银行不是战斗部队,不担负战斗任务,但与敌人相遇的情况也是经常发生的。冀南银行为工作人员每人配备了马匹,账册、冀南钞就靠马匹驮运。出纳人员给每匹马都配备两个"马搭子",用来装现金。现金库存少的时候,出纳人员就自己保管,用马驮运;库存多的时候,则由行里其他同志负责用马驮运。1940年春反"扫荡"时,冀南区三分行跟随军分区专员公署行动,靠马驮运钞票,马驮的钞票数量太多,在突围时就曾经遭遇险情。当时枪炮一响,未受特别训练的马匹一受惊,人很难控制,而且马匹一伤亡,驮在马匹上的钞票就没了保障。高捷成接到这次战情报告之后,就指示冀南区分行的同志改进钞票的驮运方法,将原来"马背"钞票改成"人背"钞票。也就是给银行出纳人员特制一件背心,前后都有大口袋,背心装满钞票后外面再穿上军装。如果是在夏天,则把钞票捆绑好,打成背包背在出纳人员的肩上,人就骑在马上行军。一旦遭遇敌人袭击,即使马匹受伤,人员还可以带着现金脱险。

第六节 精简机构 节约开支坚持抗战

随着抗日根据地的创建和游击战争的迅猛发展,八路军主力部队和地方武装以及地方政府、群众团体都在扩大充实,到1940年初,八路军前方总部及直属部队、第129师、第115师第344旅、决死队等,人员总数超过20万,地方武装人数约

15万,地方党政机关团体人数也在10万左右,军政供给需求大幅度增加。

由于日寇连续"扫荡",对抗日根据地进行封锁并实行"囚笼"政策,冀南平原被敌伪的壕沟、碉堡分割成一个个格子,冀南全区每14个村庄就有一个碉堡。比较稳固的太行东侧一、六分区,因日寇沿平汉线向西推进几十里,不少地方也成了游击区,最严酷的时候太岳区没有一个完整县,晋冀豫根据地缩小了2／5,财粮供应的来源随之减少,极大地增加了财粮征收的困难。

摆在高捷成面前的是军政费用大幅增加、财政收入日渐减少的困难,而国民党政府仍然是以4.6万人三个师的编制发给八路军军饷,每月区区63万元的军费,摊到每个人身上不到1.5元,加之当时物价飞涨,货币贬值,国民党政府所发军费可谓杯水车薪,晋冀豫边区军政经费供需矛盾尤其突出。到1940年10月,国民党政府则完全停止发给八路军军饷。八路军前方总部和第129师的军费开支很大程度上需要依赖晋冀豫边区财政收入,而财政收入不足又促使冀南银行增加货币的发行。八路军前方总部和中共中央北方局已经预感到即将面临的严重困难,因此在黎城会议之后,第129师就做出了"精兵"的决定,将第129师的后勤部门合并到八路军前方总部后勤部,将统率机关的人员大量充实到连队;晋冀豫边区政府也严格控制人员编制:边区和太行区两级党、政、群众团体编制人员220人至250人,专署一级30人至40人,大县50人至60人,中等县40人至50人,小县30人至40人,区公所一级10人至16人。

第129师做出"精兵"的决定后不久,中共中央也开始提出实行"精兵简政"的要求。为了贯彻落实中共中央"精兵简政"的精神,高捷成要求冀南银行各级行加强组织机构的建设,一方面要确保银行组织机构的健全,建立完整的金融网,不妨碍工作;另一方面要符合"精兵简政"的原则。冀南银行行政机构实行"精兵简政",普遍紧缩银行人员编制。高捷成强调各级行要提高工作效率,一个人要顶三个人用。决定要求:冀南银行所属的太行区分行最多16人,一般是10人至12人;太行区二、三、四分行各12人,一、五、六分行各16人;路东行150人,太岳行50人;各县不设县办事处,可委托可靠机构成立代办所。

在财务开支方面,高捷成要求冀南银行各级行要认真执行有关财务规定,咬紧牙关,渡过这最困难的两年,坚决反对各种浪费、超支、腐化。要求冀南银行各区、分行作为金融机关更要起模范作用,坚持开展对敌全面经济斗争,巩固冀钞,打击伪钞,但同时必须遵守一切财务开支制度,一点都不允许超过开支预算。

第七节　发展经济　促进根据地的稳固

冀南银行建立初期以法币为准备金，由于战争的因素，冀南银行的货币发行主要用于弥补战时财政不足，所以发行的货币也就是财政性的货币，当时的货币发行主要用于军费开支。1941年之后，边区财政工作逐步走向正规，冀南钞的发行就逐步转向"财政性发行与经济性发行并重"。早在土地革命战争时期，毛泽东同志就指出："国家银行发行货币，基本上应该根据国民经济发展的需要，单纯财政的需要，只能放在次要的地位。"抗日战争时期，毛泽东同志更加明确了金融政策，指出"关税政策和货币政策应该和发展农工商业的基本方针相适应而不是相违背"。

在根据地经济发展的经验与教训面前，高捷成更深刻地领会到毛泽东同志关于财政、金融政策的正确性。1941年以后，高捷成坚决按毛泽东同志的指示和中共中央财政经济政策的指示办事，注意保护根据地经济的独立自主，使其不受敌占区经济波动的影响，使敌人不能使用伪钞掠夺根据地人民的财富；注意发放贸易贷款，刺激土货输出，繁荣市场，而且还委托边区政府发放农业贷款，促进农业生产的发展。到了1942年，除了发放农业贷款，也发放其他生产建设贷款，使生产投资逐步增加。据统计，1940年生产投资占总贷款的18.9%，1941年为42.80%，1942年为49.95%，1943年则增加到74.90%，从而有力地支持了根据地生产建设的发展。同时通过贷款和资金调拨，经常为边区贸易部门提供大量资金，用于掌控以粮食为主的重要物资，这对稳定市场物价起到重要作用。

在高捷成的领导下，冀南银行注意掌控粮食等重要物资，发放贷款发展生产，使得冀南银行拥有较好的物质基础，也使得冀南钞在人民心目中拥有较高的信誉。冀南银行贷款扶助了农业、工业、商业，促进一些地区家庭手工业、副业的发展，而生产的发展又增加了根据地的财富，保证了人们基本的生活需求。冀南银行贷款使根据地商业得到恢复和发展，丰富了人们的生活，繁荣了市场。冀南银行通过贷款工作与农民建立了互惠互利的新型借贷关系，抑制了农村的高利贷，减轻了农民的负担，赢得了人民的支持，得了民心，从而保证了根据地的稳定和对敌斗争的胜利。

冀南银行还在广大农村地区，建立发展了农村信用合作社，这对发展农业生产、调剂农村资金起了非常积极的作用。

高捷成领导冀南银行灵活使用贷款，给根据地经济注入了活力。特别是1942年根据地遭受旱灾等自然灾害时，冀南银行及时发放贷款支持打井，修建了涉县的漳南大渠，解决了大批农田的灌溉问题，缓解了根据地的旱灾，对根据地生产力的恢复和发展起了重要作用。

第九章 太行丰碑（1939——1943）

我的祖父高捷成

　　高捷成艰苦朴素，与同志们一起过着艰苦节俭的生活；他好学不倦，博学识广，对党和上级的方针政策认真学习钻研；他工作起来经常废寝忘食，通宵达旦。为了掌握第一手资料，他经常深入各分支行、各印钞厂（所）检查指导工作；他平易近人，关心他人甚于关心自己，在战斗危急关头，他首先想到的是战友的安危。1943年5月，正值反"扫荡"紧张之际，他奔走边沿区部署银行货币斗争工作，在内丘县白鹿角村与奔袭之敌遭遇，在突围中为掩护战友、保护党的重要文件而壮烈牺牲。

第一节　勤俭建行 艰苦奋斗身体力行

在冀南银行上下，高捷成身体力行、勤俭节约是出了名的。那时晚上办公照明用的煤油属于紧缺物资，为了让煤油更多地用于生产一线，高捷成常常多挤出白天的时间办公、写文章、看文件和书。

1941年夏秋之交的某一天，他骑着一匹大马，带着一名警卫员，从总行驻地山西黎城小寨村出发，到河北武安阳邑的冀南银行太行区第六分行（原漳北办事处）检查工作。武安阳邑是当时太行区抗日根据地最大的集贸市场，冀南银行刚成立时就在这儿设立了一个漳北办事处，从黎城小寨村到武安阳邑骑马要一天才能到达。他不辞辛苦，骑着马一边赶路，一边利用一切空隙看书。到了武安阳邑时，他已把一本毛主席1938年5月发表的《抗日游击战争的战略问题》和《论持久战》合订本看了半本。

高捷成到武安阳邑之后，不顾一路疲劳，顾不上休息，随即听取银行分行主任的汇报，而且还听取基层行同志的意见。他谦虚和蔼，对下级平等相待，从不随意批评人，群众很愿意和他接近。他到武安阳邑检查工作这一段时间，和群众同吃一锅饭，同住一个屋，从不接受特殊招待。他这种艰苦朴素的作风，在冀南银行上下，一直传为美谈。①

当年太行山抗日根据地本身就是一个十分贫瘠的地方，各种物资非常匮乏，加上不断遭到日寇的"扫荡"破坏，以及国民党对迅速发展起来的人民武装，不但不发给粮饷，还加紧对其进行经济封锁、围困限制，因此冀南银行的发展面临很多的艰难困苦。艰苦奋斗、勤俭节约，最大限度地保证军需民用，支援前线，就成了当时包括高捷成在内的冀南银行干部和职工开展各项工作的行为准则。

为了节省机关有限的办公用纸张，高捷成经常让印钞厂的同志为他收集些印刷过的废票子或裁票子余下的纸边条，装订起来当笔记本用，后来就在他的办公室里积累起来了一大摞这样的大小不一、形状各异的本子，每个本子里正反两面的纸张都密密麻麻地写满了字。

---

① 陈玘：《怀念高捷成同志》，见武博山主编：《回忆冀南银行九年》，中国金融出版社，1993年版，第200页。

高捷成还想了一个办法，一本笔记本可以用三次。新的笔记本到他手里，第一遍是用红笔书写，第二遍改用蓝笔书写，第三遍则用墨水以小楷字书写。这样，一本笔记本他可以重复使用三次。

山西平顺虹梯关镇，位于太行山腹地，这里是连接山西平顺、壶关和河南林县、安阳的交通要道，为山里山外的商贾必经之地，有较大的商店，有来来往往的商旅，是一处重要的商贸集散中心。1942年2月，乔瑞林受总行的委托去太行第四专署组建冀南银行太行区第四分行，地址设在山西平顺的虹梯关镇。组建四分行后，业务发展很快，人员增加较多，相应的经费开支也随之增加了许多。1942年8月的一天，身为太行区四分行主任的乔瑞林风尘仆仆地赶到冀南银行总行找高捷成行长审批报销办公经费。高捷成向来主张办公经费向基层倾斜，但这次他在审核乔瑞林送来的经费报销单据时却皱起了眉头，他把目光盯在了一张四分行花1500元买一头骡子的报销单上。乔瑞林赶紧解释说："这头骡子是五分行代买的，还没有付款，当时他们也觉着贵了些，可是骡子口轻，长得膘肥体壮，负重能力强，走山路轻快有劲，所以他们就留下了。"高捷成先是详细地询问了四分行的情况，之后停顿了半天，才对乔瑞林说："我们经费很紧张，能省一个钱就不要多花一个钱，我们还要把钱花到更需要的地方去。"他批评完了又和蔼地说："咱们不买这么贵的骡子，买个少花钱能干活的老骡子就行啦，退回去吧。"[①]乔瑞林回到四分行便迅速将骡子退给了卖主。这件事令乔瑞林终生难忘。后来他在回忆中说："这件事虽小，但高行长的节约精神是值得我学习的，对我的教育确是一生难忘，我多年从事银行会计工作，心里时刻想着能为国家节省一分钱就不多花一分钱。"

作为冀南银行的领导，高捷成不但在工作上勤俭节约，而且在生活上对自己也严格要求。冀南银行所在的太行山区不产棉花，煤炭资源也十分稀缺，这些生活必需品均需由外地调拨。为了让冬天取暖的煤炭向生产一线倾斜，高捷成号召总行机关工作人员想方设法节省煤炭，后来他自己更是亲自上山砍柴生火取暖。

冀南银行实行的是供给制的集体生活，冬天大家穿的棉衣由军队统一配发，并且还不能足额配给。每次下发新棉衣的时候，高捷成都是先让给别人。他到山西太行山好几年了，自己一直还穿着在陕北延安配发的那件棉衣。这件棉衣破了又破，补了又补，他还是坚持延长衣物的更换时间，把很紧缺的御寒物品先让给在生产一

---

① 乔瑞林：《冀南银行成立和若干片断回忆》，见武博山主编：《回忆冀南银行九年》，中国金融出版社，1993年版，第119页。

线的同志。

领导的行为就是无声的命令,有了领导的表率作用,冀南银行的广大干部和职工更是自觉自愿地积极践行"艰苦奋斗,勤俭节约"的革命精神,上下团结一致,在那极端艰苦的抗战岁月里,齐心共渡难关。

山西黎城小寨村的高捷成办公室兼起居室

山西黎城小寨村的高捷成起居室

第二节　体恤下属 爱兵如子深受爱戴

高捷成平易近人，和蔼可亲。为了检查银行工作情况，了解、掌握银行业务动态，他很少待在总行机关，而是经常深入基层，不辞辛苦地去各印钞厂、所和各分行检查指导工作。他常年奔走在太行山的崇山峻岭之中，昼夜兼程，跑遍了太行区六个分区几十个县的冀南银行分支机构。对于太岳、冀南以及鲁西北地区的金融工作，他都时时关心过问，经常日夜操劳、奔波①。

冀南银行印钞厂多数分布在太行山的崇山峻岭之中，冀南银行的职工，许多人常年身处偏僻群山，过着十分清苦的生活。高捷成从来没有官架子，经常和大家一起劳动，点票子、打号码、记账。劳动完他有时还要接着开会、工作，常常通宵未眠。他经常下到生产一线，了解和关心职工的疾苦。据他的战友回忆，1943年春，高捷成爬山越岭到河北邢台的印钞二所检查指导工作。印钞二所位于山西和顺县与河北邢台交界的岭头山涧，高捷成不顾一路劳累，到印钞厂看望一线职工，一边和职工们握手，一边表扬大家钞票质量印得好，并指示印刷二所的领导要在现有条件下，把职工的伙食搞好。他对职工无微不至地关怀，不摆官架子，对同志热情，谈吐风趣诙谐，这些深深地留在战友们的记忆中。

高捷成身为冀南银行领导，以身作则，严于律己，从不搞特殊，而是与职工共同过艰苦生活。在冀南银行总行总务科担任行政会计的周萝在回忆文章中说："1941年，粉碎了敌人夏秋的大扫荡之后，天气一天天冷下来，十月的秋风阵阵，（太行）山里冷得更早。由于敌人的封锁，部队发的棉衣无法运过（平汉）铁路来，八路军总后勤部发给大家二斤半羊毛，发动大家捻毛线、织毛衣过冬。会织毛衣的女同志教男同志，每个工厂（注：印钞厂）来两个工人，学会了回去教大家。记得我们集中了十几个人，我会织，但不会捻线，同志们也不会捻线，怎么办？就向村里老乡学。先照着老乡的办法做，大家动手用木头、铁丝做了一些'拨吊'（即用五六寸、直径二寸左右的圆木棍在顶端安上铁丝钩的纺锤形工具），再用粗铁丝做成毛衣针。刚开始，大家不熟练，'拨吊'不断掉下来，捻不成线，会了一点，也粗细不匀。有的同志急得满头大汗，但很快大家都学会了，捻出的毛线也匀了，也

---

① 于志珍：《缅怀高捷成行长》，见武博山主编：《回忆冀南银行九年》，中国金融出版社，1993年版，第198页。

高捷成（右）与总行发行部技师朱克明（左）1941年在河北邢台英谈的合影

学会了织。不到一个月，大家织出毛衣、毛裤，还有背心、袜子，十几个人织出了一大堆，抱去给高行长看，他高兴极了，很快在全行掀起了织毛线的热潮，解决了那年过冬御寒的问题。"[1]

高捷成关心他人甚于关心自己，在遇到日军"扫荡"的危急关头，心里首先想着的是战友的安危。据周萝回忆："我每月结账完了，把单据造成册，做好总报表，要到上级单位总后勤部去报账。从总行驻地到总后勤部骑牲口要一天半的路

---

[1] 周萝：《我在冀南银行入党》，见武博山主编：《回忆冀南银行九年》，中国金融出版社，1993年版，第515~516页。

程。""一次,我到总后报账回来,路过(辽县)桐峪镇第129师驻地,那儿离(黎城)小寨村还有十几里路。天已经黑下来,本想住在那儿,第二天再走。我刚刚进村,遇到一位同志,他说,你还不赶快回去,敌人进山'扫荡'了,彩号都下来了。我见一位八路军战士头上缠着纱布骑着毛驴走过来了。我就连忙赶路,还好那天夜里有月光,耳边听着阵阵狼的嗥叫声,我心里一点也没觉得害怕,骑着牲口一口气跑回到小寨村。一进村,才知道机关大部分同志已经转移了,高捷成行长和少数警卫战士,还在等着没有回来的人,高行长说快拿东西转移。我很快收拾了账本和必要的东西,就随同高行长一起转移了。我心里在想,领导同志在紧急情况下,不顾个人安危,还想着下级一般同志。这件事使我很受感动。"①

第三节　杰出才干　来自不倦学习磨炼

抗日战争时期,高捷成先后担任冀南税务总局局长、晋冀豫财政经济处处长、冀南银行行长兼政委、中共中央北方局华北财政经济委员会委员。他能担此重任,主要得益于青年时代曾在厦门大学学习经济、在上海中南银行任职、在漳州百川银庄担任出纳、在苏维埃国家银行担任会计科长的丰富经历,以及对党的方针政策的认真学习和财政金融知识孜孜不倦的钻研。

八路军前方总部后勤部副部长周文龙曾在一篇文章回忆说:"高捷成同志是首任(冀南)银行行长,从军队调出的,是我很熟悉的战友。他是1934年4月红军打下福建漳州时参军的,他是当时参加红军中一批青年学生中的一个。他学过财经专业,入伍后在部队当过较长时间的会计,有能力。1936年我和他在红军大学学习,我们是学友。毕业后我们又在太行山相遇了。后勤和银行两方工作相处甚为密切。那时,冀南银行编在前方野战后勤部的建制序列,那是由于当时'尚无战略区政权'的关系。有了晋冀鲁豫边区政府之后,冀南银行即归属于边区政府的建制,总的领导仍属于中共中央北方局财经小组。银行工作的一切决策是中共中央北方局财经小组来做决定。"②

常年在高捷成身边工作的耿长林也深情回忆说:"1941年,我调到冀南银行,

---

① 周萝:《我在冀南银行入党》,见武博山主编:《回忆冀南银行九年》,中国金融出版社,1993年版,第514~515页。
② 周文龙:《我们在太行山上——纪念冀南银行五十五周年》,见武博山主编:《回忆冀南银行九年》,中国金融出版社,1993年版,第48页。

组织上分配我做总行书记员工作，经常在高捷成行长身边。高行长在那艰苦困难的战争年代中，他用旺盛的革命斗志、充沛的工作精力、崇高的思想品德、朴实无华的作风，为创建和发展冀南银行事业作出了毕生的奉献。虽然50年过去了，但他的这种革命精神，深深地铭刻在我们活着的人心中。""高行长是一位经过长征、久经考验的老同志。他生活俭朴，待人坦诚豪爽，严于律己，治事教人也严。他性格内向，不善言谈，知识渊博，有较深厚的理论修养。高捷成同志有个比较突出的，也是许多同志知道的优点——刻苦读书。他的求知欲特别地强，学习十分刻苦。他为了提高自己，不断探求，努力掌握更多的学问和广泛的银行业务知识。工余时间，除了有时在院子里散步散步，和周围同志闲聊一会儿，其余时间几乎都埋头在学习钻研中，甚至经常三更半夜掌灯夜读。高捷成同志爱书藏书之所好，在冀南银行的干部、战士、工人中，人人赞誉，激励着大家的好学精神。"①

高捷成在厦门大学求学期间学习过西方经济学、会计学、政治学以及经济政策，研究过西洋经济史、资本论；在陕北延安红军大学学习时，听过毛泽东主席所作的《中国革命战争的战略问题》和《论反对日本帝国主义的策略》的讲演；在太行山，他认真研读过毛泽东主席的《抗日游击战争的战略问题》和《论持久战》，通读了《马克思主义经济学基础理论》，学习了《银行生活》以及杨荫溥著的《杨著中国金融论》。他有几个书柜，藏书数百册，每次阅读必有批注。尽管知识渊博，但面对日本侵略者对华进行疯狂的经济侵略，推行伪钞、制造假钞，以及实施"以战养战"的策略，作为晋冀鲁豫边区对敌经济斗争的一线指挥员，高捷成还是感到前所未有的压力。

高捷成向八路军前方总部后勤部部长杨立三谈了自己的想法，建议在冀南银行总行建立资料室，电请延安代为购买若干份国统区出版的财政经济刊物，透过我方的货栈和已建立的地下交通线收集有关敌友我政治、军事、经济、文化及社会阶级关系各方面的资料加以研究。他的这一想法竟与杨立三不谋而合。

抗战时期，太行根据地被日军严密封锁，交通不畅。八路军前方总部到了晋东南之后，就着手构建了连接太行和冀南、冀鲁豫的东线地下交通线，连接太行和延安的西线地下交通线以及连接太行和华中根据地的南线地下交通线。高捷成与杨立三关于收集有关敌我双方财政经济资料的想法，得到八路军前方总部情报处的支持，

---

① 耿长林：《在高捷成行长身边工作》，见武博山主编：《回忆冀南银行九年》，中国金融出版社，1993年版，第201页。

并通过八路军西线地下交通线向冀南银行总行传送了许多急需的资料和经济情报。同时,为了加强对敌我双方经济情报的研究,高捷成建立了一支统计调查队伍,在冀南银行总行营业部增设了统计调查科。他要求冀南银行各分支行的主要领导,要亲自抓好统计调查工作和经济情报的收集、互通和分析利用。高捷成在银行分行长会议上强调:"有一种方法是要学的,学习的时候要用这种方法,使用的时候也要用这种方法。什么方法呢?那就是熟识敌我双方各方面的情况,找出其行动的规律,并且应用这些规律于自己的行动。"高捷成每采取一项对策、措施,都要充分掌握了解敌方的情况以及我方的经济运行情况。时隔50年,他的战友王静然①还清晰地记得:"高捷成行长非常重视调查研究工作,他经常号召干部注意做好调查研究,详尽地指示调查研究的方法和步骤,要系统大量地掌握第一手资料,在此基础上进行整理加工、分析研究、综合归纳,区别重点与一般等等,作为指导工作的依据。并且,他还亲自深入第一线,通过试点,摸索工作规律,总结经验。每当下级行同志向总行报送有关统计调查资料时,他总是耐心、细致阅读,经过系统化、条理化后,运用于指导全面工作。他在会议上做报告和撰写指示文件,都是在掌握大量的调查研究资料的基础上作出的。他经常告诫干部要运用摆事实、讲道理的方法教育革命同志应该做什么,不应该做什么及如何做工作,这样就不至于犯主观主义错误。"②

高捷成在1942年1月25日太行区分行长、主任会议上,专门强调了做好银行工作的方式、方法。他说:

"1. 要了解我们的环境及具体任务,我们既不是纯粹的军队机关,也不是政治机关,而是带些群众性的机关;

2. 要接近群众,团结商人,但又不要被'溶化',(要)把握住原则立场;

3. 在经(营)方面,要有组织能力,才能使工作好好开展起来;

4. 不仅要会计划,更要会检查,注意打碎事务主义,锻炼有涵养与独立自主的精神;

5. 想各种办法推动工作,并推动全面的经济工作,在内部发挥同志们的积极性,在外部密切各方面的联系;

---

① 王静然:冀南银行太行一分行主任,政治指导员,冀南银行冀西办事处主任。
② 王静然:《难忘的高捷成行长》,见武博山主编:《回忆冀南银行九年》,中国金融出版社,1993年版,第60页。

6. 注意待人接物，处理问题要考虑周到，随时注意自己的修养。"

冀南银行的干部不少来自战斗部队，有些人不太喜欢后勤工作，认为整天就只是算账、保障部队供给，不如上前线战斗来得痛快。对银行干部存在的这些思想问题，他都循循善诱，积极开展政治思想教育工作，稳定银行职工队伍。在冀南银行分行长联席会议上，高捷成强调指出："有的同志感到出路少，情绪厌倦，不了解经济工作是多方面的，是一种理论的，同时也是技术的，因此应更好地体会那些实际的丰富材料与理论联系起来，而不要自满，并克服单纯的技术观点。"[①] "金融工作是一种新的事业，这个事业正在发展，不仅今天需要，到建国时期更为重要，因此大家应重视我们的工作。有的同志感到没有兴趣、枯燥无味是丝毫没有根据的。"[②] 高捷成在各个分行设置政治指导员，每天早上组织政治学习。他平时自己非常重视学习马列和毛泽东同志的著作，也十分关心大家的学习，他经常给机关工作人员做学习报告。高捷成深入浅出、通俗易懂地讲解《新民主主义论》《共产党员修养》《抗日游击战争的战略问题》《论反对日本帝国主义的策略》，增强同志们读书学习的自觉性，督促干部提高文化理论水平。

高捷成时刻牢记毛泽东同志在抗日军政大学讲演时说的一句名言——"二十万干部，一百万精兵，将无敌于天下"。他非常重视对冀南银行干部的培养。除总行外，各区、分、支行都设有学习委员会，由各级行领导亲自负责，具体领导。每日有固定的学习时间，有学习计划，并定期学习测验检查制度。《经济生活》和《工作通讯》可经常报道各地学习的情况。每日早集体学习两小时，每周讨论一次，政治与经济技术专题讨论各一次。学习要做笔记，学文化理论课，要做文章一次，并按月检阅。各单位学习，组织学习组。同时经常性的组织专门的训练班（如会计训练班、印钞技术训练班），或利用开讨论会、座谈会等形式，以培养及训练干部。并不断抽调有学习能力的在职干部进入华北财政经济学校（即冀南财政经济学校）深造提高。

高捷成谨记毛泽东同志的教诲："读书是学习，使用也是学习，而且是更重要的学习。从战争学习战争，这是我们的主要方法。"他非常注重学以致用，把课堂上学到的知识用于指导实际的对敌经济斗争。他提倡总行机关办一些经济金融类刊

---

① 《冀南银行分行主任联席会议摘要》（1941年9月10日），引自姚寅虎《高捷成对晋冀鲁豫根据地金融事业的贡献》，《革命人物》1987年第4期第50页。
② 《冀南银行分行主任联席决议摘要》（1942年4月16日），引自姚寅虎《高捷成对晋冀鲁豫根据地金融事业的贡献》，《革命人物》1987年第4期第50页。

物，让大家总结发表对会计、金融的分析文章，研究经济对策，对敌开展货币比价斗争、反假票斗争，制定符合当时战争环境的会计出纳制度。在对敌开展经济斗争中，认真分析敌方经济形势和经济情报，研究制定一套对敌经济斗争的策略和方法，培养出了一批对敌经济斗争金融战士和精于银行内部管理的会计专家，形成了对敌经济斗争的一股强大力量。在严酷的战争环境下经受住了考验，在对敌经济斗争中取得了难于置信的成就。

第四节　掩护战友　血洒太行英名永存

5月的太行山，已到暮春初夏时节，曾经的桃花红、杏花粉、梨花白，此时也都结出了果实。黎城小寨村前桃树、杏树、梨树吸取着五月的阳光，沐浴着五月的暖风，高挂树上的青果，一个劲儿地长。小寨村村前的元山、村后的猴山，已是满山遍野的翠绿。

此时，冀南银行总行发行处正在黎城小寨村召开理论与实践学习讨论会。高捷成去宽嶂山检查完金库、印钞材料保管点和设在石泉、磨石、青茶的印钞厂，1943年5月5日，他也来到小寨村，参加了总行发行处组织的这次理论与实践学习讨论会。在会上，他听取了大家的发言之后，对之前的工作做了总结，他说：

"货币是力量的代表，本身又是斗争的武器之一，各个货币所代表的力量是经常在变动，所以就决定了币值一般不够稳定。由于战争的发展总的趋势是趋向于币值的跌落，斗争力量的消长与形势变化的复杂，又决定货币斗争的复杂。敌我货币斗争又呈现如下几个特点：一、土货出口旺盛时，征收季节时，本币币值高，反之就要下跌。二、各种货币的币值虽大体上决定各种货币之间比值（也就是所谓比价），但又与比值不完全一致，存在着差额。三、各种货币的比值严重的不平衡，经常存在差额，而且经常变动。四、由于各种货币所控制的地区经济上有很大不同（如敌占城市我占乡村，冀南产棉，冀鲁豫产牲畜），因此，不同季节，就带来对不同货币以不同的影响。五、各种币值之比，不能单在指数上看，还要由其发行及所依靠之经济力之比，作为比值之真实标准，依据这些来看敌我斗争的胜败。六、货币之间的斗争，因为各自在不同时期有不同的策略，同时也有不同的关系，即斗争主要对象与次要对象火力比重不同,因此就决定了几种比值之间不能完全成为恒等式,而产生了差额与矛盾。这些差额与矛盾,虽然是随着它基本上恒等式来发展,但发展是一个过程,而又是经常在与它游离的,所以这一差额与矛盾的存在便又成了经常的现象。"

"同志们,以上仅只是经济的常识,也是我们摸到的几个特点(当然只是一部分),我们应善于掌握住这些特点,研究变化的规律,利用这些矛盾,进行货币斗争来巩固冀钞的本位币地位,打击伪钞。"

"在反假票方面,反假票始终是我们一项长期而又艰巨的工作。1943年初,日军制造假票更加猖獗,他们在根据地外围遍设印制推行假票机构,仅在太原、榆次、太谷等地,由特务机关东兴公司印制的假票就有6000万元,分为壹圆、贰圆、伍圆、拾圆四种,日军投放到我根据地。因此接下去必须加大反假票力度,协调边区政府各部门组织开展反假票斗争。"

"在经营方面,要有组织能力,才能使工作好好开展起来。不仅要会计划,更要会检查,注意打碎事务主义,锻炼有涵养与独立自主的精神。想各种办法推动工作,并推动全面的经济工作,在内部发挥同志们的积极性,在外部密切各方面的联系。最后,注意待人接物,处理问题要考虑周到。"

会议进行到一半,身边的电话突然响了,电话里传来敌人出动"扫荡"的消息。高捷成听完敌情通报后,马上召集发行处、各印钞厂、材料科的负责人过来,进行反"扫荡"动员。高捷成说:"根据太行军区传来的敌情通报,鬼子的春季'扫荡'很快就开始了,这次总行发行处的理论与实践学习讨论会就提前结束,现在马上进行反'扫荡'准备工作。印钞厂的同志,要求你们做到一是能自卫,能打游击。二是在敌人'扫荡'前要做好印钞厂财产的保护,把印刷机器、材料掩埋好;发行处库房中的现金以及账册要立即转移埋藏,具体由梁绍彭负责;各个材料保管点由材料科负责,要立即检查落实隐蔽情况,材料科只留下少数人看守。"发行处主任梁绍彭在会后马上进行了部署,印钞厂的同志马上返回各自的驻地,做好印钞机器、印钞材料的埋藏,人员做好转移准备;材料科留下靳同科、徐光跃、齐登五等同志,由科长郭蕙亭带着材料科的同志就近上宽嶂山材料保管点留守,其他发行处的人员收拾好账册和现金,准备随梁绍彭转移到外线。

高捷成在小寨村的办公室有一张简易躺椅，这张躺椅还有些来历，那是在一次战斗中从日军手中缴获的。陕北延安和太行山一到冬天就天寒地冻，高捷成是南方人，很不适应北方的气候，几年下来，就落下腰疼的毛病，所以有了这张简易躺椅，工作太久坐着累了，他可以躺着休息一会儿，然后再接着工作和学习。这会儿他要回索堡总行驻地了，临走前，他把这张简易躺椅交给要上宽嶂山留守的齐登五，半开玩笑地说："登五，我这把躺椅你走的时候给带上，要藏好，可别给我丢了，我回来还找你要。"齐登五很爽快地答应："高行长，你放心，我会藏好，等这次反'扫荡'结束，我一定完璧归赵！"说着就接过这张简易躺椅走了。高捷成看看发行处的反"扫荡"准备工作进行得差不多了，就带着自己的警卫员骑着马蹚过小寨村村前的那条小溪，连夜赶回冀南银行总行驻地涉县索堡。

1943年5月6日，日军出动了第36师团独立第3混成旅团、第4混成旅团主力及第37、第69师团各一部和部分伪军共2万余人，由潞城、武乡、辽县（今左权）、林县、陵川等地出发，分3路19股开始对太行区的黎城县、涉县、偏城县、武安县、武乡县、辽县等地采用梳篦队形，步步压缩合围圈；同时另以一股日军组成"特别挺进队"，化装成八路军，以八路军总部和第129师师部和我后方机关为其袭击的目标。八路军前方总部自从1942年5月遭受袭击后，前方总部人员进行了精简。这次得到敌人"扫荡"的情报之后，八路军前方总部开始由麻田向太岳转移，于5月6日晚上从日军梳篦队形间隙中隐蔽地转到外线去了。

5月5日高捷成连夜从黎城小寨村返回涉县索堡总行驻地，5月6日，远处山谷中传来阵阵的枪炮声，我军已经和敌人交上火。高捷成紧急部署涉县索堡的总行人员立即转移。

高捷成和总行发行处人员撤出黎城小寨村后两天，敌人多路进到宽嶂山外围，黎城小寨村于5月8日被日军团团围住。黎城小寨村到处火光四起，硝烟弥漫，一片断垣残壁。日军这次志在一举摧毁冀南银行总部和印钞厂，而高捷成和冀南银行发行处大部分人员已在两三天前撤离小寨村。敌人抓住了未及撤离的17名小寨村村民，将他们押在村口那两棵大杨树下，拷问村民："高捷成去了哪里？八路军银行印钞机藏在哪儿？"被抓到的霍星斗老人及一家人坚决不肯吐露冀南银行印钞厂的位置和八路军银行人员的去向，结果霍星斗老人一家十三口，有八口被日军一个接一个烧死，霍星斗老人也被日军机枪射杀。

高捷成在撤离小寨村之前就及时安排发行处及所属印钞厂、材料科安全转移，在日军的这次突袭之下，宽嶂山的冀南银行人员和印钞设备没有遭受损失。

此时另一路日军已经逼近涉县索堡，在冀南银行总行驻地附近赤岸村的第129师师部已撤出向西北地区转移，冀南银行总行的大部分人员也已撤离。高捷成身边剩下总行机关人员6个人和部分警卫人员。警卫排长徐新年进来催促高捷成："高行长，行里的其他同志都撤走了，第129师师部也全部撤离了，我们得赶紧走了。"高捷成最后检查了一遍办公室，将重要的几份机密文件收好放入挎包，就招呼总行的同志一起撤离。这时候留在高捷成身边的是出纳科副科长刘恕贤、总务科副科长熊海山、合作社经理范辉、指导员王崇道、电话员周正云、警卫排长徐新年。一个警卫班已在银行门口等候，警卫员也牵着高捷成那匹枣红色马等着，此时原来喧嚣的镇上已变得冷清。高捷成飞身上马，带着总行一行人向冀西太行一分行的方向飞奔而去。他心里还一直放心不下那儿的反"扫荡"准备情况。在邢台白岸乡有冀南银行重要的材料储存点和印钞厂，包括一个新建的大机器印钞所。太行一分行位于冀西的位置，那儿也是地下交通线重要的中转站，冀南银行所需的设备、材料都要通过那儿转运，太行区印制好的钞票，很大一部分是通过太行一分行转运到冀南的。

因为在上一年，也就是1942年5月，设在窑门口、圪拉铺的冀南银行材料科，由科长肖利必和指导员刘宪章组织人员，于5月22—23日将新购置的几台新机器与几十台的老印刷机分别转移到圪拉铺以南的13个山洞之中，而未分散埋藏。5月26日，日军开始搜山，发现了9个山洞里所藏的设备，这9个洞中的设备全部被拉出来破坏，新购买的生铁铸造的印刷机架被日军砸毁，造成极大的损失。

在我军防护力量不足的情况下，冀南银行的印钞机器和材料，只能靠分散隐蔽的办法，印钞材料储存点都选择在深山峡谷里面。敌人对太行山区进行"扫荡"，是一条山沟一条山沟地搜索，一个山洞一个山洞地找。因此，冀南银行材料储存点的安全，高捷成一直挂在心上。敌人对太行区的"扫荡"开始了，他首先想到的不是个人的安危，而是冀南银行这几个重要材料储存点的安全。

1943年日军的这次春季"扫荡"规模很大，目标对准太行区的八路军首脑机关。冀南银行成立5年来与日本侵略者在货币战上几番交手，互有胜负，冀南银行的领导人也成了日军必欲除去的首要目标。

高捷成及随行人员来到了邢台的白岸镇材料储存点，守护这处材料储存点的是一位老红军林厚德，他向高捷成报告了他那儿的反"扫荡"准备情况。这个点所供应的印钞厂已停工，设备就地埋藏，人员转移，因而这个材料储存点不再发放物资，储存的器材和材料，也严格按《关于反"扫荡"准备的训令》的要求进行分散存放及埋藏处理。林厚德是个老红军，原来在宽嶂山守金库。高捷成翻山越岭，亲自检查了材料储存点，这儿的防护做得比较隐蔽。等检查完要走的时候，周边的敌情已很严重，林厚德建议高行长留下来，在本地打游击。高捷成心里一直放心不下太行一分行，担心其反"扫荡"准备是否做好，表示还是要去亲自部署一下，说完就带着一行人向太行一分行出发了。

5月的太行山绿意盎然，掩映在这一片绿意中的内丘县白鹿角村，是冀南银行材料储运中转点，深山当中这个以货栈作为掩护的材料储运中转点更显得隐蔽，群众基础较好。1943年5月13日，高捷成一行在翻山越岭检查邢台各个材料储存点后，马不停蹄地来到了内丘县白鹿角村。这时天色已晚，人困马乏，高捷成与随行人员商议决定在这儿休息一晚，第二天再到太行一分行。总务科副科长熊海山和出纳科副科长刘恕贤两人先去村子里找住的地方。熊海山找到了一处两进的院落，房子的主人是刘焕庭。这户人家也算是村里的大户人家，院子边上还有一个牲口棚。晋冀鲁豫边区政府主席杨秀峰及边区政府工作人员曾在这里住了一段时间。当时出于安全考虑，在房屋的正北屋衣柜的后面开了一个暗门，如遇到特殊情况，可以直接从后门转移到山上。考虑到这处房子相对安全，高捷成就决定一行人先在刘家大院歇息一晚，准备第二天一早再出发赶路。一行人得到命令后，就解下行李和新版的票子，将十几匹马拴在院子旁边牲口棚里，村长安排了人员照料马匹，警卫排长徐新年放出警戒哨，布置好之后一行人就此歇息。

山区深夜十分寂静，天阴沉沉的，夜色越发显得黑暗。后半夜下起了蒙蒙细雨，寂静的夜晚偶尔传来一两声猫头鹰的叫声。但在黑蒙蒙的树林间有一股日军正从百里之外向白鹿角村奔来。飘着细雨的凌晨，天越发显得清冷，林间小鸟开始鸣叫，村子里，人们还在熟睡着。

5月14日拂晓，天刚蒙蒙亮，高捷成起了个大早，其他人也起来做早饭。院子外面下着小雨，看着远处山峰隐在一片雾气之中，有人还开玩笑地说："这种天气鬼子可能不会来了，我们可以好好吃个安生饭了。"也有人说："这样可以去把站岗的同志叫进来，一起吃早饭，吃完饭好一起赶路。"可是这边的话音刚落，外面传来了一声枪响。警卫排长徐新年急忙冲到院子外面，外面雾气很浓，咫尺不见人。在村子外面站岗的同志发现有情况时，日军已到眼前，回去报告也来不及了，

河北内丘县白鹿角村

河北内丘县白鹿角村高捷成 1943 年 5 月 13—14 日停留的院落

河北内丘县白鹿角村高捷成 1943 年 5 月 13—14 日停留的刘家大院

高捷成于1943年5月14日在河北内丘县白鹿角村牺牲处

就急忙开了一枪，用枪声向还在院子里面吃早饭的同志示警。此时白鹿角村几处路口已都是日军了。

日军在侦知冀南银行总行高级干部的行踪之后，就于百里之外向着内丘县白鹿角村奔袭。昼伏夜行，于拂晓时分发起攻击，是日军用来袭击八路军首脑机关的惯用战术。这股日军一到白鹿角村，就控制了村子外面几处路口。高捷成随行的总行人员多数是文职干部，他的身边只有几个警卫，来时骑的马还在院子牲口棚拴着，但村子两边的出口都有日军，已无法骑着马冲出包围圈了。

高捷成迅速指挥随行人员冲出宅院的大门，沿着房子后面冲向村后的宋家峪沟突围上山。敌人就在后面追着，枪声一阵紧似一阵。电话员周正云背起电话机奋力由矮墙处将高捷成拉出墙外，甩开敌人，护着高捷成突围上山。敌人紧追不舍，机警的周正云把电话机里的一个大电池抽出，用力甩向敌人，吓得敌人趴在地上。乘此间隙，高捷成冲出了村子。但高捷成回头一看，发现警卫员没有跟上来，就停下脚步，要返回村子寻找。这时，刚才趴下来的敌人，一看扔过来的不是手榴弹，就开枪射击了，子弹打中了高捷成的腹部，高捷成身负重伤。周正云一看高捷成倒在地上，就急忙冲到高捷成的身边，二话没说，背起高捷成就往山上跑。因为周正云背着电话机，再加上一个人，行走十分吃力。子弹不停地呼啸，情况万分危急。高捷成强忍剧痛，叫周正云快把他放下，要周正云带上他的挎包，赶紧突围。但周正云执拗地不松手："高行长，我不能放下你，要死咱们死在一起！""小周，不要管我，保住文件要紧。"高捷成忍着疼痛，对周正云说："我挎包里面都是党的重要文件，一定不能落在敌人手里，你快带上……突围！"①周正云哭着，还是固执地要背着高捷成一起突围。高捷成生气了，严厉地命令道："你要立即突围，把文件和枪拿走。一定要保住文件，这比什么都重要，不要管我！"说完，他用尽最后所有的力气，从周正云背上挣脱下来。这时后面的敌人吆喝着向他们冲来。周正云只得含着眼泪告别了高行长，迅速跑进宋家峪沟，翻过山头脱险了。

在高捷成他们撤出来的时候，有一些白鹿角村的村民也跟着一起向山上跑。其中有一个叫刘明金的少年，当年十五六岁，当时看到高捷成中弹倒地，捂着肚子在地上滚动，就想过去救高捷成。可是他刚一露面，就中了一枪，这一枪打中他的肋骨，鲜血直流，刘明金就忍着疼痛，掉头往宋家峪沟跑去，躲在一块大石头下面，这才脱离了危险。

在高捷成身边狙击敌人的几名战士，难以抵挡日军的进攻，他们接连倒下，沿着屋后小山沟成功突围出去的只有八个人。高捷成身负重伤倒在地上，被敌人追上，最后壮烈牺牲。

敌人冲上来，搜查了牺牲在山坡上的高捷成。高捷成身着和普通八路军士兵一样的服装，身上党的重要文件和手枪都交给电话员周正云带走了，敌人一无所获，只有拴在牲口棚的那十几匹战马和一些没来得及带走的票子成了他们的战利品。敌人不知道，他们这次袭击的，正是他们三年来多次进攻黎城小寨村、宽嶂山，一直在寻找的冀南银行总行行长高捷成。

高捷成的壮烈殉国，使敌人少了一个对华实行经济侵略中遇到的强劲对手，而我党我军则蒙受了自1942年5月左权副总参谋长牺牲之后的又一次重大损失！

第五节　涉县索堡　漳河哭泣太行哽咽

高捷成牺牲的消息传出，晋冀鲁豫边区广大军民无不悲痛万分。时任中共中央太行分局书记、八路军第129师政委的邓小平同志打来电话，痛惜地说："捷成同志牺牲了，这是一个很大的损失啊！"②

---

① 赵国智：《高捷成传略》，见河北省民政厅编：《浩气长存——河北革命烈士史料（四）》，1983年，第192~193页。
② 赵国智：《高捷成传略》，见河北省民政厅编：《浩气长存——河北革命烈士史料（四）》，1983年，第193页。

八路军前方总部后勤部部长杨立三闻讯后久久不能言语,他眼含泪水,以极其沉痛的心情提笔写下:

同志最相亲,

四五年金融事业常共筹谋;

朴实有才能,

屈指如君能数几;

分手才转瞬,

十余日战争场合顿传噩耗;

老成频摧折,

伤心恨我缺机宜。①

1943年6月26日,中共北方局、晋冀鲁豫边区政府、冀南银行总行在冀南银行总行驻地河北涉县索堡镇举行隆重的追悼大会。会场布置得庄严、肃穆而悲壮,灵堂内挂满了晋冀鲁豫边区领导、各界代表和冀南银行干部送来的挽联,一幅幅挽联倾注了对高捷成生前为革命事业忠诚、贡献的敬仰,寄托着对高捷成牺牲的无限哀思。边区党政军民负责同志和各界代表莅临吊唁,八路军前方总部后勤部部长杨立三、晋冀鲁豫边区政府主席杨秀峰及副主席戎伍胜、晋冀鲁豫边区政府第二厅厅长刘岱峰等同志都亲临致哀。追悼大会上,冀南银行总行陈希愈副行长报告了高捷成的生平和牺牲经过,他特别指出:"高行长生前在长期的革命工作中,表现出卓越的刻苦、认真、实事求是的工作作风,在银行干部中,无一不敬佩他这种模范精神;在日常生活中是极严肃的,而寻常对人却十分和蔼……"高捷成当时在全行职工中享有崇高的威望,追悼大会上,冀南银行的员工沉痛悼念,许多同志失声痛哭,会场响起了怀念高捷成的歌声。

悲壮的歌声,

高呼着复仇,

这一笔血债何时清?

高行长牺牲,

谁不悲痛?

我们失去了敬爱的首长。

---

① 李琴:《杨立三传略》,金盾出版社,2013年版,第145页。

高行长，

学习你和蔼待人，

严谨处事，

为党工作永不停息的革命精神。

悲壮的歌声在太行山的连绵山峦中久久回荡……

1943年6月27日《新华日报》（华北版）为之报道：

冀南银行行长高捷成殉国

[太行讯]冀南银行行长高捷成，不幸于五月十四日下午一时，在冀西×××村与敌遭遇，壮烈殉国。高行长自民国廿八年出掌冀南银行以来，开创了全区经济货币工作之典范，在对敌经济斗争与发展根据地生产事业上，有极大的建树。噩耗传来，全区各界无不万分悲痛。廿六日，在涉县索堡举行"高行长追悼大会"，以致悼念。

1943年6月29日《新华日报》（华北版）接着为之报道：

沉痛追悼高行长
冀行同仁誓承先烈遗业奋斗到底

[本报讯]此间冀南银行于廿六日举行追悼高行长大会，到会来宾计边府代表、师部代表、工商局代表，以及附近各机关团体代表、银行各分行、工厂技师代表多人。大会在下午二时三声沉重的炮声中开始，在唱挽歌、静默三分钟之后，首先由主席陈副行长报告高行长生平及殉国经过，他特别指出："高行长生前在长期的革命工作中，表现出卓越的刻苦、认真、实事求是的工作作风，在银行干部中，无一不敬佩他这种模范精神；在日常生活中是极严肃的，而寻常对人却十分和蔼……"各代表相继讲话，全体银行职员特在灵前宣誓，继承高行长遗志为银行工作奋斗到底。并提出工作竞赛，把高行长工作精神印发小册子以为整风学习中之教材。

1944年春，冀南银行总行将高捷成从河北邢台英谈村移葬到河北涉县索堡镇石门村莲花峰下的晋冀鲁豫抗日殉国烈士公墓，位于八路军副总参谋长左权将军墓的旁边，树碑纪念。

河北涉县石门村莲花峰

河北涉县石门村莲花峰下的高捷成之墓

第六节　冀行冀钞　为新中国金融奠基

抗日战争时期，各抗日根据地相继建立了地方性银行，有晋察冀边区银行、冀南银行、北海银行、西北农民银行。1940年初，高捷成向八路军前方总部后勤部部长兼冀南银行总行董事长杨立三提出，各根据地银行间没有汇兑制度联系，在对敌斗争中形不成合力，建议向八路军总部和中共中央北方局提出建立根据地银行间汇兑制度。之后这一建议由中共中央北方局上报中共中央，得到中共中央的赞同。1940年4月，中共中央发布《关于财政经济问题的指示》时，将中共中央北方局有关建立银行间汇兑制度的内部指示一并转发到各个抗日根据地。

中共中央在《关于财政经济问题的指示》中说："在尚无中央银行与统一发行货币的条件下，各地相互建立汇总制度，很好。""由冀南银行负责筹划晋察冀银行、冀南银行、北海银行、晋西北农民银行的流通调剂办法，第一步做到各银行沟通汇兑，以便开展华北各地金融流转工作。"并进一步表示，"陕甘宁边区银行亦愿参加此项工作"。中央的这一指示，就是在当时尚无中央银行的条件下，授予冀南银行特殊地位，以冀南银行协调各抗日根据地银行之间的金融流转工作，由此确立了冀南银行在各抗日根据地银行中的地位。在以后逐步实施统一各抗日根据地银行的工作中，冀南银行始终处于一个主导的地位。

高捷成执掌冀南银行5年，冀南银行业务和组织机构都得到迅速的发展。在1943年春，冀南银行总行报请边区政府批准，决定在冀南、太岳两行署区设立区行。当时冀南区行下署一、二、三、四、五、六分行，冀南区行正、副经理为赖勤、胡景沄。太岳区行下署一、二、三分行，太岳区行主任为李绍禹。

高捷成在1943年5月反"扫荡"中牺牲后不久，1943年8月，冀南银行冀南区行经理赖勤接任冀南银行总行行长，胡景沄、陈希愈出任冀南银行总行副行长。

邓小平1943年7月在关于《太行山区的经济建设》一文中特别指出："我们的货币政策，也是发展生产与对敌斗争的重要武器。货币政策的原则，是打击伪钞，保护法币。我们鉴于敌人大发伪钞，掌握法币，大量掠夺人民物资的危险，所以发行了冀南钞票，作为本战略区的地方本位币。实行的结果，打击了敌人利用法币的阴谋，缩小了伪钞的市场，强化了对敌经济斗争的阵容，给了根据地经济建设以有力的保障。为了保障本币的信用，我们限制了发行额，大批地贷给人民投入生产事业。取得了人民的热烈拥护,它的信用是很巩固的。"这也是对高捷成所领导的冀南银行在支持抗战和根据地经济建设中所作贡献的充分肯定。

1947年8月,以董必武为主任的华北财经办事处正式开始办公。新成立的"华北财经办事处"有八项任务,其中包括"掌握各个解放区的货币发行"和"筹建中央财政和银行"。1947年12月2日,董必武向党中央发电,建议中央批准成立中央银行,并建议使用"中国人民银行"这个名称。1947年12月18日,中央回电批准了他的建议。1948年初,冀南银行总行已拥有880多个网点、4630余名职员、2324名印钞工人、1005名专用造纸厂工人。

1948年4月12日,冀南银行总行迁到石家庄。1948年4月17日,冀南银行总行与晋察冀边区银行共同发出通告,宣布两行在石家庄联合办公,同时指示冀南钞和边币以固定比价在华北解放区任何地方均可流通。1948年7月华北银行成立,晋察冀边区银行的边币停止发行,冀南钞成为华北解放区的统一货币。

华北人民政府为统一华北、华东、西北三大战略区货币,于1948年12月1日颁布了关于建立中国人民银行和发行人民币的布告,决定将解放区的华北银行、北海银行、西北农民银行合并,组建中国人民银行,以原华北银行为总行,将总行地点设在河北石家庄。中国共产党领导下的中国人民银行开始行使职能,同日,首批人民币发行,并确定人民币为华北、华东、西北三区本位币,统一流通。布告内容如下:

华北人民政府布告
金字第四号

  为适应国民经济建设之需要,特商得山东省政府、陕甘宁、晋绥两边区政府同意,统一华北、华东、西北三区货币,决定:

  一、华北银行、北海银行、西北农民银行合并为"中国人民银行",以原华北银行为总行。所有三行发行之货币,及其对外之一切债权债务,均由中国人民银行负责承受。

  二、于本年十二月一日起,发行中国人民银行钞票(下称新币),定为华北、华东、西北三区的本位货币,统一流通。所有公私款项收付及一切交易,均以新币为本位货币。新币发行之后,冀币(包括鲁西币)、边币、北海币、西农币(下称旧币)逐渐收回。旧币未收回之前,旧币与新币固定比价,照旧流通,不得拒用。新旧币比价规定如下:

  (一)新币对冀币、北海币均为一比一百,即中国人民银行钞票一元

等于冀南银行钞票或北海银行钞票一百元。

（二）新币对边币为一比一千，即中国人民银行钞票一元等于晋察冀边区银行钞票一千元。

（三）新币对西农币为一比二千，即中国人民银行钞票一元等于西北农民银行钞票二千元。

以上规定，望我军民人等一体遵行。如有拒绝使用，或私定比价，投机取巧，扰乱金融者，一经查获，定予严惩不贷。切切

此布

主　席　董必武

副主席　薄一波

　　　　蓝公武

　　　　杨秀峰

中华民国三十七年十二月一日

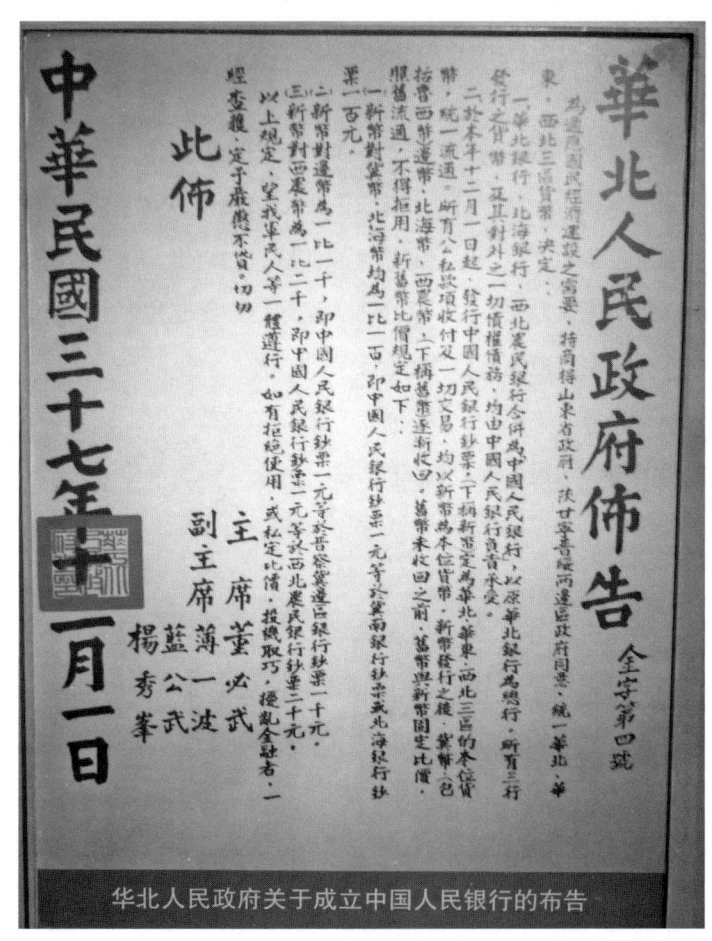

华北人民政府关于成立中国人民银行的布告

冀南银行成立九年来，冀南钞发行 2012.7 亿元，当时华北人口接近 5000 万，每人平均合冀南钞 4025 元。冀南银行在边区发放各种贷款 100 多亿元，其中太行区近 29 亿元，太岳区 13 余亿元，冀南区 29 亿元，冀鲁豫区 32 亿元。人民币发行流通后，冀南钞并没有立即停止流通，在很长一段时间，人民币和冀南钞两种货币混合流通，直到 1949 年。

1948 年 12 月 18 日，华北人民政府发布训令："自 1949 年 1 月 1 日起，以中国人民银行钞票为本位币。"

高捷成长期在军队中担任会计工作，创立全军会计工作制度。他为冀南银行的创立、组织架构和银行管理，倾注了毕生心血。在金融干部培养上，他创造了多样化模式，使冀南银行拥有一支高素质的金融专业化队伍，与日寇展开货币战、贸易战。他们有自己的印钞基地、造纸厂，与日寇展开反假票斗争；冀南银行的会计制度，融入了战时管理的特点和实际经营的需要，与之前"官厅会计"、西方会计相比，有许多改进和完善，所设置的簿记格式、记账内容能适应处理多个币种的需要。

高捷成所领导的冀南银行，其广泛的金融实践，为新中国金融体系的建立奠定了重要基础。冀南银行"一身二任"，既办理中央银行业务，也经营商业银行业务。在对敌斗争中，冀南银行通过逐步实践，制定出一套完善的会计、出纳、审计等财会管理制度及办法，为日后中国人民银行的建立和中华人民共和国成立后的金融工作提供了制度范例，培养了金融专业人才。

在军政开支巨大、敌我形势十分复杂的战争时期，高捷成领导冀南银行对货币发行和物价稳定进行了有益的探索，确立了以交易流通为基础的货币发行原则，以及掌握物资、扩大供给的稳定物价策略，在其所提出的"物价的决定因素在于物质力量"的思想指导下，较好地实现了币值的相对稳定。这些对货币和物价本质的认识，为新中国金融工作和中央银行的金融宏观调控提供了宝贵的经验。

冀南银行在战争中得到不断发展壮大，到 1947 年 10 月 15 日冀南银行成立 8 周年时，已经发展成为下辖 4 个区行、26 个分行、173 个县支行的大银行。与此同时，确立和巩固了冀南钞作为边区本位币的地位。冀南银行支持边区经济建设，为保证革命战争的胜利、支持中华民族的解放事业、恢复和发展城市的工商业发挥了重要作用，也为日后华北银行乃至中国人民银行的成立，为新中国的金融事业发展做出了不可替代的突出贡献。

第十章 薪火相传（1950——2019）

我的祖父高捷成

"我自从'九一八'东北事变、'一·二八'上海抗战之后,悲愤交集,誓不求中华民族之解放,当不为中华民族黄帝子孙之一人,决心从戎。""民国廿一年三月间离漳,倏忽于今已有六年了。在这六年中东西奔波,南北追逐,历尽一切千辛万苦,雪山草地,万里长征,在所不辞!无非为的是挽救国家的危亡!志向所趋,海浪风波在所难阻!""救国才能顾家,国亡家安在!"这是高捷成在中国全民族抗战爆发前于延安写给家人一封信中的言语。最后他牺牲在抗战前线。他为中华民族之解放,义无反顾地奔向抗日战场的革命精神,一直激励着后来者。

第一节　古城邯郸　秋风拂墓敬奠英灵

1950年10月的古城邯郸，秋意渐浓。河北涉县庄子岭满山遍野的黄栌树，红叶如血，像燃烧的火焰，像满天的晚霞，红得凝重、朴实。1950年10月21日，太行山已到深秋，涉县庄子岭上的红叶，在极尽绽放后，随着那阵阵的秋风，安然地飘落大地。这一天的上午8点，左权将军及杨裕民、张衡宇、何云、高捷成、赖勣、陈光华七烈士移葬晋冀鲁豫烈士陵园落成典礼，在河北省邯郸市隆重举行。各界人民代表以及烈士家属500余人，齐集烈士陵园参加典礼。陵园内外高悬着白色的挽联，充满庄严肃穆的气氛。

巍然矗立的纪念塔上镌刻着毛泽东主席亲笔题词：

英勇牺牲的烈士们千古　无上光荣

朱德送的挽联写着：

左权及晋冀鲁豫革命烈士们！你们在抗日战争最艰难的岁月里，坚持敌后作战以身殉国，不愧为中华民族最优秀的儿女。你们的功绩和事业永垂不朽！

邓小平送的挽联写着：

邯郸烈士陵园纪念，我们今天获得的全国的胜利，是我们继承由先烈们奠定基础的伟大而光荣的英雄事业的成果。

刘伯承送的挽联写着：

邯郸烈士陵园落成，为人民解放事业而死难的烈士，永远做人民之模范。

罗荣桓、傅钟、肖华送的挽联写着：

献给左权将军暨杨裕民、张衡宇、高捷成、何云、赖勣、陈光华诸烈士

你们的英勇牺牲，激励中国人民争取了反抗日本法西斯的胜利。现在我们追念烈士，更将决心为保卫祖国、保卫人民，粉碎美帝国主义侵略阴谋而奋斗到底！

杨立三送的挽联写着:

> 长在人民的记忆中

军委总后方勤务部送的挽联上写着:

> 功在人民

中国人民银行总行送的挽联上写着:

> 赴汤蹈火壮烈牺牲替革命同志树立楷模,
> 前赴后继艰苦斗争为人民事业奠定磐石。

河北省人民政府送的挽联上写着:

> 为国捐躯英名不朽,死有生于泰山;
> 革命大业万里长征,全赖生者担承。

送来挽联的单位和个人还有:中共中央华北局、中央人民政府内务部、交通部、教育部、中国科学院、最高人民法院、全国妇联、《人民日报》社等以及张霖之、李达、陈赓、宋任穷、蔡树藩、陈锡联、王维舟等。中央人民政府政务院也发来唁电。

1950年10月21日上午11点,左权将军及杨裕民、张衡宇、何云、高捷成、赖勰、陈光华七烈士灵柩从涉县由专列运抵邯郸。中央人民政府政务院代表谢觉哉、中国人民革命军事委员会总政治部代表魏传统、中国人民解放军第二野战军代表姚继鸣、中国人民解放军华北军区代表张南生、河北省人民政府代表杨秀峰、平原省人民政府贾心斋及烈士家属等,亲往邯郸火车站扶灵执绋。由邯郸火车站至晋冀鲁豫烈士陵园,沿路遍摆祭桌,邯郸市万余民众怀着哀悼的心情,肃立两旁,向缓缓行进的七位烈士灵柩致敬。

1950年10月21日午后1点,移葬公祭和烈士陵园落成典礼在哀乐声中开始。首先由中央人民政府内务部部长谢觉哉剪彩,由"邯郸烈士陵园左权诸烈士移灵安葬筹备委员会"主任杨秀峰主持。

杨秀峰首先致辞,他说:

> "今天我们举行晋冀鲁豫烈士陵园落成典礼,并奉中央人民政府之命,自太行山移葬左权将军暨杨裕民、何云、张衡宇、高捷成、赖勰、陈光华诸烈士灵柩于此。这是晋冀鲁豫人民,以至全国人民光荣而又沉痛的日子。
>
> 回忆抗日战争爆发以来,十八集团军陆军第一二九师,在中共中央

领导下，暨朱总司令直接指挥下，浴血苦战于晋冀鲁豫地区，凡历十载。协同并扶助广大人民培植壮大人民武装，建立发展人民团体，缔造捍卫边区人民民主政权，在长期战争和灾荒的艰难岁月里，与人民同甘苦，共患难，如血肉之不可分！老百姓称之为子弟兵，以表示其爱戴。踊跃送儿送郎壮大这支子弟兵的队伍，歼击敌寇，终获胜利，为晋冀鲁豫人民所不能忘！

1946年3月晋冀鲁豫参议会，第一届第二次大会，为纪念在晋冀鲁豫战场上保卫国家民族，保卫人民利益而光荣流血牺牲的边区人民子弟兵和其他烈士，并以教育广大人民，传之永久，特于是月30日会议上决议，在邯郸建立晋冀鲁豫烈士陵园及公墓，并即于当日由全体参议员举行奠基典礼。决议原文如下：

'为纪念边区子（弟）兵光荣牺牲之烈士，在邯郸建立陵园纪念八路军总部前方司令部政治部、晋冀鲁豫军区及一二九师牺牲烈士；在长治建立决死队烈士陵园，纪念决死队牺牲烈士。

号召与教育广大群众，热烈欢迎对国家民族有丰功伟绩因复员而还乡的抗日军人，多方予以爱护尊敬与帮助，使其在精神上得到安慰，生活上得到保障。对革命烈士要发动遍及各个角落的纪念运动，搜集与表彰其英勇事迹，以昭民族正气。'

前晋冀鲁豫边区政府，忠诚地执行了边区人民之委托，自1946年夏，开始陵园兴建，派专人主管其事。中经1947年蒋匪发动内战进攻边区，因备战停顿经年。1948年人民解放军对蒋匪大举进攻后，是年9月陵园恢复修建工作。在华北人民政府及中央人民政府内务部直接指导下，赖陵园职工诸同志们之悉心努力，持续工作历20个月，于今大致告成。对面之中国人民解放军晋冀鲁豫军区烈士公墓，同时整修完工。先烈遗体已收葬一部，幸无负广大人民之嘱托，差堪告慰烈士们英灵于地下。

抗战中，辅佐朱总司令指挥华北抗日作战的左权将军，功在国家，不幸于1942年5月25日山西麻田战役中光荣殉国，边区人民同声痛悼，曾为临时择地安葬于涉县之石门村山麓。今奉中央人民政府之命，移葬此地，为便参谒，并慰忠魂。

抗战初参加组织冀东起义抗战的杨裕民烈士，因病于1939年4月被邀来太行十八集团军总部，卒因积劳成疾，于是年7月殁于屯留，暂寄埋于襄垣上遥村。

前中共北方局秘书长张衡宇同志，及新华日报（华北版）社长何云同志，功在华北，并于1942年5月，麻田之役光荣牺牲于太行偏城。还有今天要安葬的陈光华烈士是朝鲜友人，共产党员，以高度的国际主义精神，援助中国人民解放事业，亦不幸于是役惨遭牺牲。

赖勰同志长期负责一二九师供给工作，他与高捷成同志，均曾主持冀南财政和冀南银行。捷成同志不幸于1943年5月14日晨内丘之白鹿角村遭日寇突袭，奋战牺牲。赖勰同志因长期积劳致疾，于1945年6月9日长眠不起。

以上张、何、陈、赖、高诸同志之灵，均曾附葬于石门山麓之左权将军墓侧。并附范筑先、杨裕民两先烈之纪念塔。该陵园背山面水，杂木成林，岁时祭扫，参拜络绎，为抗战胜地。

晋冀鲁豫烈士陵园之落成和左权将军等诸先烈之移葬，表示着中国人民革命之胜利，表示着晋冀鲁豫广大人民敬仰先烈的心情！并表示着中国人民有力量战胜内外敌人，保卫国家，建设新中国的信心！

谨向诸烈士之灵，致崇高的谢意与敬礼！"①

左权等诸烈士灵柩专列从涉县石门村到达邯郸车站（晋冀鲁豫烈士陵园提供）

① 晋冀鲁豫烈士陵园编：《丰碑》，大众文艺出版社，2010年版，第108~110页。

中央人民政府内务部部长谢觉哉、军委总政治部秘书长魏传统等扶灵执绋
（晋冀鲁豫烈士陵园提供）

迎灵队伍在邯郸市陵园路缓慢行进（晋冀鲁豫烈士陵园提供）

晋冀鲁豫烈士陵园落成典礼与安葬左权将军暨诸烈士公祭大会（晋冀鲁豫烈士陵园提供）

河北省人民政府主席杨秀峰在晋冀鲁豫烈士陵园落成典礼与安葬左权将军暨诸烈士公祭大会上致辞（晋冀鲁豫烈士陵园提供）

在杨秀峰详细报告了筹备经过情形之后，谢觉哉接着代表中央人民政府向烈士献香、献爵并读祭文。谢觉哉充满深情地说：

"1950年10月21日，举行邯郸烈士陵园暨晋冀鲁豫烈士公墓落成典礼，中央人民政府政务院代表谢觉哉、中央人民政府革命军事委员会总政治部代表魏传统、中国人民解放军华北军区代表张南生、中国人民解放军西南军区暨第二野战军代表姚继鸣、河北省人民政府代表杨秀峰、平原省人民政府代表贾心斋、暨邯郸各界人民代表石惠轩谨以香花酒果痛祭于诸革命烈士之灵前。

在伟大的抗日战争与解放战争中，你们在毛主席的旗帜下，英勇地战斗在太行、太岳和辽阔的华北平原。你们出生入死，经历千辛万苦，终于身殉人民解放事业。你们不愧为中华民族最优秀的子孙，光荣永远属于你们，你们对人民事业的忠诚和功绩，永远活在人民心里。

中国人民解放事业已取得基本胜利，几千年来被压迫被奴役的人民从此站起来了，伟大的中华人民共和国将永远屹立于世界。全国人民正在奋勇地为祖国的建设事业而奋斗，在伟大的领袖毛主席领导下，我们相信，一定会巩固胜利和发展胜利成果，告慰诸烈士于九泉。

你们是我们最敬爱的同志和战友，你们的光辉榜样永远为我们所学习，今天美帝国主义正在疯狂地肆行侵略，已严重威胁我国土，我们向你们保证！我们誓以钢铁般的战斗意志，用一切努力保卫祖国，保卫你们用鲜血与头颅换来的胜利果实，为中国人民创造持久的和平与幸福。

秋风拂墓，敬奠英灵。

烈士们，安息吧！

你们的英名，将如松柏长青，永垂不朽。"[①]

谢觉哉读完祭文，中国人民解放军军事委员会总政治部及第二野战军、华北军区等代表相继致唁词。代表们并在烈士灵前举行宣誓："坚决继承先烈遗志，百倍警惕，为保卫神圣的祖国及世界和平而战斗到底。"

最后，在哀乐声中，左权及杨裕民、何云、张衡宇、高捷成、赖勤、陈光华诸烈士灵柩入葬，由谢觉哉亲自奠土。

这是一次共和国的祭奠！

---

① 晋冀鲁豫烈士陵园编：《丰碑》，大众文艺出版社，2010年版，第111~112页。

中央人民政府内务部部长谢觉哉宣读祭文（晋冀鲁豫烈士陵园提供）

左权将军移灵与陵园公墓落成典礼举行前，中央人民政府内务部组织了移灵委员会委员，其组成人员是：

中央人民政府内务部部长谢觉哉

中央人民政府人民革命军事委员会总政治部秘书长魏传统

华北军区政治部副主任张南生

河北省人民政府主席杨秀峰

河北省邯郸专区督察专员公署专员石惠轩

河北军区邯郸军分区司令员张维输

晋冀鲁豫烈士陵园主任张介士

1950年9月20日，中央人民政府内务部召开了左权将军移灵与陵园公墓落成典礼筹备会议。出席会议的有：中央军委总政治部、华北军区政治部、邯郸烈士陵园、中央人民政府内务部等单位的代表。

1950年10月12日，《人民日报》刊登了《邯郸烈士陵园落成典礼暨左权烈士等移灵委员会》启事。

1950年10月20日，《人民日报》对左权将军及杨裕民、何云、张衡宇、高捷成、赖勰、陈光华诸烈士移灵典礼以及晋冀鲁豫烈士陵园落成典礼进行了报道。

[本报讯]在抗日战争中先后光荣牺牲的前十八集团军副总参谋长左

权将军及杨裕民、张衡宇、何云、高捷成、赖勤、陈光华等烈士移灵典礼，今日在邯郸举行。晋冀鲁豫烈士陵园同日举行落成典礼。中央人民政府、中国人民革命军事委员会、华北军区、河北省府等党、政、军各单位代表及烈士家属等多人均前往陵园举行公祭。

左权将军是在一九四二年牺牲的。当时国民党反动政府已由"消极抗战"到"坐以观战"，只有中国共产党率领全国人民在敌后极艰苦的条件下抗击日寇。而日寇也以其大部分兵力对付敌后抗日敌后战场。中国共产党优秀党员、十八集团军高级将领左权将军亲临前线督战，以身殉国。同时牺牲的张衡宇烈士是中国共产党北方局政权工作部秘书，何云烈士是华北新华日报社社长，陈光华烈士（原名金晶华）是参加抗日战争的朝鲜青年的组织者与领导者。此外，杨裕民烈士是冀东抗日联军政治部主任，高捷成、赖勤烈士是冀南银行行长，都先后在抗日战争中牺牲。当时左权将军及杨裕民烈士等的灵柩因战争环境，都暂时安葬在涉县石门村。

由于中国共产党正确的领导，由于全国军民的团结抗日，也由于千万像左权将军一样的先烈们的英勇牺牲，中国人民战胜了凶恶的日本帝国主义。人民永远纪念着这些忠贞捍卫祖国、奋不顾身、流尽自己热血的先烈。一九四六年，晋冀鲁豫边区参议会决议在邯郸修建烈士陵园，并移葬左权将军等烈士的灵柩。

四年来先后经过晋冀鲁豫边区政府、华北人民政府及中央人民政府的直接督促，邯郸烈士陵园修建工程至今秋告完竣，左权将军等烈士灵柩也由专门组成的移灵委员会慎妥地由涉县移到邯郸。①

---

① 晋冀鲁豫烈士陵园编：《丰碑》，大众文艺出版社，2010年版，第115~116页。

晋冀鲁豫烈士陵园纪念碑

晋冀鲁豫烈士陵园左权、杨裕民、何云、张衡宇、高捷成、赖勋、陈光华七烈士墓

晋冀鲁豫烈士陵园高捷成墓

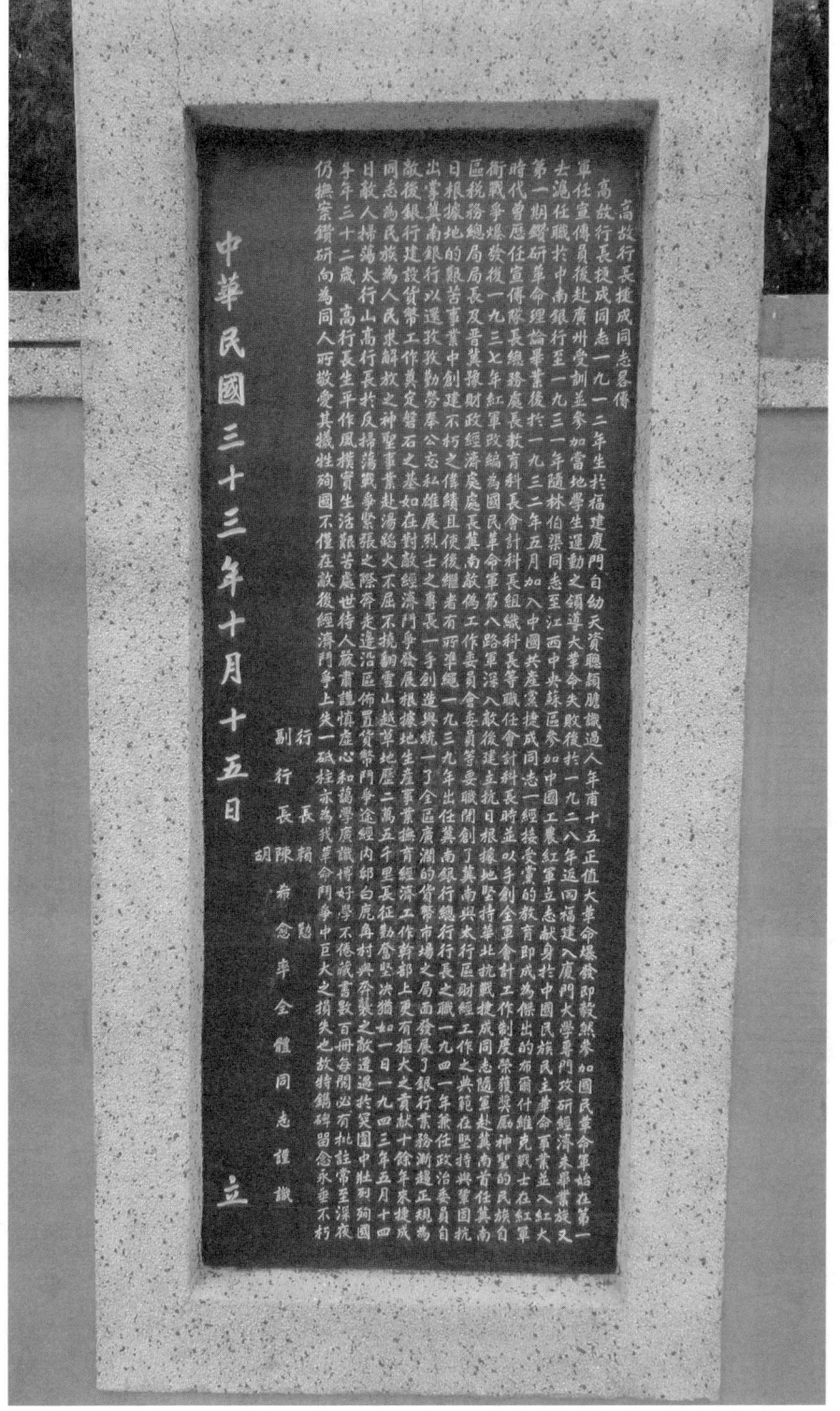

晋冀鲁豫烈士陵园高捷成墓志铭

第二节　建立展馆　冀行精神后世景仰

经过两年多紧锣密鼓的筹备，2016年12月1日，在中国人民银行建立68周年纪念日，冀南银行纪念馆开馆仪式在邯郸银行总部西四楼会议厅隆重举行。在开馆仪式上，中国人民银行原副行长马德伦、中共中央党史研究室原副主任李忠杰为"冀南银行纪念馆"揭牌。

开馆仪式后，组织举行了红色金融历史报告会，中国人民银行原副行长马德伦、中共中央党史研究室原副主任李忠杰分别以"红色金融——足迹与精神""从党的历史中汲取营养和智慧"为题，系统讲解了我党的发展历史和红色金融发展的历程。

随着冀南银行纪念馆的建立，被誉为"新中国金融的摇篮"的中国人民银行主要源流之一冀南银行的光辉历程终于完整地呈现在大家的面前。该馆展示了在艰苦的战争年代，以冀南银行首任行长高捷成为代表的红色金融先驱，以大无畏的革命精神，克服种种艰难险阻，自力更生，从创建银行工作规程到建立会计管理制度，奋力拼搏，在卓有成效地运用货币这一武器开展对敌斗争的同时，保障军需民用，发展工农业生产，有效控制货币发行量和物价水平。从1939年到1948年这9年间，冀南银行累计发行冀钞2012.7亿元，极大地发展了根据地经济，有力地支持了抗日战争的胜利和全国的解放，为新中国金融事业的发展作出最坚实的制度建设、人才铺垫和经验积累。

冀南银行纪念馆位于邯郸银行总行新办公大楼西楼20层。纪念馆实际占用面积近1000平方米，展线总长约300米，共分为序厅、抗日战争中诞生、艰苦岁月中发展、解放战争中转型、独特的冀南银行文化、中国人民银行成立、尾厅7个展区，陈列各种票币、原始文件400余件，印钞用石板、油墨箱等实物60余件，图片资料200余幅。其中，冀南钞70余种，基本囊括了冀南钞的主要版别。

中国人民银行邯郸市中心支行于2014年开始了冀南银行纪念馆的筹建工作，建馆工作得到中国钱币博物馆、中国钱币与银行博物馆委员会红色金融专题工作组、中国金融教育发展基金会以及上级行的关心支持，保证了冀南银行纪念馆建设项目的顺利推进。

冀南银行纪念馆系统展示了冀南银行从创建到发展的光辉历程，表现了冀南银行拓荒金融的奋斗精神和勇于担当的革命意志，突出了冀南银行作为中国人民银行主要源流之一的主体地位。

冀南银行纪念馆较全面地介绍了高捷成的生平事迹并展列了专题影像资料，还特别制作了高捷成为保护党的重要文件、掩护战友撤离而壮烈殉国的场景雕塑；展出了高捷成于1937年4月10日从陕北延安写给漳州亲人的家书。在冀南银行纪念馆，可以让每一位参观者都身临其境地感受着革命事业的艰苦卓绝，参观者无不被高捷成烈士抗战救国、科学报国、艰苦创业、英勇无畏的伟大精神所深深触动。

（一）抗战救国的精神

1932年，23岁的高捷成已成家立业，在漳州的百川银庄工作，育有一儿，事业与家庭生活美满。然而，高捷成的心中还有一个更大的家让他难以割舍，那便是正处于生死存亡的中国。1931年"九一八"事变爆发，东北三省告急。1932年1月，日军攻占锦州，东北三省全部沦陷，日本帝国主义亡我中华之野心已昭然若揭。蒋介石却实施"攘外必先安内"政策，对日本侵略不抵抗，大肆围剿中国共产党领导的红色根据地。为了挽救国家危亡，高捷成毅然决定参加红军，正如他在书信中所言："无非为的是挽救国家的危亡！志向所趋，海浪风波在所难阻！"这份浓浓的家国情怀，彰显了爱国主义是构成中华民族精神的核心。

（二）科学报国的精神

1927年夏高捷成考入厦门大学攻读经济学，厦门大学的学习经历让他掌握了扎实的经济、金融和会计专业知识；后来他又到上海的中南银行工作过，银行业务娴熟。高捷成在红军大学担任宣传队队长，在红军担任教育科长、组织科长、总务处长，在苏维埃国家银行担任会计科长等职。他任苏维埃国家银行会计科长时因首创全军会计工作制度，多次荣获奖励。他经历万里长征，到达延安后，又随八路军第129师挺进太行，任冀南区税务总局局长及晋冀鲁豫财政经济处处长、冀南敌伪工作委员会委员等要职。1939年8月，他临危受命，出任冀南银行首任行长。在长期的革命斗争中，高捷成一直用自己财政金融方面的专长为中国共产党金融事业贡献力量。

（三）艰苦创业的精神

1938 年至 1939 年初，日军占领华北大多数城市，实施以铁路为柱、公路为链、碉堡为锁的所谓"囚笼政策"，强制推行日伪"中国联合准备银行"钞票，对抗日根据地进行疯狂的经济掠夺。面对艰难的抗战形势，1939 年冀南银行在敌后抗日根据地成立，高捷成临危受命，出任冀南银行首任行长，开始了冀南银行艰苦创业的历程。为了避免暴露，冀南银行印钞厂建在太行山的深山沟里，机器设备、印钞材料也分散在崇山峻岭的岩洞中。银行物资和设备，多通过各种曲折的关系和渠道，从日伪占领下的石家庄、德州等地采购而来。由于时常要靠人背马驮的方式躲避敌军的围追堵截，冀南银行也因此被称为"马背上的银行"。高捷成顶着敌人疯狂的"扫荡"和严密的封锁，孜孜不倦，奉公忘私，跑遍了太行区六个地区几十个县的分支机构。他对银行建设的每个细节事必躬亲，对每个厂址、每个隐蔽点，都要多次反复实地查看，做到了然于胸。他领导的冀南银行四个印刷所和两个厂部，在面临"扫荡"时，均可做到三小时内全部转移，可见其工作之细致与艰难。

（四）英勇无畏的精神

身为行长的高捷成，不仅要领导根据地金融工作，而且在工作生活中以身作则，从不搞特殊化。在战斗紧急关头敢于挺身而出，身先士卒；多次在撤退时心系战友安危，自己留在最后才撤离。在 1943 年 5 月敌人的春季大"扫荡"中，他不顾个人安危，于反"扫荡"紧张之际，奔走边沿区布置货币斗争工作。在遭遇敌人突然袭击时，他指挥随行人员先行突围撤离，最后为了保护党的重要文件、掩护战友，自己牺牲在敌人的枪口之下。

冀南银行纪念馆也全面展示了冀南银行发行的冀南钞。冀南钞从 1939 年 10 月 15 日起至 1948 年 12 月 1 日中国人民银行成立并发行人民币为止，流通时间为 9 年 1 个月，有力地支援了抗日战争和解放战争。高捷成领导的冀南银行，培养了一支经过战争考验的革命金融队伍，建立了一套适用于战争环境的银行运行管理制度；在绵延百里太行山的崇山峻岭之中，建立了一个个打不烂的印钞基地。其广泛的金融实践，为我党金融事业的发展初奠基石。

冀南银行纪念馆于 2016 年 12 月 1 日在邯郸开馆

中国人民银行原副行长马德伦、中共中央党史研究室原副主任李忠杰为"冀南银行纪念馆"揭牌

中国人民银行原副行长马德伦做"红色金融——足迹与精神"主题报告

高庆麟伫立在他的祖父高捷成牺牲场景雕塑前

冀南银行纪念馆开馆仪式参会人员参观冀南银行纪念馆

第三节　厦忆冀情　追寻先辈革命足迹

2018年12月16日,厦门大学教职工庆祝改革开放40周年文艺汇演在厦门大学建南大会堂隆重举行,这台晚会的特别节目之一——由厦门大学师生朗诵的情景表演剧《南强红笺》,将罗扬才、杨世宁和高捷成三位厦门大学杰出校友用鲜血与生命铸就的红色家书,深深地印在观众的脑海中。"誓不求中华民族之解放,当不为中华民族黄帝子孙之一人,决心从戎。""救国才能顾家,国亡家安在!"伴随着师生们的深情朗诵,高捷成的革命事迹传到了更多的厦门大学师生身旁。

早在2017年12月12日，在第四个国家公祭日前夕，厦门大学经济学院就邀请了高庆麟在经济楼N402报告厅做"我的爷爷高捷成烈士：从莘莘学子到红色金融家"的专题讲座，讲述了厦门大学校杰出校友、红军会计制度创始人、中国共产党金融事业的奠基人之一高捷成烈士鲜为人知的传奇人生和光辉事迹。高捷成的事迹第一次在厦门大学经济学院传播开来。2018年11月5日，厦门大学经济学院举办了"传承红色文化 弘扬革命精神"系列讲座，再次邀请高庆麟做"一封红色家书的革命嘱托——高捷成烈士事迹"专题报告，400多人的报告厅又一次座无虚席。

通过两场专题讲座，高捷成烈士的红色金融故事已在厦大同学当中广泛流传开来。他抗战救国、科学报国的崇高精神更是让同学们受到深刻的爱国主义教育。"原来厦门大学经济学院有着这样一位特殊的学长！""高捷成学长苦心经营的冀南银行，其旧址是否保存完整？""那些没有硝烟的金融战争，在艰苦卓绝的环境下是如何险中取胜的？……"厦门大学经济学院的同学们对高捷成烈士的事迹充满着无限景仰。

2019年4月，厦门大学经济学院学生着手策划"重走高捷成烈士红色金融之路"活动。很快地，2016级、2017级、2018级金融学、财政学、经济学等专业的13名本硕博学生，组成了一支"厦忆冀情"社会实践队。

"厦忆冀情"社会实践队开始了前期资料搜集与准备，对高捷成的革命经历已有了初步的认识。高捷成1927年夏考入厦门大学研习经济，未毕业即远赴上海到中南银行任职，但不久回到漳州，在漳州百川银庄任出纳。他的革命足迹遍及江西中央苏区瑞金、长征沿线、陕北延安、晋冀豫边区等地，活动地域非常广阔。"重走红色金融之路"活动选择前往河北邯郸、邢台和山西黎城县，这些地方有保留下来的冀南银行旧址、冀南银行印钞厂旧址，也有晋冀鲁豫烈士陵园和冀南银行纪念馆。

2019年7月19日至25日，"厦忆冀情"社会实践队在经济学院党委书记和两位辅导员的带领下，奔赴河北、山西，深入太行山区，跋山涉水，探寻山西黎城小寨村、河北邢台英谈村的冀南银行总行旧址，以及河北邢台白岸乡清泉村的冀南银行印钞厂旧址，重走高捷成的红色金融之路。"厦忆冀情"实践队在实地调研采访的过程中，了解到当年冀南银行经常面临厂房设备紧缺等难题，高捷成率领冀南银行工作人员深入基层，服务群众，和群众同吃同住，建立了深厚的群众基础，开明乡绅、普通百姓愿意为银行工作提供场所。在河北邢台清泉村冀南银行印钞厂旧址，同学们朗诵起了高捷成1937年4月写于陕北延安的红色家书，现场感悟高捷成学长那种抗战救国的崇高精神。

在河北涉县八路军第129师纪念馆，"厦忆冀情"社会实践队队员发现了陈玙写的《怀念高捷成同志》的回忆文章，其中描述高捷成同志常常一边骑马一边看书，学而不倦，刻苦求知。此外，队员们还发现了高捷成同志的藏书数百册，足以见其有爱书藏书之好。在该馆的有关资料中还记载："捷成同志虚心好学，刻苦读书，藏书数百册，每阅必又批注，常至深夜仍伏案钻研。他为了掌握更多的学问和广泛的银行业务知识，工余时间除了有时候在院子里散步，和周围同志闲话一会儿，其余时间几乎都埋首学习钻研中。"在抗日战争那种艰苦环境，正因为有求知若渴、学而不倦的精神，高捷成才会拥有过硬的经济金融专业知识和技能，才能在对敌货币斗争中立于不败之地。

2019年7月22日，"厦忆冀情"社会实践队一行参访了冀南银行纪念馆。在冀南银行纪念馆中，大家看到了大量的珍贵图片和历史记载。因日军的封锁及国民党的孤立，高捷成领导冀南银行"就地取材、以土代洋""取之于敌、虎穴取材"。为巩固革命根据地，1941年，冀南银行逐渐从支持战争为主，转向发展生产和开展金融斗争并重，以稳定根据地物价，活跃农村金融，支持生产建设，增强根据地经济实力。冀南银行纪念馆的结束语是这样写的："红色金融是中国人民解放事业不可分割的重要组成部分，冀南银行作为中国人民银行前身的主体，为新中国金融事业的发展奠定了坚实的人才基础、制度基础和经验基础。"

参观完冀南银行纪念馆，"厦忆冀情"社会实践队队员又来到邯郸晋冀鲁豫烈士陵园高捷成烈士墓前祭扫，他们献上花篮并鞠躬致敬。在庄严肃穆的氛围下，学生代表朗诵了《致高捷成学长的一封信》。

"高捷成学长，我们来看您了！我们是来自厦门大学经济学科的师生。厦门大学曾是您求知求学的地方，我为我们曾在同一片热土上探求真理而倍感殊荣。

我们来这里追寻您的足迹，了解您当年挥洒汗水与热血的红色历史，学习您推动党的金融事业发展的宝贵经验，更想传承您不怕牺牲、舍己为国的革命精神。

高捷成学长，您扎实的学习态度、创新的工作方法，让新式会计记账法为革命事业提供了坚实的财政保障；高爷爷，您顽强拼搏、不怕牺牲的精神，让抗战根据地薄弱的财政系统发挥出了惊人的作用。

绿树茵茵，热土灼灼。青山埋忠骨，史册载功勋。今天，我们踏着您的足迹，扛着您精神的大旗，依然奋勇攀登在中国经济金融领域的最高峰。'自强不息，止于至善'，我们一定会以您为榜样，在时代的浪潮中书写厦大经济人的新篇章，为实现中华民族伟大复兴的中国梦，贡献出新时代青年的智慧与力量！"

通过探寻冀南银行各处旧址、采访当地村民、参观冀南银行纪念馆等方式，"厦忆冀情"实践队的师生们身临其境地感受着革命事业的艰苦卓绝，被高捷成抗战救国、科学报国、艰苦创业和英勇无畏的伟大精神所深深感动着。

由厦门大学新闻传播学院2017级、2018级新闻、传播学、广播电视学、新闻与传播学等专业的本硕生共8位同学组成的"红色冀西·革命薪传"暑期社会实践队，在新闻传播学院辅导员和外事秘书的带领下，于2019年7月25日也来到了河北省邯郸市，参观了冀南银行纪念馆，到晋冀鲁豫烈士陵园缅怀厦门大学校友高捷成，并进行主题纪录片《厦大校友高捷成的红色金融人生》的拍摄。此次拍摄从5月份便开始筹备，包括筹备服装道具，撰写台词脚本。他们搜集的资料越来越多，对学长的崇敬之情也越来越浓。这次到高捷成曾经战斗生活过的地方，在不到5平方米的土坯房里，同学们架上摄像机，拍摄有条不紊地进行着。镜头里，"高捷成"时而奋笔疾书，时而拨抚算盘，时而走到窗边蹙眉思忖。透过屏幕，时空仿佛在这一瞬间交汇，同学们来到了高捷成曾经工作生活的地方，体会着这个热血青年心中的家国情怀。

回到厦门大学校园，在这个高捷成青年时代曾经学习过的地方，新闻传播学院社会实践队的同学们按捺不住心中的崇敬和感慨，写下《用脚丈量红色征程，用脑体悟红色精神》《从厦大走出的我党金融事业的先驱：高捷成》等多篇新闻稿及心得体会，发表在《河北日报》、河北长城网、网易新闻等多家公共媒体上，让更多的人知晓了高捷成的故事。

高捷成带给厦大学子的不仅仅是他的故事，更重要的是他的精神，他身上的爱国与革命精神是厦门大学文化的重要特质。英雄不能只停留在历史中，不能只保存在史册里，还应当留存在一代青年人的心中。高捷成抗战救国、科学报国、艰苦创业和英勇无畏的革命精神，不仅是厦门大学经济学院，更是厦门大学的宝贵财富，它将激励着更多的厦大学子砥砺前行。"厦忆冀情"，追寻先辈革命足迹，是厦大学子传承这种革命精神的实际行动，也为新时代厦大学子奋勇向前注入了新的动力。

厦门大学经济学院举办"传承红色文化 弘扬革命精神"讲座,由高庆麟讲述其祖父高捷成的革命事迹

厦门大学经济学院师生到邯郸晋冀鲁豫烈士陵园高捷成墓敬献花篮(1)

厦门大学经济学院师生到邯郸晋冀鲁豫烈士陵园高捷成墓敬献花篮(2)

厦门大学经济学院学生在河北邢台冀南银行印钞厂旧址前诵读高捷成写于1937年4月10日的家书

厦门大学经济学院学生到河北邢台追寻当年高捷成的革命足迹

厦门大学新闻传播学院师生到邯郸晋冀鲁豫烈士陵园高捷成墓敬献鲜花

厦门大学新闻传播学院学生拍摄《厦大校友高捷成的红色金融人生》纪录片

第四节　跨越时空　回信告慰英雄之魂

我的祖父高捷成牺牲在冀西的太行山区，这儿离家乡漳州有千里之遥。他牺牲至今已有七十多年，但他的英名一直在太行山和家乡传诵着。祖父牺牲之后，安葬在邯郸的晋冀鲁豫烈士陵园。1985—1987年，每年我都到邯郸晋冀鲁豫烈士陵园祭拜我的祖父。到了我儿子读大学三年级的时候，从2011年开始，我每年带着儿子高恒到晋冀鲁豫烈士陵园祭拜祖父，就是希望儿子来到祖辈曾经浴血战斗过的太行山，了解祖辈那段不平凡的战斗历程，感受祖辈当年为了挽救国家和民族危亡舍生取义的革命精神。

2011年9月5日高庆麟携儿子到邯郸晋冀鲁豫烈士陵园祖父墓祭扫

2013年1月25日高庆麟携儿子到邯郸晋冀鲁豫烈士陵园祖父墓祭扫

2015年4月4日高庆麟携儿子到河北涉县晋冀鲁豫抗日殉国烈士公墓祖父墓祭扫

2014年9月1日,高捷成的名字出现在经党中央、国务院批准,民政部公布的第一批在抗日战争中顽强奋战、为国捐躯的300名著名抗日英烈和英雄群体名录当中。他于全民族抗战爆发前夕寄回家乡的那封家书,于2015年收录到中共中央宣传部编写的《重读抗战家书》一书当中。2018年5月18日,中央电视台《信中国》将高捷成的这封家书通过电视传送到千家万户。2019年5月11日,在高捷成牺牲76周年前夕,我与河北内丘县委、县委宣传部、县文联一行六人,来到我祖父高捷成当年牺牲的内丘县白鹿角村。这是我第二次来到祖父当年牺牲的那个小山坡上,我仍抑制不住心中的悲伤。1943年5月,正值日军猖狂"扫荡"的危急关头,祖父不顾个人安危,奔走边沿区检查各个材料储存点的安全,5月14日途经白鹿角村遭遇日军突袭,在那场与日军的遭遇战中壮烈殉国!敬爱的祖父再也不能继续完成他为之奋斗的民族解放事业,再也不能听到共和国成立的礼炮声响起。感伤之余,我提笔写下了一封跨越时空的信件以告慰我的祖父。

爷爷:

您一直牵挂的百川银庄两万多元的欠款,家里人替您还清了。

当年您离家参加革命,5年后才给家里寄回第一封信,说自己欠了两万多元的外债。那个时候,您一个月工资才20元,两万元相当于您100年的工资,太奶奶担心您是不是在外面闯了大祸,太爷爷却说:"我自己的儿子是好是坏,我心里明白,他欠了债是为了穷人,我不怪他。"

太爷爷决定替您还债,变卖了原本经营得不错的爆竹厂,那可是家中积累多年的祖业呀!太爷爷还把家里的房产和田地也都卖了,用来还债，可还是还不清，所以全家人为了躲债，经常搬家，今天到下洲住几天，而后又逃到市尾，没几天，又逃到古塘……家里人难免有抱怨，但太爷爷说："儿子说了，要不短欠分文。我们不管多难，都要帮他实现。"

太爷爷身体本身就不好，这一折腾，身体更差了，幸亏有奶奶照顾。爷爷，这个家多亏了奶奶，您离家不归，奶奶没有一句怨言，为了替您还钱，她把自己的嫁妆、首饰都卖了，然后就靠着缝补手工活，一边补贴家用，一边替您还债，直到新中国成立前才彻底还清。

爷爷，您在信中说："我不挂念家庭，希望家庭也无须挂念于我。"我知道，这是你的违心之语，你心底何尝不挂念着全家，不挂念着奶奶呢？对于奶奶来说，您就是她的一切，奶奶不仅替您还清了欠款，还为您守住了家。您的这一封信，她用塑料纸包好，锁在柜子里，经常拿出来看一看，好像是在和您说话。她说留着信，也就留着您回家的念想。

但这个念想，在1951年破灭了。得知您牺牲的消息后，奶奶一下子就晕了过去，后来一直哭一直哭，把眼睛都哭坏了，连手工缝制活都没有办法继续做下去。但每次组织上有同志来，要为她解决生活困难，奶奶都谢绝了。她说："我没有读过书，一字不识，连普通话也不会讲，但我知道共产党好，也要照捷成讲的去做。"她还在自己的名字前，加上您的姓氏，改名叫高蔡宝，就是为了想着您。

爷爷，奶奶是在2009年走的。走之前，让我替她读了一遍您的那封信，这是她已经读过无数遍的信，是您留给她的最后记忆。她要带着这个记忆，去见您。她想问问您，明明两个人，已经约定相守一生，哪怕生死相隔，为什么还会在信中问她有没有改嫁。我知道，您是怕误了奶奶终身，但她真的为您守了77年的家。这次见面，好好抱抱奶奶吧。

爷爷，当年您创建的冀南银行后来发展成中国人民银行。爷爷您知道吗？当今中国已经成为世界第二大经济体，您热爱从事的金融事业，如今已长成了参天大树，为中国经济注入了强大活力。而孙儿我现在也在人民银行工作，继承了您的事业。听到这些，您是不是感到很欣慰呢？

放心吧，爷爷，咱们一家人的日子过得越来越红火，国家也越来越富强，以后孙儿还有更多的好消息告诉您。

您的孙儿　高庆麟

写于您牺牲后的76年

这一封跨越时空写给祖父的回信，于2019年7月在江西卫视《跨越时空的回信》栏目播出。江西卫视《跨越时空的回信》是国家广播电视总局重点扶持项目。该节目是江西卫视为献礼中华人民共和国成立70周年推出的一档红色人文季播节目，以"跨越时空，对话英烈"为主题，将高捷成在全民族抗战爆发前夕写给亲人的家书作为切入点，由我来到江西卫视的节目现场，讲述家书背后的动人故事，再以一封跨越时空的回信，倾诉后人的思念，回应祖父的心愿与期盼，对话为民族独立解放舍生取义的祖父，传承先辈的崇高信仰！

高庆麟在家中跨越时空写给祖父高捷成的回信

高庆麟在江西卫视《跨越时空的回信》栏目讲述家书背后的故事

附录

我 的 祖 父 高 捷 成

附录一　高捷成生平大事记

1909年9月17日，高捷成出生于福建省龙溪县（今漳州市），父亲高添木。

1916年，高捷成7岁，入闽南华侨小学读书。他因学习成绩优异，为学校所器重。

1923年，高捷成从闽南华侨小学毕业后，被学校保送入省立第二师范学校预科班学习，一年后转入四年制本科学习。

1926年初，大革命爆发后，高捷成未毕业即到中国革命发祥地广州受训，参加国民革命军第一军，担任宣传员，参加当地学生运动领导工作。

1926年7月9日，国民革命军在广州誓师，旨在推翻北洋军阀，北伐战争开始。1926年11月，北伐军东路军入闽，高捷成随军回到漳州。

1927年初，高捷成担任海澄县党务指导员。在一次纪念总理孙中山的军民联欢大会上，发言抨击国民党右派攻击孙中山"联俄、联共、扶助农工"三大政策的做法。由于他言辞激烈，遭到了拘捕。后经多方努力，高捷成才得以被保释回来。

1927年夏天，高捷成考入厦门大学经济学系。

1929年春天，高捷成到上海入职中南银行。

1930春天，高捷成回到漳州，在漳州百川银庄当出纳。

1931年春，高捷成与蔡宝结婚。

1931年9月18日，发生"九一八"东北事变，日本侵占东三省。

1932年1月28日，上海爆发"一·二八"淞沪抗战。

1932年4月20日，中央红军东路军攻克漳州，高捷成协助进漳红军筹款。

1932年5月，高捷成加入中国共产党。

1932年5月底，高捷成随红一军团前往江西瑞金。

红军时期，高捷成曾担任教育科长、组织科长、苏维埃国家银行会计科长、瑞金红军大学宣传队队长、总务处处长。在担任苏维埃国家银行会计科长时，创立全军会计工作制度，荣获奖励。

1934年10月，红军第五次反"围剿"失败后，高捷成随中央军委第二野战纵队第15大队北上，开始二万五千里长征，爬雪山，过草地，历尽千辛万苦。

1935年10月，高捷成随中央红军到达陕北延安，即着手修订完善红军会计工作制度。

1936年6月，高捷成到中国人民抗日红军大学参加第1期学习。

1937年7月7日，日本制造卢沟桥事变，发动全面侵华战争，中国全民族抗战开始。

1937年8月25日，中国工农红军主力改编为国民革命军第八路军（9月11日改称国民革命军十八集团军）。

1937年9月6日，八路军第129师作为第2批出动部队，在陕西省三原县石桥镇誓师出动。

1937年9月16日，高捷成随八路军第129师，进驻陕西省富平县庄里镇。10月6日抵达陕西韩城县芝川镇东渡黄河，开赴晋东北抗日前线。

1938年1月，高捷成随八路军第129师东进抗日游击纵队进入冀南。

1938年3月19日，八路军第129师政治部副主任宋任穷率骑兵团由冀西石城到达冀南，与陈再道东进纵队会合，打通冀南与太行的联系。

1938年4月，冀南军政委员会筹委会在河北南宫县成立。

1938年4月4日，日军分九路对我晋冀豫根据地大举进攻。

1938年6月12日，八路军第129师于太行山重建385旅，高捷成担任新385旅组织科长。

1938年8月14日，冀南50多个县的军政代表在南宫县城集会，决定撤销冀南军政委员会筹委会，改组成立冀南行政主任公署。

1938年9月，冀南行政主任公署设立冀南经济委员会，专门负责筹划组织和领导冀南地区经济斗争与经济建设事宜。

1938年9月，冀南税务征收总局成立，高捷成担任冀南税务征收总局局长，下辖8个分局，19个稽征所。

1938年10月，毛泽东发表《论新阶段》，指出："有计划的与敌人发行伪币及破坏法币的政策作斗争，允许被割断区域设立地方银行，发行地方纸币。"

1939年1月中旬，日军分11路对冀南进行大"扫荡"，冀南行政主任公署发布战争动员命令，要求各级政府组织群众参战，藏粮空室，筹集粮食支援战争。

1939年5月，冀南行政主任公署改组成立冀南经济委员会，确定了冀南抗日根据地的经济政策。

1939年6月，中共中央北方局和八路军总部共同发出决定，在山西黎城县西井镇西井村和东崖底村成立冀南银行筹备处。

1939年8月，冀南行署财政经济处处长高捷成调任冀南银行总行行长，兼华北财经管理处处长和冀南财政经济学校校长。

1939年9月16日，冀南行政主任公署以财字17号通令宣告成立冀南银行并发行冀钞。

1939年10月15日，冀南银行在山西黎城县西井镇宣告成立，同日，设在河北南宫县后索泸村的冀南银行路东行也同时宣告成立。

1940年4月5日，中共中央北方局在《晋冀豫边区目前建设的主张》中指出，逐渐确立统一的财政制度，实行统一的所得累进税。

1940年4月8日，冀南行政主任公署署务会议决定："冀南各级税局稽征所都改为税务股，归政府财政科直接领导；冀南税务征收总局归并本署财政处税务科；各分区税务股须配合游击队向敌区开展工作。"

1940年4月11—26日，高捷成参加中共中央北方局、八路军前方总部在黎城召开的高级干部会议，中共中央北方局决定成立华北财政经济委员会，统一领导华北财政经济工作，书记为彭德怀，副书记为张慕尧，委员是杨立三、聂荣臻、邓小平、郭洪涛、高捷成。

1940年7月，边区成立财政部门。

1940年8月，冀南、太行、太岳行政联合办事处正式宣告成立，简称"冀太联办"。"冀太联办"管辖冀南、太行、太岳三大行署区（此时边区称"晋冀豫区"）。

1940年8月4日，高捷成参加"冀太联办"在涉县东辽城召开的晋冀豫区军政民各界金融座谈会。

1940年8月20日，八路军"百团大战"开始。

1940年8月20日，"冀太联办"颁布《修正合理负担条令》。

1940年9月，在山西黎城西井村举行冀南银行准备金展览会。

1940年10月20日至12月初，日军对太行、太岳区发动规模空前的报复性"扫荡"。

1940年10月15日，接到反"扫荡"命令后，高捷成部署总行、印钞厂转移。10月23日，日军占领山西黎城西井村。日军休整两天后就兵分两路进攻黄崖洞和宽嶂山。1940年10月下旬，高捷成率冀南银行总行本部人员转移到河北邢台英谈村。

1940年10月，边区普遍建立金库制度。

1940年11月20日，"冀太联办"颁布《保护与兑换法币暂行办法》，规定在本区内一切交易均以冀钞为本位币。

1940年12月，高捷成参加冀南银行召开的第一次工会会员代表大会，大会有30多位代表出席，会期三天，会议选举正式委员7人，候补委员2人。

1940年12月10—20日，"冀太联办"召开第一次专员、县长会议，作出关于巩固冀钞的十项规定。

1941年3月，冀南银行分行主任联席会议在河北邢台英谈召开，总结过去银行工作，确立会计制度，部署路东汇兑，设立县银行办事处。

1941年，高捷成兼任冀南银行总行政治委员。

1941年4月1日，"冀太联办"颁布《晋冀豫区军事支差条令》。

1941年6月11日，延安《解放日报》刊发《冀西敌寇汉奸大肆破坏冀钞 我已定出具体防止对策》的报道，指出冀西已发现伍圆、拾圆、壹圆、伍角假冀钞。

1941年9月，晋冀鲁豫边区政府成立后，随即成立了晋冀鲁豫边区财政经济委员会，统一领导晋冀鲁豫边区财政经济工作，主任戎武胜，副主任杨立三、王兴让，委员有周玉成、周文龙、高捷成、刘岱峰。

1941年冬，由于敌人封锁平汉线，部队棉衣运不过来，为了御寒，高捷成利用山里羊毛多的有利条件，发动冀南银行全行人员捻毛线织毛衣，解决了同志们的过冬御寒问题。

1941年11月初，日军第36师团一大半兵力，配有一个骑兵联队、一个炮兵联队、一个山地部队，共计5000多人，对八路军兵工厂和冀南银行进行"扫荡"。

1941年12月，太平洋战争爆发，日军提出"以战养战""治安强化"的方针，除了利用军事手段直接掠夺我根据地物资外，还大量发行伪钞，套取我物资资源，破坏我经济建设，扰乱我边区金融。

1942年1月25日，冀南银行召开分行主任联席会议，高捷成做《经济环境之估计与银行业务方针》的工作报告。

1942年3月12日，边区政府财政厅颁发《晋冀鲁豫边区金库制度》。

1942年4月1日，高捷成起草拟定《冀南银行工作规程草案》和《冀南银行办事细则》。

1942年4月14—16日，冀南银行总行在左权县麻田召开太行区各分行主任联席会议。

1942年4月29日，日军调集重兵，对冀南区进行"四二九"铁壁合围，冀南根据地遭受极大的损失。冀南银行县支行人员锐减，之后冀南银行停止代理金库，金库由边区政府自行办理。

1942年5月，日军调集重兵包围太行根据地，目标是八路军前方总部、第129师师部、冀南银行总行、八路军后方机关工厂。冀南银行总行人员随八路军前方总部行动，经过半个月与敌人周旋，高捷成率领总行人员，安全回到黎城小寨村。

1942年后半年，晋冀鲁豫边区政府加强对晋冀鲁豫边区财政经济工作的统一领导，边区财政经济委员会主任为杨立三，副主任为戎武胜，委员有周玉成、周文龙、高捷成、王兴让、刘岱峰。

1942年8月13日，冀南银行总行颁发《关于对付假票、兑收法币、管理外汇等工作的指示》。

1942年9月1日，晋冀鲁豫边区政府公布禁止敌伪钞令。为巩固我金融阵地，保护抗日本币，打击敌伪货币，制订出具体管理办法。

1943年1月，高捷成向晋冀鲁豫边区政府提出在边区各经济部门设立监察委员的建议，并决定在冀南银行总行设立监委，开始实行监委制，同时取消了之前设立的政治指导员。

1943年1月16日，冀南银行总行于左权县麻田召开太行区各分行主任联席会议。

1943年2月20日，历时55天的冀南银行审会计工作会议结束，统一了会计核算规则和会计报表格式，形成了较为完备的会计制度体系，并决定从1943年5月1日起执行。

1943年2月22日，晋冀鲁豫边区政府财经会议在涉县索堡召开。会议明确了银行、工商局职责分工。

1943年2月，冀南银行总行决定太行、太岳、冀南各大战略区实行货币分区管理，不得跨区流通，各区货币分别加盖"太行""太岳""平原"字样，以资区别，字戳由总行统一刻制发给。

1943年3月7—10日，冀南银行总行召开太行区会计工作会议，回顾了会计过去的工作，明确了会计工作人员的责任与地位，统一了会计制度与手续。

1943年春，报请晋冀鲁豫边区政府批准，冀南银行总行决定在冀南区、太岳区设立区行。

1943年春，冀南银行响应中共中央的号召，开展大生产运动。

1943年4月14日，冀南银行总行、工商管理总局联合发出紧急指示：扩大外汇来源，节约外汇使用。

1943年4月15日，晋冀鲁豫边区政府发出《关于修正保护现银　禁使银币暂行办法》的通令。

1943年4月15日，晋冀鲁豫边区政府发出《关于修正公布保护铜元、制钱兑换冀钞办法》。

1943年5月3日，日军调集重兵，分3路19股开始对太行区黎城县、涉县、偏城县、武安县、武乡县、辽县等地进行"扫荡"，前后一个月。

1943年5月5日，高捷成在总行发行处，参加总行发行处召开的理论与实践学习讨论会。电话里传来敌人出动的消息，他立即部署各印钞厂印钞机器、印钞材料的转移工作。

1943年5月14日，高捷成带总行部分人员到冀西检查银行反"扫荡"准备情况，途经河北内丘县白鹿角村时遭遇敌人长途奔袭，在突围时为掩护战友、保护党的重要文件而牺牲。

附录二　高捷成在太行区分行主任联席会议上所做的《经济环境之估计与银行业务工作方针》报告

（1942年1月15日）

甲、银行业务方针与任务

（一）经济环境之估计（略）

（二）我们具体之业务方针

1. 强度之组织，提高货币购买力

（1）用有计划的囤集商品，对付敌人之经济封锁，但囤集不是为的发财，而是为了将来之调剂，不同于大后方之囤集居奇。我们囤集之东西主要是盐、布、粮食等必需品。各分行需有计划的囤集一批。或协同贸易局去作。

（2）在内部好好增加生产，主要是农业生产及小手工业生产，家庭副业的生产，如纺织、造纸、榨油及熬硝盐等等，这个任务主要是贸易局办理，但我们也不应忽视，应该注意检查我们的贷款，转移我们的资金，由商业贷款转移到生产贷款上去。

（3）自从敌实行配给制度后，敌占区群众生产情绪大为降低，可能引起粮食恐慌，将来要等待根据地来供给，我们要有计划的出口，避免走私之现象。

2. 打击伪钞

（1）通过商品去打击，利用伪钞之不同价格，从甲地买一部分商品，到乙地去换回伪钞，再拿到甲地去售出，以打击伪钞。

（2）通过货币来打击伪钞，自伪钞价格低的地方，买一部分伪钞，拿到其价格高的地方去出售。

（3）研究时间、地点、特点，找出办法具体之布置。

（4）利用时机，扩大冀钞流通范围深入到敌占区去。

（5）在根据地内，一定要政治力量的保证，不承认伪钞，除收款时不应要以外，还应该加强缉私工作，如有流入根据地时，我们应负责肃清（吸收也不应以银行面目出现）。

（6）通过汇兑去打击，今年应该努力，在敌占区天津建立机构，通盘的沟通外汇，进行汇兑时宜以商号名义印汇票，在价格高的地方卖汇票，在价格低的地方收一部分，这样一方面可以压低伪钞价格，一方面又可以取一部分利润。

（7）加强政治宣传，应该是经常的工作，根据时机、国际形势变化，说明敌人必败无疑。

3. 对付法币

（1）政治方面之宣传教育：目前口号还是"保护法币"但不允许流通，说明法币基本上是好的，不过今天敌人要拿法币来吸收根据地的资源，同时也失掉国际汇兑的关系。

（2）政府正式收款，不收法币。

（3）经济上在目前应很迅速地吸收一部，以五折六之价为最宜，只有个别地区，可在一元之价收进（但应防止敌人之倾销）拿到太南、太岳等法币价高的地方去出售。

（4）我们对法币的基本态度是摆脱关系，不受法币的牵连，我们的方针首先应该是争取法币与冀钞价格相等。

4. 进一步的管理汇兑（暂时停止路东行汇兑）

5. 对投资经营应提到重要地位，不作长期放款，其目的不是为了发财，而是为的巩固冀钞。有计划的囤集，将来调剂平抑物价，组织商品流通，增加货币之购买力

6. 兑换工作

（1）有计划的收回破票。

（2）兑收法币，价格不超过一元。

（3）吸收生金银、硬币。

7. 一般的业务

放款应放在次要地位，主要是清理过去之贷款，私商放款就缩小，主要放在工业上。款项的放出，要经过慎重考虑，有计划的掌握，并经常检查，农业放款及水利放款一般是从公债款内贷放。

乙、问题讨论及决定

（一）统调工作的建立，与情报工作的进行

（1）统调内容。

（2）统调方法方式。

（3）关于统调经济情报之传达。

（4）各分行应互通经济情况。

（5）统调之责任，各分行主任应负主责。

（6）统调之组织问题。

（7）统调对象。

（二）对敌经济斗争与巩固冀钞工作

1. 组织商人，成立商联会，参加商联会。

2. 各个地区根据不同之环境，囤集一部分商品，如布匹、棉花、盐、粮食、山货等。

3. 收回旧春耕贷款及到期之一切放款，以利资金周转得快。

4. 对付伪钞，阳邑任村各掌握50万元伪钞，利用时机，组织抛售出去，其他分行，应继续在敌占区建立外汇关系，以便沟通外汇。

5. 普遍建立兑换所、辨认所、代办所，以便及时兑换，巩固冀钞。

6. 各分行可以协同贸易局，囤集一部物资（主要是必需品）将来出售，利润平分。

（三）汇兑管理问题

1. 本行汇兑

对路东，一般的在春季不多汇兑，如汇时可将汇率提高至15%（原则是差额之1/3），这样可以限制一部分汇款，如他们到路东买货的话，我们可以给他们换大票，这样利用商人送过一批款去，各区之汇率具体规定，漳北汇路东16%，漳西汇路东16%，路西其它各行汇率照旧，汇太岳4%，太行区内各分行互汇1%（其手续略）。

2. 五行汇兑（略）

3. 伪汇（漳北经验介绍略）

（四）资金之分配与任务之确定：原则上规定纯利（除去开支）要占资金百分之二十，努力争取百分之二十五，具体分配如下（略）

（五）研究一九四一年会计总结及一九四二年账簿之转拨。

（六）兑换工作（略）

（七）一般业务（略）

（八）制度之检查与规定（略）

（九）金库与公债问题（略）

（十）组织机构之规定干部之配备及开支报销问题

1. 组织机构：

①组织机构：一方面要适合精兵简政之原则，一方面又要使组织健全，建立起金融网，不妨碍工作。

②决定县不设县办事处，可委托可靠机构成立代办所。

③分行最多十六人，一般的是十人至十二人，二、三、四分行各十二人，一、五、六分行各十六人，路东规定150人，太岳规定50人。

2. 干部配备（略）

3. 开支报销问题（略）

丙、在大会上关于以下几个问题做了总结：

一、会议的中心是今后的业务方针：巩固冀钞，打击伪钞，对敌全面之经济斗争，全体同志要贯彻大会精神，认真执行。

二、精兵简政在这个会议当中，是传达了，讨论但还不彻底，要求大家同志认真执行，咬紧牙关，渡过这最困难的两年，反对浪费超支、腐化。经济部门是金融机关更要起模范作用，遵守一切开支制度，一点都不许超过。

三、一般工作，我们银行工作已经两年多了，一切都应走上正轨。

1. 统调工作，了解具体情况，建立经济情报，在实际工作中，来贯彻这个精神，使它更具体化。

2. 要百分之百的完成我们的计划与任务。

3. 工作的方法方式：

①要了解我们环境及具体任务，我们既不是纯粹的军队机关，也不是政治机关，而是带些群众性的机关。

②要接近群众，团结商人，但又不要被溶化，（要）把握住原则立场。

③在经（营）方面，要有组织能力，才能使工作好好开展起来。

④不仅要会计划，更要会检查，注意打碎事务主义，锻炼有涵养与独立自主的精神。

⑤想各种办法推动工作，并推动全面的经济工作，在内部发挥同志们的积极性，在外部密切各方面的联系。

⑥注意待人接物，处理问题要考虑周到，随时注意自己的修养。

（摘自中国人民银行总行档案室存之原太行区银行工商工作《参考资料》第一编第二集，1964年4月27日）

附录三 相关文献资料

中华苏维埃共和国国家银行记账须知

（1933年7月16日湘赣省苏维埃政府财政部翻印）

一、每日应记之账，要当日记完，不得延至次日。

二、账簿表单传票等之内，如有写错时，应在该写错处，用红线两道注销更正，并在更正处，由原记账员盖章证明，不得随意涂改或刀刮橡皮擦，及用药水消灭字迹。但更改数目字时，要全条取消重写，不得只更正写错之数目字。

三、账簿上之红线，如有画错时，应在红线之两端用红色作×消去，并在×处由原记账员盖章证明。

四、记账员倘有不慎，将全页账簿记错，或重复二页致有空白时，均应在该账页上，用红色作交×线两道，并在该线交点处由原记账员盖章证明。

五、记载账簿及填制传单表单等，其摘要事实，要正确明了，字迹尤宜整齐清楚，不得草率参差，字体大小，以占格子三分之二为度，数目字则以占格子二分之一为度。

六、各种账簿登记完毕后，均须详细核对，并重算一次，以免错误。

七、各种账簿均须按页编号，如为分户记载之账簿，并须编目录于首页。

八、更换新簿时，如旧簿中剩有空白页，应在该空页上盖红色"本页作废"之戳记，如剩有数行空格者，则在空格上盖红色"空白作废"之戳记。

九、各种账簿之金额栏，均须记（本）位币，以元为单位，小数至厘为止，厘以下五去六收。

十、会计科目须依财政人民委员部规定之分类名称，不得另立新奇。其未列入会计科目分类者，得自行酌定名称，但须简明切实以表明各种科目或账户之内容。

十一、各种账簿每页记完时，可以接记次页。过页的方法：先将收付两方金额各结一总数，然后过入次页收付两方相同栏内，并在原页摘要栏内写"过次页"

三字,而在次页之栏内写"承前页"三字。

十二、各种账簿之详细登记法,可参考财政人民委员部编印的"记账法说明"

(摘自罗开华、罗贤福主编:《湘赣革命根据地货币史》,中国金融出版社1992年版,第196~197页)

国库暂行条例

(1933年10月22日中华苏维埃共和国临时中央政府人民委员会颁布)

第一条 国库掌握国家所有现金项目之收入、保管及支出等项业务。

第二条 国库之一切,均由人民委员部国库管理局来管理,其金库则委托国家银行来代理。总金库(中央金库)设于总行(国家银行),分金库设于分行,支金库设于支行。尚未设立支行的省、县,则由总金库所指定的专人组织国库的分金库、支金库,而附设于省、县的财政部内。但是,它不受省、县财政部的支配。

第三条 红军当中不设国库,而是由总政治部代理国库,进行已经决定了的筹款额数的现金征收工作。

第四条 各级金库应由以下三名人员组成。即:主任一名、会计一名、出纳一名。在收入少的县,其主任一职,也可以由出纳来兼任。

第五条 国库管理局长,应由财政人民委员来任命,总金库、分金库、支金库的主任,则由国家银行的总行、分行、支行的行长来兼任。尚未设立分行、支行的省县的分金库、支金库主任,应先由总金库主任指定,然后申请财政人民委员加以任命。

第六条 国家的税收及其所有的现金收入,都应当交纳给国库的支金库、分金库。无论如何,征收现金的机关都不得将征收来的现金隐瞒不交。如有违反者,应按贪污、渎职来加以处罚。

第七条 各种经费的支出,应当按照各机关所编成的预算,先送交各级财政人民委员部会计检查处,经其审查后,再申请财政人民委员部批准,然后始可由国库管理局开出支票。各金库在收到支票后,应先行确实证明无误然后才可以支

出现金。在遇没有拿来支票的场合，则不能予以支付。

第八条 在各机关、各部队。当尚未收到支票时，一律不准向各金库领取现金。如遇本系原来的现金领取机关，而尚未获得新预算之批准者，在此场合，应参照前一个月的预算，可允许其暂先领取相当于一半金额的现金。

第九条 银行不得任意自行挪用金库之在库金。如有剩余现金时，可由财政人员斟酌情况，将在库金存入银行。在此场合，可以生利息。

第十条 国库之金库，可随时进行监查。监查时，应由财政人民委员部和工农检查人民委员部共同派遣专人进行监查。

第十一条 为了更好地担负起专门管理国库之金库责任，应在各级银行之内另设国库科，由其专负管理之责。

第十二条 国库金库的各项经费，均由银行负担。对于附设于省、县财政部者，则应由该省、县之政府来担负，不应由各级金库支出。

第十三条 国库之总金库，应当每天编成"收支日报表"和"在库表"，而向财政人民委员部提出报告。分金库则应当每三天编成一次上述两种表格，并且写成同样的两份，一份提交总金库，一份提交财政部。支金库，则应当每五天编成一次上述两种表格，并且写成同样的三份，一份提交总金库，一份提交分金库，一份提交支金库。

第十四条 支金库、分金库的在库金，应当做出一俟总金库有命令来到，可以随时提出的准备。

第十五条 对于金库之账簿种类或出纳细则，应由财政人民委员部予以制定。

第十六条 本条例自金库设立之日起施行之。

（摘自厦门大学法律系、福建省档案馆选编：《中华苏维埃共和国法律文件选编》，江西人民出版社，1984年版，第313~314页）

冀太联办修正合理负担征收款项办法实施条令

(1941年9月)

第一章 总则

一、修正目的是为改善民生、合理负担。

二、以钱多的多负担、钱少的少负担、无钱的不负担为原则。

三、合理负担每年摊款一次，分两次征收。

四、征款数额，由冀太联办命令各级政府执行。在村概算独立之县，分村核算，根据村的人员编制和预算，按期经村行政委员会通过，报县政府核准后执行。

第二章 摊款与调查

一、摊款对象是全县民户，包括商店、工场、工厂及不出公益金之公私企业、合作社在内。出公益金的工厂、合作社及为供给自己需要不对外营业之合作社和直属政府的公营事业不负担。

二、合理负担按总分数比例征收。民户负担总分数，先由民户依据颁发之合理负担比例分数调查表自行填报，经所在村合理负担评议会评定公布，并召开村民大会或村民代表会修正后报县政府核定后作为征收标准。

三、调查表的内容，包括：

1. 户主姓名。

2. 土地。包括园艺及地租收入在内。应减去购买肥料、种子及雇工等成本。

3. 房屋。无人居住、无人租赁又无人购买者，皆不计算。

4. 林木。包括一切树木与各种果本。无收益之树木，不论大小与数量，一律不列入计征。如出售按计算收入处理。有收益之树木，除自用者不负担外，其余列入收入负担，不计资产负担。

5. 工商业。包括商店、工厂、矿山等资本及红利、公积金在内。

6. 人力。指从事体力（如做长短工）、脑力、技艺工的收入。

7. 存款。包括现存的、贷出的两种。

8. 存粮。包括现存的、贷出的两种。

9. 负债。指贷款、借款数。

10. 人口。以户为单位，大小口分别填列。

11. 每口平均资产。

12. 每口平均收入。

13. 按资产应得分数。

14. 按收入应得分数。

15. 全户共计应得分数。

四、凡本区人民经营之商店、工厂、工场等不论其坐落何处，凭资本与收入分别列入本人资产与收入内。

五、非本区人民在本区内经营之工商业，以户为单位计算负担。

六、评议民户资产与收入应注意下列各点：

1. 为奖励农村生产，凡属农村副业者，一律暂不列入任何负担。

2. 已列入负担之资产变价时，列为下年之存款。

3. 各种土地与负担关系：土地之资产与收入，按整顿田赋暂行办法有关规定，照实价估算；公产、官产不出负担；新开荒水田三年、旱地五年不负担；社地、庙地未归公者照常负担；顶地——资产与收入同归顶户；借分借地——地主之土地负资产负担，种地人负收入负担；典当地——因所有权暂时转移，原则上资产与收入均应由原典人负担。如有故意作价企图逃避负担者，除典价与收入均归承典人负担外，典价与时价之差额，仍归出典人作资产负担；祠堂地——本族人自种时谁种谁负担，与本人财产合计分数，租出者，除留收入30元作祠堂公用外，其余仍照章按1户负担。

第三章 负担标准与计算

一、合理负担分资产与收入两种。以户为单位，以每口平均计算。

二、人口的计算，10岁以上者为大口，10岁以下者为小口。两小口为一大口。

三、资产应负担分数计算如下：

1. 每口全年平均不足50元者不计。

2. 50元以上者，每50元作1厘，500元作1分。依此类推。

四、收入应负担分数，以累进法计算。

1. 每口全年平均以小米1石，杂粮1.5石合计2.5石，按当地时价折合成元，经专署核准为起码负担数。不满起码数者不负担。

2. 超过起码数之收入，每5元作1厘，50元作1分。

3. 超过50元至450元为1级，超过450元至950元，以100元为1级，每级以一三累进率计算分数。

4. 超过950元以上者每多100元，一律以80分计，不再累进。尾数以8进2舍计算。

5. 资产与收入负担总数，不得超过本人全年收入30%。

五、实施合理负担要与整理田赋结合进行。评议民户财产时，依照整理合理负担及田赋委员会组织简单的规定组织评议会评定。评议会由村民代表（七间以下之村共推代表二人，七间以上之村，每间推代表一人）与农、工会各推代表二人及村财政委员会共同组织。评议会评议民户财产，应正式公布，并召开村民会议征求正反意见，经村民大会或村代表会通过报县审核。评议会是临时组织，不负责执行，评议终了后即行解散，不得开支公杂饭费。评议会无固定主席，开会时临时推选。

第四章 附则（从略）

（摘自赵秀山主编：《抗日战争时期晋冀鲁豫边区财政经济史》，中国财政经济出版社，2017年版，第90~92页）

冀太联办颁发《保护与兑换法币暂行办法》

（1940年11月20日公布）

（一）为保护法币，统一货币、巩固本区金融基础起见，特制定本办法。

（二）凡本区内一切交易一律以冀南银行钞票（以下简称冀钞）为本位币，如携有法币者，须向冀南银行或其分行、办事处或委托之代办机关换成冀钞行使之，其无银行机关之地区得向当地区级以上之政府机关请求代换。

（三）私人收藏之法币或向政府缴纳税款非用以交易者，不受前条之限制并不得干涉。

（四）凡商民购办本区必需品，或因公必须行使法币时，须具呈申请书及保证书（机关团体部队不用保证书），经指定机关核准后方得兑换。

（五）核准兑换法币之机关，以申请兑换法币之数额规定如下：

1. 10元以上200元以内者县政府；

2. 200元以上500元以内者专员公署；

3. 500元以上者联办或主任公署。

（六）凡兑换法币前往敌占区或出本区境内者，须依照冀南太行太岳区保护法币暂行条例（以下简称保护法币条例）第二条及第五条之规定，提出申请，并领取证明文件。如系购办货物，除缴呈货单，并须于货物入境后，连同发单证件一并呈缴原发证明文件之机关查验。

（七）凡核准兑换法币之机关，须对申请人申请兑换法币之数额、用途等项依照保护法币条例第五条之规定，详加考核，并于其兑换后严密调查其行使情形是否与所申请者符合以防流弊。

凡核准兑换之法币，核准机关应即依照保护法币条例之规定，附发证明文件，以资证明。

（八）银行机关接到批准兑换法币之申请书或证明文件时，除有特殊原因外，应立即予以兑换，不得稍有留难。

（九）银行或行政机关收兑法币时，须依章办理，不得随意有滥收滥兑事情，违者应受适当之处分。

（十）凡申请虚伪或用少换多甚至有扰乱情事，一经查觉有据时，须送由县政府除追回原兑换法币及将其冀钞全部充公外，并得按其数额，处以下列之科罚。

1. 百元以内者，处以兑换数额1/2以下之罚金；

2. 百元以上不满500元者，处以兑换数额1-3倍之罚金；

3. 500元以上5000元以内者，处以兑换数额2-4倍之罚金；

4. 5000元以上者，处以兑换数额3倍以上之罚金，情节重大者，得依法严惩之。

（十一）本办法所述之申请书及保证书为三联单式，一联存核准机关，一联给兑换机关，一联汇送本处，其式样由本处规定，由各负责机关仿印之。

（十二）本办法如有未尽事宜，得随时修正之。

（十三）本办法自公布之日起施行。

（摘自张转芳主编：《晋冀鲁豫边区货币史——晋东南革命根据地货币史》（上册），中国金融出版社，1996年版，第195~197页）

晋冀豫区禁止敌伪钞暂行办法

（1941 年 5 月 10 日公布）

第一条 为了巩固根据地金融，保护冀钞，打击敌伪钞，对敌开展经济斗争，特制定本办法。

第二条 本区对敌伪钞与敌伪汇票之处理，悉依本办法行之。

第三条 敌伪钞与伪汇票绝对禁止在本区域内行使与保存，禁止办法如下：

（一）根据地内。

1. 凡本区之军政民机关团体存有伪钞者，统限于 5 月底送交各该直属之上级机关（军队送十八集团军总供给部，政府送联办或主署，民众团体送各救总会）办理。

2. 凡本区内商民存有伪钞者，统限于 5 月底以前向所在抗日县政府声（申）请贬价兑换冀钞，不得再行使用与保存。

（二）游击区或接近敌占区之商民留存之例钞，统限于 6 月底以前向该管抗日县政府，声（申）请贬价兑换冀钞，不得再行使用与保存。

第四条 凡接近敌占区之商民，如遇有特殊情形被敌强迫行使伪钞时，须在收得伪钞 5 日内向该管抗日县政府，请求贬价兑换。

第五条 凡在本区域内通行之伪汇票或继续汇到之伪汇票，悉依下列规定办理。

（一）凡本区各地市面通行之伪汇票，统限于 5 月底自动向就近冀南银行办事处或贸易局登记，兑换冀钞，其无银行办事处或贸易局之区，须向当地抗日县政府声（申）请登记处理。

（二）在 5 月以后继续汇到之伪汇票，须在收得汇票之 10 日以内向该管抗日县政府声明登记兑换（兑换时要有担保）。以上各条所称各月限期均指民国 30 年而言。

第六条 伪军反正所带之伪钞，得随时向当地抗日县政府或冀南银行、银行办事处及贸易局等兑换冀钞。

俘虏所带之伪钞不加干涉，但不准其行使，如愿兑换冀钞时，准以一元换

一元。

第七条 凡违反本办法第三、第四、第五各条之规定，行使与保存伪钞者，一经查获，准送交该管抗日县政府按法处理，所有查获之伪钞，即依法定手续，由抗日县政府没收之。

第八条 凡不遵守本办法第三、第四、第五各条之规定，行使或保存伪钞，情节较重者，除按第七条之规定办理外，并得斟酌情形照没收之数目，分别处以一至五倍之罚金。

第九条 凡违反本办法第五条之规定，行使或不声（申）请兑换伪汇票，其情节较重者，除勒令照数兑换冀钞外，并得斟酌情形依据伪汇票之票额，分别处以二倍至五倍之罚金。

第十条 凡违反第三、四、五、六各条之规定，且有勾结敌寇汉奸扰乱金融重大嫌疑时，除照第七、八两条处罚外，并得根据惩治汉奸条例处理之。

第十一条 对违反本办法行为之处理权，属于县政府与专署、专办、主署或联办，其他机关部队团体只有告发与缉获权，而无处理权，民众只有报告权，而无缉获权。

第十二条 各级政府依法没收之伪钞及处罚之罚金，必须交联办或主署处理。

第十三条 凡查获行使与保存之伪钞，伪汇票依法科处罚金由执行之县级以上政府，依据收到之罚金额数提奖赏金二成；其无罚金，仅没收伪钞之案件，并得依据没收之数目以二成提奖之，此项奖金之分配办法如下：

（一）报告人系民众奖6/10，查获人得4/10。

（二）报告人系工作人员奖5/10，其余归查获人。

（三）无报告人奖金全部归查获人。

此项奖金，查获人及工作人员之报告人每次所得之最高额，不得超过100元，超过之数归公。

第十四条 本办法如有未尽事宜得随时修正之。

第十五条 本办法自公布之日施行。

（摘自张转芳主编：《晋冀鲁豫边区货币史——晋东南革命根据地货币史》上册，中国金融出版社，1996年版，第202~205页）

晋冀鲁豫边区税收会计制度

（1943年3月）

第一条：总分县局及其附属各事务所，关于本区税收一切事务在会计上处理，队法令另有规定外，均须遵照本制度之规定处理之。

第二条：总分县局及其附属各事务所依照预算时期之规定，自每年一月一日开始至十二月三十一日止，为一会计年度。

第三条：本制度规定之会计科目及凭证帐簿报表等格式，不得擅自变更，但事实上确有需要者，得酌量参照实际情形填定或分拟后，呈总局核准方能变更。

第四条：总分县局及其附属各事务所所有凭证帐簿报表等，应妥慎保存。

第五条：总分县局及其附属各事务所收到税款不得保存或挪用，随时收到随时送交指定之本系统之商店。

第六条：总分县局及其附属各事务所之会计出纳，一律以冀南银行钞票为本位币，其它货币应按当地价格折合本位币入帐。

第七条：总分县局及其附属各事务所司帐人员，记帐时计算小数至分位为止，厘为四舍五入。

第八条：总分县局及其附属各事务所，对于税收上一切单据，均应经负责人盖章方生效力。

（一）报表

第九条：称旬报者为下列一种。

一、税款收支旬报表

第十条：称月报者为下列三种。

一、税收报告表。

二、漏税案件报告表。

三、没收案件报告表。

第十一条：各事务所每十日按照征收税款种类及金额，以及没收案件等事项分别填造，税款收支旬报表二份，自存一份，以一份呈送直隶县局。

第十二条：各级县局应于每月经过五日后，按照直属各事务所旬报表连同本身一切税收事务，编造上月份税收报告表、漏税案件报告表、没收案件报告表各一份。自存一份，以一份呈送直辖分局。

第十三条：各分局应于每月十五日内，汇集本局及附属各县局所送之月报表，编造上月份税收报告表，漏税案件报告表及没收案件报告表各二份，自存一份，以一份呈送总局。

（二）会计科目

第十四条：收入科目：①出境税。②入境税。③烟产税。④酒产税。⑤漏税罚金。⑥拍卖变价。⑦其它收入。

第十五条：支出科目：①解上款。②罚金提奖。③变价提奖。④垫付款（就是没收品较多，需要借支一部款提奖或运费时以及没收牲畜之饲养费与上级指定整付之款均属之）。

（三）帐簿

第十六条：各事务所只记日记帐，各县局记日记帐与总帐，分局审计科则不必再设此种帐簿，即在总帐上加填税收科目，专为税款交易之处理。

日记帐格式
日记帐

年 月 日	单据张数	科目	摘要	总页	收项	付项	结存

总帐格式

科目		总帐		第　页	
年 月 日	日记帐页数	摘要	收方	付方	结余

交款书格式

晋冀鲁豫边区 XXXXXXXXXXX 交款书存根						
中华民国　　年　　月　　日　　字第　　号						
收款机关		科目		年度月份		
金额						
摘要						
交款机关盖章	主管负责人				经手人	

字　　　　　　　第　　　　　号

晋冀鲁豫边区 XXXXXXXXXXX 交款书						
中华民国　　年　　月　　日　　字第　　号						
收款机关		科目		年度月份		
金额						
摘要						
交款机关盖章	主管负责人				经手人	

（摘自财政部税务总局编：《中国革命根据地工商税收史长编——华北革命根据地部分（1927—1949）》，中国财政经济出版社，1989年版，第478~481页）

附录四　冀南银行总行会计制度

目　录

第一章　审会计组织与任务

第二章　会计科目

第三章　会计凭证

第四章　帐簿组织

第五章　结帐与报表制度

第六章　对帐、转帐、往来限度与损益处理权限

第七章　交接制度

第八章　审核制度

第九章　预计算制度

第十章　决算制度

第十一章　资金运用与财产分析

第十二章　出纳制度

第十三章　记帐规则（略）

第十四章　帐簿表同保存年限（略）

附件：一、信用社（部）与借贷所帐簿组织会计手续草案（略）

　　　二、支行修正帐簿组织会计手续草案（略）

　　　三、借贷所帐簿组织会计草案（略）

第一章　审会计组织与任务

（一）审会计组织及职责。

1.各级审会计组织（室科股）是各级行组成部分之一，在职权上与其他各级组织（如室科股）是平行关系，仅因分工之不同而各有其专门的任务，因此各级审会计组织及其他业务出纳等组织，同样的都是在各级行经理人员直接领导与指挥之下进行工作，上下级审会计组织不是直接垂直的领导关系，重要工作指示及

有关制度之修正与变动,均需通过各级经理人员去执行,各级审会计组织的任务为:记载财产分布情况,统计分析财产变化规律,提出改善业务的意见,供领导上参考。换言之,各级审会计人员是各级领导人员的参谋。

2.各级经理人员必须熟悉审会计业务,加强对这一部门工作的具体指导,并关心审会计干部的培养与提高,过去某些经理人员对审会计工作轻视,不肯虚心研究及空谈精确计算的官僚主义作风,必须加以改正,审会计人员在工作中与经理或其他业务人员有分歧意见,应服从经理的意见。过去某些审会计人员藉口制度,闹独立的现象必须反对,但如遇有违反审会计制度从中贪污舞弊致使财产遭受损失者,审会计人员得越级控告,否则应受连带处分,总之必须明确认识:

(1)各级审会计制度之执行不仅是各级审会计人员的责任,亦即是各级经理人员的责任;

(2)各级行对审会计制度不适用的地方只可提议总行修改,各级行不能自由修改。

3.各级审会计工作是为业务服务为群众服务的,因此各级审会计人员要不断提高业务知识,了解群众要求,深入检查,深入群众,向群众学习,不断研究适合于业务及群众需要的方法,即是说会计工作要走群众路线,审会计人员对不熟悉会计的人员要耐心帮助,以自己遵守制度的模范作用推动大家,耐心说服大家自觉遵守制度,这是保证审会计制度执行的关键。

(二)审会计人员的任务。

1.各级会计人员的职责任务。

(1)负责掌握与执行会计制度,按期处理会计事务,整理帐簿、结算表报、登记表单、协助负责人精确计算,研究分析资金运用财产变化,定期的或不定期的最长每月结帐后根据表报财产情况及时提出分析财产意见,供给领导参考,以加强业务指导促进业务发展。

(2)对本单位开支费用、现金保管、金银证券。处理不适当时,可提出意见,协同主管负责人及各部门负责人解决之。

(3)各级会计人员,负责的,负责制定各种有关之财产与会计制度及各种财产统计图表,帐簿表单格式和起草各种财产会计表报文件,并确实妥善保管已用、现用、未用之帐簿表单不得遗失。

(4)要经常清理帐目,按期结帐,反映财产变化(即外欠到期贷款往来等情况），负责督促催收，保证财产真实或避免资金积压等工作。

（5）会计人员要虚心耐心的培养会计人员，尤其对不熟悉会计工作的各部门负责人及工作同志，应积极帮助，使制度为大家所了解，以便保证业务工作之顺利进展，应成为我们每个会计工作者任务之一。

（6）会计人员对财产状况及各种帐簿表单，须绝对保守秘密，不经负责人允许，或取得合法手续，任何人不得随意让人翻阅。

（7）凡收入款项开出凭单时，必须加盖公章及负责人章，以正式手续处理之，不得以私人便条顶替收据，凡支出款项必须经负责人批准盖章，但有计划决议的不在此限。

2.各级审计人员的职责任务。

（1）应对所有会计制度负有复审任务，及对帐簿表单的数目审核，并负有本系统审会计制度之推进。

（2）为了帮助领导提高发展业务，应结合业务作进一步的典型分析到全面研究，以发挥指导工作的效用。

（3）负责研究改进审会计制度，对全盘资金运用及财产变化与业务执行情形，应及时提出适当的改进意见，供给领导参考。

（4）负有对投资经营、汇兑、兑换、贷款较大合同契约之审查研究，如有不同意见，及时提出讨论。

（5）负责各种预计算、损益处理、库存保管之审核，及各种财产统计分析图表及汇总工作。

（6）如有违反制度及贪污失职等事情发生，而审计人员未发现者，审计有失职之责；已发现不反映有意隐瞒包庇者，应受连带处分。审计人员除监督贪污浪费外，自己犯有贪污浪费现象时应受加倍处分。

第二章　会计科目

会计科目的统一是便于掌握财产与了解财产变化，易于分析研究，并确定今后业务的依据。因此，会计科目在会计制度上是很重要的一项，所以会计科目既已统一确定，就不准随便更改与增减，同时亦必须按此会计科目排列次序，不得前后移动，若确系不够用或不适宜时，可提出意见呈报总行，经批准后方可变更。

（一）全体会计科目（64个）：

1.负债类（20个）。①生产资金；②活动资金；③基金；④定期存款；⑤活期存款；⑥储蓄存款；⑦金库存款；⑧暂时存款；⑨同业往来；⑩往来款项；⑪联行往来；⑫汇兑往来；⑬保付；⑭应付款项；⑮代收款项；⑯汇出汇款；⑰储抵提存；⑱盈余累积；⑲前期损益；⑳本期损益。

2.资产类（31个）。①现金；②运送中现金；③生金银；④有价证券；⑤收兑本币；⑥下拨生产资金；⑦下拨活动资金；⑧下拨基金；⑨兑换所基金；⑩投资经营；⑪农副业放款；⑫专业放款；⑬工业放款；⑭合作放款；⑮市贷放款；⑯商业放款；⑰活存透支；⑱同业往来；⑲往来款项；⑳联行往来；㉑汇兑往来；㉒暂时欠款；㉓汇入汇款；㉔暂存物资；㉕应收款项；㉖代付款项；㉗金库未解；㉘用具房地；㉙焚烧票币；㉚前期损益；㉛本期损益。

3.损益类（13个）。①利息；②手续费；③兑换损益；④金银损益；⑤证券损益；⑥投经损益；⑦特别损益；⑧杂项损益；⑨票币制造费；⑩呆帐；⑪估价损益；⑫经常费；⑬营业费。

经常费细目：

①伙食费；②津贴费；③服装费；④医药保健费；⑤优待费；⑥生理生育费；⑦马干费；⑧马装费；⑨修理费；⑩办公杂支费；⑪出差费；⑫会餐费；⑬烤火费；⑭过节费。

营业费细目：

①图书费；②修理费；③房地租；④运送费；⑤包装费；⑥印刷费；⑦交际费；⑧邮电费；⑩特别费；⑩杂支费。

（二）各级行使用科目：

1.总行：全体科目均可使用。

2.区行：除盈余累积、合作放款、市贷放款、票币制造费4个科目外均可使用。

3.分市行：除盈余累积、票币制造费二个科目外均可使用。

4.支行：除盈余累积、下拨活动资金、下拨基金、投资经营、金库未解、投资损益、票币制造费7个科目外均可使用。

（三）科目解释：

1. 负债类：

（1）生产资金：上级行拨给生产贷款资金，收入时记入付方，上级提走或交上级时记入收方，以拨来行别分户，但拨往下级行时应记入下拨生产资金科目内，不得记此科目。

（2）活动资金：系上级行政给专作吸收生金银有价证券、货币斗争，仅为了繁荣市场调剂贸易等款，拨来时记入付方，上级提取或交回时记入收方，以拨来行分户。

（3）基金：系上级行拨给专行汇兑、兑换等之专款，拨来时记入付方，提走或交上级时记入收方，以拨来行分户。

（4）定期存款：凡顾客约定时间提取之存款，不论时间长短，而存入本行之款项，皆记此科目，存入时以存款人姓名或商号机关分户记入付方，提走时记入收方。

（5）活期存款：凡顾客不约定时间、自由提取、所存入之款项归此科目，存入时以存款人或商号分户记入付方，取走时记入收方。

（6）储蓄存款：凡依照本行储蓄存款章程，按期向本行存款者，归此科目，存入时以存户分别立户，记入付方，取走时记入收方。

（7）金库存款：凡各级政府交本行之边区公款解交金库者记者科目。分支行则以上级行立户，总区行以政府立户，收入时记入付方，提取时记入收方。

（8）暂时存款：暂时存入本行之款项，不计息者，记入此科目，存入时以存户记入付方，取时记入收方。

（9）同业往来、（10）往来款项、（11）联行往来、（12）汇兑往来；均见资产负债共同科目解释内。

（13）保付：系顾客向银行开出之支票（有存款者），持票人不愿支现，而愿在市面流畅，为表示此票有信用起见。请求银行在该票上予以盖"保付"图章，经银行保付后，有即时付现之责，其性质与本票同，保付后由其开支票存户转付，以支票字、号为户记入"保付"科目次付方，收回此支票时记入收方。

（14）应付款项：凡应付之款项，如到期之存款、汇入汇款，应付未付息等。归此科目，转入时以机关，人名分户记入付方，偿还时记入收方。

（15）代收款项：凡代各级行或其他机关，代收之款，归此科目，收到款时以行别、机关分户记入付方，取走时记入收方。

（16）汇出汇款：凡顾客托本行汇往他地之款，归此科目，收到时以汇往之行别分户记入付方，汇票退回后转汇总往来时记入收方。

（17）储抵提存：凡在决算期，尚未能清理之悬案、保帐损失，于决算时所提出储抵补之款，记入此科目，以原户分户记入付方，收不回损失部分记入收方，如不足或剩余时，转入损益中去。

（18）盈余累积：在每期决算后，按规定期各级行所得纯益转来记此科目付方。如有损失或提作别用时，记入收方。

（19）前期损益：见资产负债共同科目解释内。

2. 资产类：

（1）现金：系指本币能流通之库存实数而言（破票应另记收兑本币科目），收入记入收方，付出时记入付方。

（2）运送中现金：凡款项在运送中途，尚未取得正式收据前，不能转入正式科目者，归此科目处理之，以运往之行别部门分户，记入收方，待取得正式收据时，转入正式科目，记入付方。

（3）生金银：凡买入生金、生银、金银首饰、元宝、银元等按实际买价以名称分户记入收方，卖出（得经批准）或运交上级时记入付方。

（4）有价证券：凡买入外汇、蒋币及其他银行之钞票、公债券，公司股票证券等归此科目。买入时以券别分户记入收方，卖出时记入付方。

（5）收兑本币：凡兑收破本币、本票及规定整理收回之本币、本票、流通券等归此科目。收进时以冀钞、鲁钞分户记入收方，焚烧或交上级行者记入付方。

（6）下拨生产资金：凡由自己资金内拨给下级行专作生产贷款之资金，归此科目，拨下级行时以拨往之行别分户记入收方，收回时记入付方。

（7）下拨活动资金：拨往下级行吸收生金银、有价证券、货币斗争繁荣市场等款归此科目。拨往下级行时以收款行立户记入收方，偿还时记入付方。

（8）下拨基金：凡由上级拨来之汇兑、兑换等基金内拨下级行时归入此科目，拨下时以拨往之行别分户记入收方，收回时记入付方。

（9）兑换所基金：各级行委托合作社、商号或私人代为兑换破烂本币所拨给之款归此科目，以取款机关商号合作社分户记入收方，收回时记入付方。

（10）投资经营：凡经批准投入或独资经营之各种事业之款皆归此科目。取走款项时以事业名称分户记入收方，收回时记入付方。

（11）农副业放款：专指农村生产放款无论种籽、农具、耕牛、肥料、粮食、开渠、打井、修滩等及副业之运输、担挑、小贩、编、纺等生产，归入此科目。贷出时以贷款姓名或互助组队等立户记入收方，收回时记入付方。

（12）专业放款：系指一种带有扶助性较有规模的专门性质之放款，如纺织业、铁业、纸业、毛巾业、草帽业等专门事业，归此科目。贷出时以工厂或事业名称分户记入收方，收回时记入付方。

（13）工业放款：凡公私机关、团体为工业生产，如开设工厂、作坊、交通建设和较大手工业者之贷款，归此科目。以工厂、作坊或人名立户，贷走时记入收方，收回时记入付方。

（14）合作放款：凡群众组织之合作社（运输、消费、生产）或信用社（部）之贷款，归此科目，以合作社名称分户，贷走时记入收方，收回时记入付方。

（15）市贫放款：指城市贫苦群众及贫苦小摊贩之贷款皆归此科目。以贷款组队或姓名立户，贷走时记入收方，收回时记入付方。

（16）商业放款：凡公私商号，货栈及商民经营商业，运输组织出入口贸易之贷款，皆归此科目。贷走时以商号、货栈、商人分户记入收方，收回时记入付方。

（17）活存透支：不论公私工厂、商号或个人，与本行定有契约者，在此数目不论存支皆归此科目。透支取款时记入收方，偿还透支时记入付方。

（18）同业往来（19）往来款项（20）联行往来（21）汇总往来，均见资产负债科目解释。

（22）暂时零款：凡临时性质之借款，能一次还清者，归此科目。借走时以借款人姓名或机关分户记入收方，归还时记入付方。

（23）汇入汇款：凡通汇行汇来款项，不论本行和其他银行，接到汇票时，以汇来行分户记入收方，汇票退回时转入汇兑往来，记入付方。

（24）暂存物资：仓库经营之物资或收管代存之物资皆归此科目，以物资名称分别立户买入时记入收方，卖出时记入付方。

（25）应收款项：凡应该收回之款项，尚未收回者归此科目。如应收未收息、到期之欠款等，转入时按原户名记入收方，收回时记入付方。

（26）代付款项：凡受本行或其他机关委托，代付之款项皆归此科目。付出时以委托机关或收款人分户记入收方，收回或转帐时记入付方。

（27）金库未解：凡分库、区库、总库，接到其下级金库汇划单时（未解现款者），以下级金库立户，记入收方，待现款解上或上级金库提来时记入付方。

（28）用具房地：凡因营业上所需用购买之一切器具和房屋地基归入此科目，买入时以物品名称或房地分户记入收方，待估价或出售及损失记入付方。

（29）焚烧票币：凡分行以上各级行焚烧之破烂本币、本票、流通券或整理之本币，焚烧后以冀钞、鲁钞分户记入收方（必须将券别详为统计列表）。待转给上级行记入付方。

（30）前期损益：见资产负债共同科目解释。

3.资产负债共同会计科目：

资产负债两类之共同科目。根据其最后余额决定。如余额是收方者，列入资产类；余额是付方者，列入负债类。

（1）同业往来：凡其他银行、银号、信用合作社等金融银钱业部门与本行之往来归此科目，以往来之银行、银号、信用社（部）分户，存来时记入付方，取去时记入收方，结余在收方者，列入资产类，在付方者列入负债类。

（2）往来款项：不论公私机关、政府团体商号等，凡与本行不断往来者，皆归此科目。取款时以机关商号分户记入收方，存款时记入付方。

（3）联行往来：本行各级行互相间之往来款项，归此科目。取款时以取款行立户记入收方，交来款时记入付方。

（4）汇兑往来：凡汇兑行汇兑后待经过汇出汇入收汇兑手续结束后转入此科目。以原汇出行或汇入行分户，属资产者记收方，负债者记付方。

（5）前期损益：按会计年度进行决算后，所得之损失或利益，转入下期新帐时，由本期损益转入此科目，以行别分户，损失者记入收方利益时记入付方。

4.损益类：

（1）利益：凡因各种存放款及活存透支资金联行往来所产生之利息与其他特定之利息皆归此科目，分别存款放款性质立户收入时记入付方，付出时记入收方。

（2）手续费：凡在办理之汇兑、登记外汇及兑换破票等手续费，均归此科目，以收授性质分户，收入时记入付方，付出时记入收方。

（3）兑换损益：凡兑换破币或本币期票，所发生之损益归此科目，以币别分户，损时记入收方，益时记入付方。

（4）金银损益：凡买卖银元、元宝、金银等、所发生之损益归此科目，以买卖种类分户，益时记入付方，损时记入收方。

（5）证券损益：凡有价证券内所包括之各种货币买卖，所发生之盈亏，归此科目，以证券名称分户，损时记入收方，益时记入付方。

（6）投经损益：凡投资与经营之事业结算后所发生之损益，均归此科目，以投资性质分户，益时记入付方，损时记入收方。

（7）特别损益：凡特别性质之损失，在规定权限内者，经核准报销，直接出帐，超过规定权限者，得请示上级批准出帐，以损益性质分户。损时记入收方，益时记入付方。

（8）杂项损益：凡非其他损益科目内所能包括之损益记此科目，以损益性质分户，损时记收方，益时记付方。

（9）票币制造费：系本行领取资金时应出之印制成本费，支付时记入收方，决算结转损益时记入付方(此科目只总行用)。

（10）呆帐：凡本行之一切贷款、外欠、久欠催收确不能收回者，归此科目，但必须按规定制度经批准后出帐，以原欠户立户记入收方，能日后收回或转损益时记入付方。

（11）估价损益：凡本行决算时之有价财产(有价证券、生金银)等，及较大之无价财产，按规定标准估价后所得之损益归此科目，损时记入收方，益时记入付方。

（12）经常费：一切干杂人员之伙食津贴出差办公杂支服装医药等开支均归此科目，开支标准依照各级政府规定开支，由政府供给者不得由此科目内出帐，以细目分户，开支时记入收方，决算结算转后记入付方。

（13）营业费：凡属营业上所需之费用，依照细目规定，作预算报销，经批准后以细目分户，开支时记入收方，决算结转后记入付方。

经常费细目：

（1）伙食费：包括粮食菜金在内(政府不报人员开支在内)。

（2）津贴费：全体人员及雇用人员薪水工资在内。

（3）服装费：包括被服鞋袜棉花染料工线费。

（4）医药保健费：全体人员医药(雇用人员不报)保健在内。

（5）优待费：包括老年和技术人员之优待费用(审会计、出纳、文印、医生、司药及特种技术人员）。

（6）生理生育费：包括妇女每月生理费和生产费婴儿保育费。

（7）马干费：草料马药。

（8）马装费：购买马鞍缰掌等。

（9）修理费：自行车及房屋桌凳等修理费。

（10）办公杂支费：纸、墨、笔、墨水、笔尖、扫帚、碗、抹布、理发、印刷（油印机用的东西）、邮电（一般信件，不包括营业上用的）及小型修理、购置、擦枪费。

（11）出差费：干杂全体人员出外工作路费。

（12）会餐费：凡召开非本单位之各种会议和座谈会，本单位之夜餐费亦在内。

（13）烤火费：宿舍及办公室烤火费。

（14）过节费：全年新旧年两个节过节费用。

营业费细目：

（1）图书费：凡因工作需要订购之图书杂志及业务参考文件。

（2）修理费：凡修理房屋和较大之器具。

（3）房地租：凡租赁房屋所出之租金赁钱。

（4）运送费：凡运送款项帐簿属之（运送商品不包括在内）。

（5）包装费：凡运送款项及保存生金银款项帐簿所用之木箱包皮绳索费用等（商品包装不在内）。

（6）印刷费：印刷帐簿、表单、广告、宣传品、刊物、经济情报、工作总结所需之纸张、油墨等费用。

（7）交际费：凡因营业和工作关系，所必需之招待及酬劳等。

（8）邮电费：凡营业上发送表报单据所用之邮票及电报电话之费用等。

（9）特别费：业务上特殊性质之开支。

（10）杂支费：只限补助笔尖、墨水和必要之办公用具（米突尺、纸夹）。

第三章　会计凭证

会计的记帐凭证，分原始凭证与记帐凭证两种，为一切交易发生，帐簿记载之依据，没有原始凭证，不得编制传票，没有传票不得记帐。

但目前我们农村支行，大部分人员下乡，留在机关工作人员很少，其会计单位，采用传票制度诸多不变，且失去了传票的作用，因而可采用科目日记帐制，"无传票不得记帐"之规定，不合于科目日记帐制的要求，凡采用科目日记帐制之会计单位，须另加科目日记帐为记帐凭证。

（一）原始凭证：

1.各种放款契约合同。

2.各种领借往来欠款之收据及收他人款之收据存根。

3.各种汇票、汇划、支票及提单与各种开出单据存根。

4.各种开支计算。

（二）记帐凭证：

1.传票。

（1）传票种类：共分四种即：现金收入、现金付出、转帐收入、转帐付出。

（2）传票编号及附件与装订。①制传票时编号应设一传票编号留底簿，以便考查传票有无丢失；②单据附传票，应分开性质，属本行内部之单据，如联行往来、汇票、汇划通知书、资金收据及对外之存款支票，均可附于传票，属对外之往来收据欠条、契约合同均须另行编号保存，以便退还；③传票造合结表后应整理装订，按科目次序先后及同一科目之现收转收，现付转付，顺序排列装订成册，进行编总号后，应填制传票封面。

（3）部分转帐问题：①转帐系一部者，不管其现收现付，数目大小，均写在转帐传票之末栏内，现收一部者，则在转收传票摘要末栏用红笔写"现收"二字，但须将现收金额在写转收传票摘要时写明，以便传票过分户帐时一笔过入，如现付一部者，做法与上同；②一部转帐之附件单据，除按上条（外部退内部不退）之规定，应按转帐性质之收付（一般均附在传票上）并须在单据上批明转帐多少，现金收付多少，同时出纳上收付款项后，须在现收付数目上加盖收付讫章，以表示现金收付之责任。

（4）传票盖章，可分性质及数目而规定（规定权属各级行务会议）。凡经常所发生的业务，如收贷款、收付利息等由业务上负责批核盖章（在契约批核者不再于传票上盖章），但业务不在家时不要勉强，再经审计复核盖章到出纳收付款项，当时不再经负责人盖章亦可；凡临时转借款，往来款项以及新的贷款或投资经营性质者，均经负责人批核盖章（单据批核者，亦不再于传票盖章）。其次，除分性质外，由各级行务会讨论确定会计业务权限者亦可，但超过权限者，必须经负责人盖章。

凡当时负责人未盖章者，每天晚上或清早，或3日到5日，至迟合计时，应收未盖章之传票总数交负责人审核加盖图章，以便了解业务交易进行情况，本掌握全面工作，并表示负责。

2.单据代替传票：

（1）范围：包括汇票、汇划单、支票、本行内部往来之各种收据。

（2）使用方法：凡以代替传票之表单在各该单据之左上方即科目的空格，在右上方即起息年月日空格，在各该单据最下面印付款行，各该负责人盖章的地方，凡合乎代替传票之单据，在发生交易时，不再做传票只在确定交易后填上科目（计息者填起息日，盖章后即可做合计时与传票，按照排列次序装订之）。

3.科目日记帐，在交易发生时逐笔过入此帐内，在过分户帐时，分别再过入各该分户帐内，可作记帐凭证，每合计帐一次将自己用之科目日记帐装订保存之。

4.合结表，在每次合计后根据该表之各科目分别过入总帐，合结表是总帐记载之凭证。

第四章　帐簿组织

（一）帐簿组织原则。

1.由于会计工作人员应对财产负责，并需要随时提出资产、负债、资本增减变化的具体材料，供领导人参考，以谋业务开展，故企业单位的会计人员，具体执行专门任务，所使用的帐簿，在原则上有完全的独立性，也就是说为着实行严格的经济核算制和精密准确的财产分析与运用，在工作中必须设置独立的帐簿组织系统，各总区分市支行所实行独立记帐，根据业务方针任务，自行处理日常会计事务，在一机关为一会计单位，不和任何部门发生帐簿表单牵制关系。

2.各单位之帐簿组织的独立，并不能与上级行会计掌握之财产脱节，相反的他是上级财产之一部分，而是层层负责的，领导统一便利上级行会计掌握财产，所以彼此间帐簿组织中虽上下分立，但在月结，年终决算时各级行必须按时报表，密切联系，通盘计算财产。

3.簿记的记帐组织，采用传票制或科目日记帐，根据传票反方过分户帐，根

据合结表之合计共收共付反方过入总帐（现金科目不反方）。

4.帐簿组织,是为着会计人员记载各种交易眉目清楚,统计研究便利,因此帐簿组织是会计工作中很重要的一部,所以各个会计人员应精通了解帐簿组织的联系与关系。

（二）帐簿组织系统。

1.帐簿种类：共分三种。

（1）主要帐,可分现金日记帐,（传票代）科目日记帐,科目总帐。

（2）补助帐,即各种分户帐（包括总帐各科目之分户帐）,共分三类：甲种通用帐。乙种通用帐。特种格式帐。

（3）补助簿,即各种保管簿。

2.帐簿组织关系：

（1）主要帐的设置,是为了解全行财产的总情况,及计算与整理资本、负债、资产、损益的记载凭证。

（2）相互关系：补助簿是补助分户帐（即补助帐）之不足,如金额证券、保管簿。其记载内容是：只记数量不计金额,为要出纳保管与分户帐数量余数相一致。补助帐是补助总帐之不足,其每科目分户帐各该户之余额,等于总帐上同一科目余额。

第五章 结帐与报表制度

（一）结帐制度。

1.合计制：各级行每一时期业务交易之多寡,由行务会议决定之,会计不得随便变更,但各级行最长不得超过10天结帐一次,于次日送负责人核阅。

2.月终结帐：各级行均于月底结帐,于次日一天内造出表报送负责人核阅。

（二）报表制度。

1.营业合结表（即合计表日记表合为一表）：各级行根据决定合计时间,收传票或科目日记帐进行合计一次,填制合结表,记入总帐,并依总帐再过入合结表余额栏。

2.旬报制度：借贷所、支行、市行、分行每月10、20、月底将本身营业合结表造送其上级行一份。

3. 月报制度。

（1）借贷所每月底结帐后，填造营业实际月报、催收贷款月报各2份，一份自存，一份于次日付邮寄送支行。

（2）支行、市行、分行每月底结帐后；填造下列表2份，一份自存，一份于下月3日付邮送其上级行，支行多造一份营业实际月报直送区行。其表如下：营业实际月报，生产贷款实际计划执行报告表，催收贷款月报，各种存款实际月报，汇出汇入款月报，生金银证券买卖实际月报，各种往来余额月报，暂时欠款余额月报，收总本币月报，投资经营余超月报，下拨资基金变动月报，开支月报，各项损益余额月报，月终库存表，财产分析表。

（3）区行、总行每月底结帐后造下列表2份，一份自存，一份于下月3日内送上级，其表：

营业实际月报表、资基金变动月报（不变动者不报）、汇出汇入款月报、生金银有价证券买卖实际月报、各项往来余额月报、暂欠款余额月报、月终库存表、生产贷款实际计划执行汇总表、财产分析表。

各级行必须每月底结帐时，将所有补助帐之每科目分户余额加起来和总帐之同一科目相核对，以免出错。

（4）各级行每月向上报告表报，均于下月3号付邮报上级行。

（三）汇总报告制度。

1. 汇总时间，支行（有借贷所者）、分、区、总行均3个月一次，于4、7、10月底（决算月号附）。

2. 汇总表报。①营业实际月报汇总表（汇收付方总数）；②汇总统计表；③生金银证券统计表；④资金周转计算表；⑤实际开支汇总统计表。

3. 送报日期。①支行：于下月5日前将材料统计完立即付邮寄分行；②分行市行：于下月10日前将材料汇齐付邮寄区行；③区行：于下月20日前将材料汇齐付邮寄总行；④总行：于下月30日前将材料汇齐付邮寄送负责人。

第六章 对帐、转帐往来限度与损益处理权限

（一）对帐制度。

1. 各级行每月底结帐后，由下级行开对帐单一份送上级行，经上级行核对，将核对结果批于对帐单退回下级行，有错误者及时改正。

2. 本系统横的往来，如汇兑往来，代收代付等，可依据交易多少情形，亦于每月底结帐后相互开对帐单一份送往来行核对，并附信说明对方接到对帐单及信后应将核对情形复告。

3. 对外往来，如金库存款、同业往来、其他往来、活存透支等，亦同样根据交易的情形，于每月底结帐后开帐单核对，并附信告知往起户，让其对帐后告我们。

（二）各级行往来限度。

1. 支行与分行相互往来不得超过 300 万元。

2. 分行与区行相互往来不得超过 1500 万元。

3. 区行与总行相互往来最高为 5000 万元。

往来限度应互相遵守，若遇特殊情况需要提高者，得事先商定，否则不能盲然划拨以免影响对方信用。

联行往来按开出行收据日期计息，各级行均以收方利息，半年结算一次，进行转帐，以日息 6 厘计息，决算时，各级行一律截至 1 月 15 日，以后开出收据算到下年度。

资金息仍以月息 8 厘计算，决算期清算一次。

（三）转帐制度。

1. 各级行相互往来，必须经上级行转帐时，双方行必得核对清楚，凭欠款行开给上级行正式收据，才可转帐，否则不予转帐。

2. 代付款项时，须有委托行收据后，方可代付，否则不给代付。有特殊情形或有上级正式指示者不在此限。

3. 汇兑转帐手续：

（1）依据汇兑意见，各汇兑点直接通汇均直接清偿，不得经上级行转帐，必要时须经上级行转帐者，得与上级行商妥，欠款行开具正式收据（上级行户），方可转帐。

（2）汇出行当汇款发生时，填收入汇出汇款科目，并填汇票三联单，第一联存根自存，第二联汇票交汇款人到付款行取款，第三联汇票通知书直寄付款行或一并交汇款人通知付款行付款。

（3）汇入行接到汇票通知书后，即制转付汇入汇款科目，转收应付款项科目（汇票与通知书一并到时，则不经此手续），待取款人持汇票取款，即以现付应付款项科目，并即时由汇入汇款科目转入汇兑往来科目，当日以日息1厘起息，将汇票盖收付讫盖，注明起息日，退回原汇出行。

（4）汇出行接到前加出之汇票后，即由汇出汇款转入汇兑往来科目，以汇票注明起息日计息。

（5）两汇兑行依据汇兑情形及时设法清偿，但从汇款运送现款或物资偿还，不得只依总行转帐或只汇不清偿，而影响汇兑业务之继续。

4.金库转帐手续：

（1）支库收到交款机关交本款时，暂记往来款项科目发给往来存折，待存款机关上解时持存折换取汇划凭单，上解在会计手续上制转收金库存款分库户，转付往来款项存款户。

（2）支库收到政府各种之上解款，因专署取消会计单位，汇划单采用三联单，正凭单交解款机关上解行署，划凭单寄分库。

（3）分库接到支库汇划凭单后，转收金库存款区库户，转付会库未解支库户（或转入往来待其上解时再开汇划单）。

（4）区库接到支库汇划凭单后，转收金库存款行署户，转付金库来解分库户，不再换取收据。

（5）区库向各县下划款项时，亦用汇划三联单，正凭单发支库交拨款人前往提款，副凭单直寄分库，区库收入金库未解分库户。

（6）支库接到区库汇划正凭单。付款记金库存款分库户不再换取收据。

（7）分库接到区库下划支库副凭单，转收金库未解支库户，转付金库存款区库户。

（四）损益处理权限。

1.各级行在收付现款划零差额在不超过500万元长短者，各级行经负责人自行处理，出杂项损益科目帐。

2.一般正常业务发生损益，如收利息、手续费、金银证券等，均由各级行自行处理。

3.特别损益处理，在规定权限内由各级行自行处理（库存长短不在内），超过者得详述理由报上级行处理。具体规定：

支行1万元；分市行5万元；区行50万元。

4.决算后之纯益或纯损结转：

（1）区行每年决算后之全体损益（连同分、市、支行），随汇总表转总行，但允许周转半年不出息，半年后解交现款。

（2）支、市、分行之损益结转由各区行另行决定之。

第七章　交接制度

（一）各级行及所属部门之负责人如经理、会计、出纳、总务、保管干部工作调动时，必须进行交接手续。

（二）经管财产如帐簿、表单、款项、金银、证券、财物、用具等造表交接。

（三）档案、图章、重要文件、工作关系等未了事项均应进行移交。

（四）会计进行交接时，应将所掌管帐簿之最后一笔余额双方共同盖章，并于经管人员一览表同样盖章，以示负责。

（五）交接已妥须在交接清册上共同盖章，负责人与监交人审查无误盖章后，方得离职，交接清册填造2份，一份机关存查，一份送上级行备案。

（六）本行内部人员调动由本部负责人监交，各级负责人交接，由上级行派人监交。

（七）交接后如在交接事项内有问题发现，由两方共同负责，未移交者仍应由原犯者负责。

第八章　审核制度

各级行之审核工作一向无健全的审计制度，各级虽有专门的审会计机构，但未起到应有之作用，结果形成了只有数目字之审核，实与业务工作脱节，审计制度陷于自流，因此重新提出下列意见：

（一）审核的目的：审核工作不是单纯的核对数字工作，当然在日常工作范围内，对于各种表单帐簿的数目字的审核是审核的一项，但尤其重要的是，为着更科学的掌握资金运用与财产的变化，务求计算准确，保证业务方针正确执行，减少帐务无意之错误发生，保持帐簿之完整及真实，减少必要的开支。

（二）审核范围：总的说应包括现金、物品、帐簿、传票、单据、契约、合同、各项开支预计算，在业务审核上如各种财产变化资金周转以及各种损益报销的审核均属之。

1.帐簿单据之审核：根据传票与帐簿核对有无错误，及有关帐簿与相关单据分别核对，证明所有必须记载是否记入相当之帐簿与所有帐簿及单据是否均经相当人员核对。

2. 日常事务之审核：凡一种业务之措施均属之，如各种放款之发生是否已经相当人员批准，及本单位开支现金、保管皆属之。

3. 业务之审核：凡银行一切业务，如日常业务之改革，内部关系之联系，各种设备之计划，资金调拨，各种财产管理之措施，以及会计制度之改革皆属之。

（三）审核方法：一般的所分事前审核与事后审核，定期与不定期4种：

1. 属于事前审核者，传票单据契约合同等在每笔交易发生前，如一笔放款投资，拟定要发放时（较大数字或者是特殊性质），应事前调查了解其情况，方可发放。属于一般性质的放款投资或有明确规定者，则省去调查，只在交易成交后对传票单据进行复核，特别是本单位发出之汇票、汇划单收据等，会计人员缮制后应行复核。

2. 属于事后审核者：帐簿表单报告及财产变化开支及各种损益报销。

（1）各种业务表报及帐目应详细审核。

（2）各种业务有关之统计表报对其内容计算分析等。

（3）各种日常事务表报，例如合结表每期合结后与总帐及传票记载等。

（4）各种已有明确规定之表报帐簿在合计造妥后审核其记载，以及开支报告与单据等。

3. 属于定期审核者：依照本行之制度规定，如合计清库月结报告决算等进行定期的审核。

4. 属于不定期审核者：如平时对本单位之各种帐簿、表单、开支及对下级行之抽查审核。

（四）审核制：确定审核制的原则，目前本行所辖地区辽阔，单位较多，原则上采取逐级审核制（一级审核一级，即支行经分行、分行经区行、区行经总行），但在超过各级行自己的处理权限时，得报告上级请示处理，各开支行审会计人员为当然初审，其次关于办理审核事宜，依本行机构设置有审计者审计办理，无审计者会计办理，但各级审会计人员审核完毕后，得提交各级负责人核阅批准后才能处理。

1. 总行审核制：凡属各分行之表报超过分行权限之损益及开支均经总行审核，设立审计掌握本行之审计制度，总揽全行之审核事宜。

2.区行之审核制：凡属各分行之表报超过分行权限之损益及开支均经区行审核，设立审计掌握包括自己权限以内之本单位及所属下级行之审核事宜。

3.分行之审核制：凡属支行之报表及超过支行权限之损益处理以及开支由审计或会计掌握，包括自己权限以内之本单位及支行的审核事宜。

4.支行之审核制：凡在支行权限以内之各项开支损益的处理会计人员可进行初审，及对本单位缮制好之表单应加以复核，划业务之审核在交易发生时或事前应主动的提出意见，供领导考虑，不设审计由会计负责。

5.赴外审核制：总区分行对各下级行为了及时了解情况推动工作，或因报告不详或缺乏对实际情况之了解，可派遣较熟悉业务会计工作的人员，前赴各地具体审核检查之。

第九章　预计算制度

（一）预算：

1.预算目的：银行是一个企业经营部门，在业务进行中必有相当费用开支，为了减少不必要开支，更须精确计算与掌握，故须将一定时期之费用开支，加以细致的预算，应先由各有关部门人员将每一时期所需物品费用，加以预算，再由会计部门根据各部门预算之用品数量、价格合为一整个预算，才比较完整准确。

（1）经常费的开支：目前我行之经常费多由同级政府供给，其开支标准政府有明确规定，政府供给者向政府报销，如系在自己损益项下开支者依政府规定标准不再预算，在标准数内实报实销，准借一个月的经费。

（2）营业费开支：系营业性质之开支，应严格与经常费开支分开，不得随便将属于经常费之开支列入科目内。

2.预算造报时间及手续：各级行均于3个月填造预算一次，即1、4、7、10月之15日前造下3个月营业费开支预算数，送上级行批准，各级行均根据预算批准数开支，如有预算不符开支或临时发生较大之特别事项开支，亦得事先造追加预算，经批准后方可开。

预算造报：采取逐级审核制（支行经分行、分行经区行），按期送报上级行批核，区行、总行之预算由本部门行务会议批核审，会计掌握不报上级行。

营业费预算，细目按会计科目之规定填制。

第十章　决算制度

（一）决算年度：会计年度决定自2月1日起至下年1月31日止为一会计年度。

（二）决算的目的与决算前之准备工作。

1.决算是为便一营业部门在全年业务交易繁多，财产变化多端的情况中经过决算在会计上能够表现出资产、负债、损益得失全部财产的真实情况本，以便计划与发展今后业务。

2.决算前之准备工作，是进行决算唯一不可缺少的重要步骤，因为视察决算做的是否精确实在，就看平时及决算前对各种财产处理的适当与否。

（1）帐簿之整理：这一工作在平时就须经常注意，尤其在决算时，在未进行前应彻底清理一番，对应收应付往来外欠及临时性质之存欠，尽量设法清理或转入适当科目，可能收回者必须收回现款。

（2）往来对帐：凡与本行之联行往来及对外较大之往来户，如政府机关、活存透支（较多的）之往来进行对帐，由我们开出对帐单核对清楚求其双方余额相一致。

（3）呆帐处理：对各种呆帐在平时得经常注意，发现呆帐后，就应及时深入了解调查清楚，较大的随时呈报处理，如系数目较少或情节不重的，平时了解情况后，在决算前必须妥善处理，不得拖延下期影响财产之实在。

（4）开支费用清算：在决算前必须将本单位全年之一切开支费用，加以清算，应支者支出，应清者清理，如在决算月之开支，还未经过计算报销者，可按预算数提出，列入正帐，因无计算及开支凭证，一般不准支付现款，采用转帐方法提出准备支付，转入往来，立一应付未付费用户，待实际开支后补造计算报销，如有剩余或不足时可在下期费用内处理之。

（5）财产估价：为求财产正确实在，在决算前应将有价无价财产进行详细检查登记，有损坏者说明理由报销。并调查其实际市价，能决算估价的，根据规定进行估价，决算时财产之估价标准决算时临时通知。

（三）决算的步骤规定分两步手续进行。

第一步，在将准备工作做妥，与上述开支费用、呆帐处理、投资损益之得失，各种往来清理完毕后，与平时月结手续相同（包括规定应报之表报），另外装订整理。

第二步，在第一步手续办理完之后，即进入第二步正式决算，即计算利息（为了决算及时可抽空提前计算），进行估价，将应收未收，应付未付之各种利息及估价，填造利息计算表与估价表，根据各该表做传票过分户帐，再做合结表过入总帐，即以总帐填造期末营业实际报告表（该表之本月共收付，改为全年共收付，依总帐收付总合计减去上期结转数填写），期末营业实际月报做妥后，根据总帐或期末营业实际月报之各损益科目各户之余额填造损益计算表，为了损失利益之眉目分清，抄写次序可收付分截两段。上截抄各收益付方之数（即利益之部），下截抄写损失收方之数（即为损失之部），绝对求其统一，不得乱行填制，损益计算表造妥后，即进行损益结转，就是将总帐之各损益科目及各损益分户帐之各户，逐笔转入"本期损益"科目中去，为了减少制票之烦，不必再用传票，则分别在总帐及分户帐上立一"本期损益"过入之，各损益科目结转完毕后，根据总帐各科目之余额填造资产负债表，从此决算正表始告完竣。

（四）决算表报的编制及装订与报告日期。

1.决算表的编制：可分正表与附表两种：

（1）正式决算表：①期末营业实际报告表（采用营业实际月报）；②资产负债表；③损益计算表；④财产目录表（无价财产目录在内）；⑤损益细目表；⑥年终库存报告表（采用平时库存表全年收付数）；⑦应收应付利息计算表（自存不上报）；⑧财产估价表；⑨特别损益明细表。

（2）决算附表：①实际开支统计表；②生金银有价证券统计表；③汇总统计表；④资金周转计算表。

（3）决算汇总表：①期末营业实际报告汇总表；②资产负债汇总表；③损益计算汇总表；④金银证券汇总表；⑤汇总统计汇总表；⑥实际开支统计汇总表。

2.决算报表装订与排列：①正式决算表之装订排列次序依照本章"编排"规定之先后次序。装订为一本，加封面；②决算附表之装订依照本章"编排"各表订成一册，先后次序，不一定强调，可根据实际表格之顺序排列之，加封面盖章；③分行以上决算汇总表之装订排列可依照本章"决算汇总"条之先后次序装订一册，加封面盖章。

3.决算报表及汇总送报日期：①支行于月底决算2月7日派专人送分行；②分行于月底决算2月18日连同汇总派专人送区行；③区行于月底决算2月底连同汇总派专人送总行；④总行于月底决算，3月10日连同汇总报上。

第十一章　资金运用与财产分析

（一）目的与作用：

会计工作最大的任务，是研究、分析、了解财产变化运用掌握资金与营业之得失情况，以便指导与改进业务。所以只有一般帐簿、表报的记载缮制，而不加以研究分析，就不可能达到指导与开展业务的目的。因此，必须将已做出表报，进一步加以统计研究分析，更清楚表示资产、负债的内容与实际情况比较，来计算资金运用得失、周转速度、财产运用分析实况，很好的供给业务上，领导上作为改进业务，开展工作的指针。

（二）表报种类与做法：

1. 财产分析表：每月底结帐后，依据营业实际月报填制，随同月报表报上级行。

2. 资金周转计算表：每半年与决算时，根据营业实际汇总月报表之有关科目填制，随同汇总表报上级行。

第十二章　出纳制度

（一）出纳部门是银行组织中很重要的一部分，他与其他科股是平行的，在帐簿组织上所掌管的现金帐也是整个的帐簿组织的一部分，但在收付款项上，他是主要掌握，他根据现金收付传票收付款项。

（二）出纳工作态度。

1. 出纳人员首先要具备政治上的纯洁与正确的经济观念与时时要埋头苦干精神老老实实态度。

2. 要不怕麻烦、耐心、细致的工作作风。

3. 对财产保管，必须认真负责，并不断的经常研究提高管理办法，保证数字正确。

4. 要经常的与会计、业务，密切联系，互相了解，执行一切制度，使工作顺利进行。

5. 出纳员要经常研究和提高自己的技术与工作效能。

6. 虚心的接受与倾听别人的意见，来改进自己的工作。

（三）出纳工作制度。

1. 一切收付款项，须先经会计缮制传票，依据传票与收付款记帐簿，遇大宗款项时亦可先收款，再作传票（以防数字不符），对传票负有审核责任收付款项后随时盖收付讫章送回原制传票部门，交会计保存。

2. 库存款项不凭传票，任何人不得取存，更不准外借与浮存或以白条顶现款。

3. 建立找零小帐，以便现款与出纳帐符合（专以记载传票以外，多收多付或少收少付之尾数）。

4. 出纳员如有事外出时，必须将自己所负责的库存款项，交待清楚，以便分清责任。

5. 无论任何时候，出纳室必须留人看管，以防意外事情发生。

6. 每月底结帐时，将现金出纳帐及金银证券保管簿合计一次，做出月终库存表、生金银、有价证券收进卖出统计表，与会计上对帐。

7. 兑换所直接由出纳领导，以便随时检查了解。

8. 建立收付款项日记簿，记载每宗交易收付情形。

9. 库存每日清理一次，每合计清理一次并邀请会计同志监督。

10. 出纳库之钥匙必须有固定负责人掌握。其他人不能随便开动。库存之钥匙要绝对与其他钥匙分开，以防意外事情发生。

11. 生金银保管：

（1）收到金子时要同本科股两人以上当面封包盖章，数量较大者最好通过负责人封包盖章。

（2）生银银元，可按具体情形封包盖章或装木箱保存。

12. 发现假票或误收假票时，应立即加盖假票戳记，以免与好票混淆。误收到之假票经负责人批准随时处理并经检查责任，分券登记。如发现假票除发还一张作票样外，其余全部没收，开给对方——假票收据（二联单），记载假票簿。

13. 出纳人员直接负有反假票之责，出纳员在思想上应随时提高警惕性，加强识别研究，教育群众并发动反假票斗争。

14. 出纳员运送款项时，必须小心谨慎护送，不得脱离职守致生意外。

（四）工作做法。

1. 出纳遵照传票收付款项，如遇特殊情形，无传票亦可收付款项，但须经负责人和出纳负责人知道。以便登记与了解,事后补正手续。

2. 为了票子整齐划一,不论什么券别均为每捆100张,每捆1000张。

3. 点清款后,够一捆者马上捆好封包,经手人盖章,如系数人经手伙点一捆者,须在小把上盖经手人章,分清责任。

4. 收清的现款,不准在外边乱放,必须入库以免发生意外。

5. 付款时尽可能经过两人以上检阅以免错误,并尽量动员取款人当面点清,否则出门不管。

6. 收进的款子有两截票子必须贴好。同时可动员说明交款人贴好,提出人人都有保护责任。

7. 包装款项、金子时,必须在包皮上写清券别数目及金额。

8. 解送款项时,必须先行清库,无误时查点登记解送。

9. 当天收入之款不与原库存混合,必须晚上整点好,与帐上核对无误后,再入大库。

10. 建立付出小库,如当天付出款项不超过小库数目,决不动用大库之款,以便检查是付出错还是收入错。

11. 建立破票库存,收入及兑本破票时当即收到兑本币科目内,不预现金,以便保证库存现金能用数目。

12. 新收来的款子,未经整理决不付出,以防数目不确,实影响本行信用。

(五)出纳应注意事项:

1. 办公时间,不要过分的强调,多从便利群众出发。

2. 收入大宗款项,必须动员交款人亲自检看点清,不能为了两省事不清点,将来出错,难以追查。

3. 不允许外人翻阅出纳帐簿表单,泄露秘密。

4. 出纳室不许留客住宿。

(摘自王静然主编:《冀南银行》,河北人民出版社,1989年版,第744~772页)

附录五　冀南钞部分票样

冀南钞 1 角正面

冀南钞 1 角背面

冀南钞 2 角正面

冀南钞 2 角正面

冀南钞 1 元正面

冀南钞 1 元背面

冀南钞 2 元正面

冀南钞 2 元背面

冀南钞 5 元正面

冀南钞 5 元背面

冀南钞 5 元正面

冀南钞 5 元背面

二八二

冀南钞 10 元正面

冀南钞 10 元背面

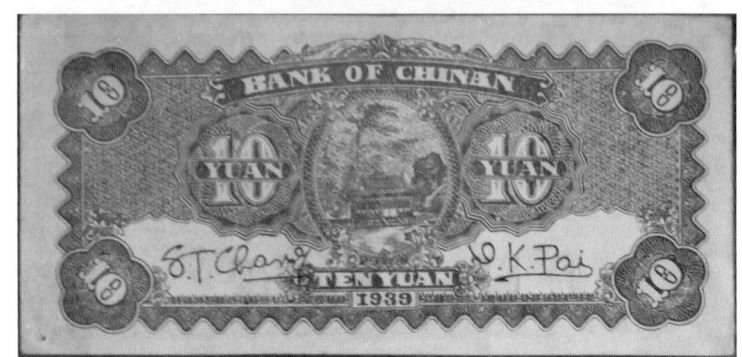

冀南钞 10 元正面

冀南钞 10 元背面

我的祖父 高捷成

冀南钞 25 元正面

冀南钞 25 元背面

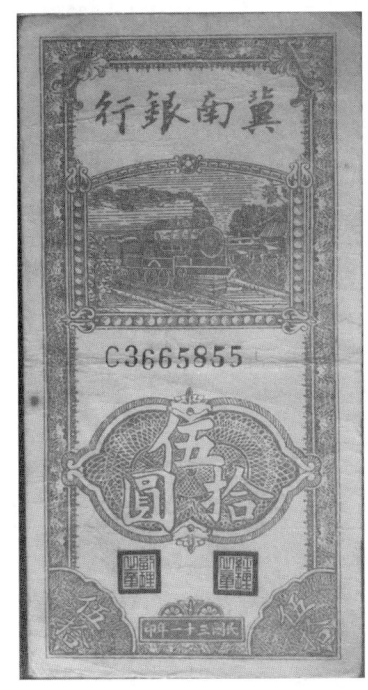

冀南钞 50 元正面

冀南钞 50 元背面

冀南钞 200 元正面

冀南钞 200 元背面

冀南钞 500 元正面

冀南钞 500 元背面

冀南钞 1000 元正面

冀南钞 1000 元背面

参考文献

[1] 河北省民政厅编：《浩气长存——河北革命烈士史料（四）》，内部发行，1983年。

[2] 中共厦门大学委员会党史编委会：《厦大党史资料》（第一辑），厦门大学出版社，1987年出版。

[3] 厦门大学校史编委会：《厦大校史资料》（第一辑），厦门大学出版社，1987年出版。

[4] 洪永宏编著：《厦门大学校史：1921—1949 第1卷》，厦门大学出版社，1990年出版。

[5] 陈方主编：《中共闽南地方史：新民主主义时期》，中央文献出版社，1995年出版。

[6] 总后勤部财务部、军事经济学院编著：《中国人民解放军财务简史》，中国财政经济出版社，1991年出版。

[7] 武博山主编：《回忆冀南银行九年》，中国金融出版社，1993年出版。

[8] 国防科技大学编著：《中国人民解放军简史》，江苏人民出版社，2007年出版。

[9] 宋任穷著：《宋任穷回忆录》，解放军出版社，2007年出版。

[10] 穆宪主编：《啊，长征：新的纪元——从瑞金到延安》，中国妇女出版社，1996年出版。

[11]《邓子恢传》编辑委员会编著：《邓子恢传》，人民出版

社，1996年出版。

[12] 涂绍钧著：《林伯渠》，中国文联出版公司，1991年出版。

[13] 戎子和著：《晋冀鲁豫边区财政简史》，中国财政经济出版社，1987年出版。

[14] 刘伯承等：《刘伯承回忆录》，上海文艺出版社，1981年出版。

[15] 张转芳主编：《晋冀鲁豫边区货币史——晋东南革命根据地货币史》上册，中国金融出版社，1996年出版。

[16] 财政部税务总局编：《中国革命根据地工商税收史长编——华北革命根据地部分（1927—1949）》，中国财政经济出版社，1989年出版。

[17] 赵秀山主编：《抗日战争时期晋冀鲁豫边区财政经济史》，中国财政经济出版社，2017年出版。

[18] 冯英、杨力主编：《回忆杨秀峰》，河北教育出版社，1987年出版。

[19] 中国工农红军第一方面军军史编审委员会著：《中国工农红军第一方面军人物志》，解放军出版社，1994年出版。

[20] 王静然主编：《冀南银行》，河北人民出版社，1989年出版。

[21] 苏士甲著：《闪亮的红星——中国工农红军院校及其办校人》，新华出版社，2007年出版。

[22] 晋冀鲁豫烈士陵园编：《丰碑》，大众文艺出版社，2010年出版。

[23] 李琴著：《杨立三传略》，金盾出版社，2013年出版。

[24] 房维中、金冲及主编：《李富春》，中央文献出版社，2001年出版。

[25] 刘云等著：《中央苏区宣传文化建设》，中央文献出版社，2009年出版。

[26] 军事科学院《刘伯承年谱》编写组编：《刘伯承年谱》，解放军出版社，2012年出版。

[27] 福建龙溪地区中共党史研究分会编：《闽南革命史研究》（第三期），1982年5月12日。

[28] 徐焰、萨苏、卢勇：《红色金融 钱袋子与枪杆子（五）》，《讲武堂》，中央电视台7套，2018年12月1日。

[29] 军事科学院军事图书馆编著：《中国人民解放军组织沿革和各级领导成员名录》，军事科学出版社，1990年出版。

[30] 李兆炳著：《往事琐记》，中国文联出版公司，1992年出版。

[31] 张静主编：《晋冀鲁豫英烈》，大众文艺出版社，2007年出版。

[32] 漳州政协文史资料委员会编：《漳州文史资料》(第16辑)，1992年。

[33] 王健英编著：《中国共产党组织史资料汇编——领导机构沿革和成员名录》(增订本)，中共中央党校出版社，1995年出版。

[34] 热血山河丛书编辑委员会主编：《将领讲述八路军抗战》，中国文史出版社，2017年出版。

[35] 陈虎著：《长征长征 中央红军长征纪实》，北京出版社，2016年出版。

[36] 周文龙著：《周文龙回忆录》，解放军出版社，1996年出版。

后记

祖父高捷成早年离开家乡。在漳州,有关他的记载并不多。虽然我自小就从祖母与祖父战友的交谈中了解不少祖父参加革命的情况,但真正落笔想将我心目中祖父的经历一一写出来,则并不轻松。首先是当年在漳州和祖父一起参加红军的战友,经过长征和抗战的艰苦岁月,许多人已牺牲在长征途中或抗日救亡的征途中,加之祖父长期从事的银行工作在当时堪称绝密,其留下的档案资料与文字记载少之又少;其次是祖父的革命生涯始于大革命时期,又历经土地革命战争和抗日战争时期,时间跨度大;再次是祖父的革命活动区域除了家乡漳州、厦门之外,还包括江西瑞金、上海、广州等城市和陕北,还有山西、河南、河北以及长征经过的十一个省份,空间跨度大,要写出我祖父的一生,还是面临不少困难。

祖父年纪轻轻就为红军创建全军会计工作制度,主持晋冀鲁豫边区财政与金融工作,开创太行、冀南财经工作之典范,成为晋冀鲁豫边区财经方面卓越的领导人,这些使得我自小心中就留下一种对他的崇拜情结,这也使我努力克服写作中碰到的各种困难。有时为了核实史料中记载不详的一件事情,我不止一次前往我祖父当年生活战斗过的太行山,寻找我祖父当年办公、居住房屋的房东后人,了解当年的情况;我两次前往祖父牺牲的地方——内丘县白鹿角村,找到当年他牺牲前落脚歇息的房屋主人刘焕庭的外孙——现任内丘县白鹿角村党支部书记赵爱民，比较详细地了解到当年发生在白鹿角村的那场战斗情况和祖父牺牲的时间，厘清了那次战斗是发生在清晨而不是下午1时的史实。而有关祖父在红军时期所任会计科长一职，在厦门大学人文学院历史系张侃教授的帮助下，经多方查证，终于在王健英编著的《中国共产党组织史资料汇编——领导机构沿革和成员名录》中，查找到高捷成担任中华苏维埃国家银行会计科长这一重要史实；在八路军第129师纪念馆副馆长申利芳的协助下，通过查找《中国人民解放军组织沿革和各级领导成员名录》，新发现了高捷成曾在第八路军129师新385旅担任组织科长一职，填补了其略传中没有记载他在八路军第129师任职的空白；在中国人民抗日军政大学陈列馆馆长杨树的协助下，在《闪亮的红星——中国工农红军院校及其办校人》一书中，确认了高捷成在瑞金红军大学担任宣传队队长的史实。

另外，我通过查阅土地革命时期中共闽南革命史、红一方面军军史、中国人民解放军财务简史、晋冀鲁豫边区财政经济史及金融史，并阅读了祖父的战友杨立三传略，刘伯承、杨秀峰、宋任穷和周文龙的回忆录，以及冀南银行同事的回忆文章，到八路军第129师纪念馆、中国人民抗日军政大学陈列馆、冀南银行纪念馆、晋冀鲁豫烈士陵园、厦门大学档案馆查阅相关的历史资料，希冀通过这些历史资料和当事人的回忆，能尽可能还原当年的历史原貌和所发生的人和事。

书稿初成，承蒙厦门大学出版社原社长蒋东明、厦门大学人文学院历史

系张侃教授的悉心审阅，提出许多宝贵指导意见，为此我不胜感激！

在史料的收集过程中，感谢中共漳州市委党史和地方志研究室曾一石、林绿，黎城县人大常委会原副主任孙广兴，邯郸银行宣传部部长何广利，八路军第129师纪念馆申利芳、王鑫，河北内丘县文联主席秦凤英，中国人民抗日军政大学陈列馆杨树、张丽超，延安革命纪念馆刘忆、河北南宫市文物保管所张胜给予的支持和帮助！感谢厦门大学档案馆、晋冀鲁豫烈士陵园提供了珍贵的历史照片！感谢本书所参考的书籍、文献的作者、编者们！为了更真实地还原历史，书中有引用了来自原文的表述，在此表示衷心的感谢！

因本人能力和水平有限，加之时间匆促，收集、整理历史资料难免存在遗漏和差错，不妥之处，恳请广大读者批评指正。

高庆麟

2020年12月12日于漳州